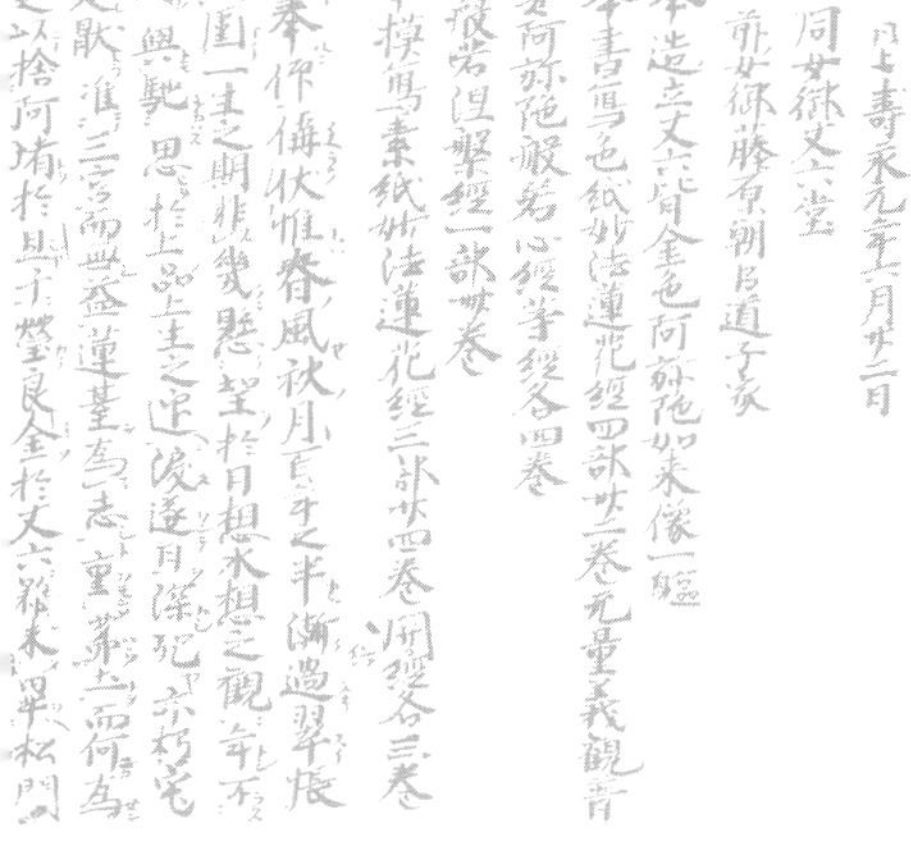

賢者の王国　愚者の浄土

日本中世誓願の系譜

工藤美和子
Miwako Kudo

思文閣出版

Heavenly Realm of the Wise, Pure Land of the Fool:
A Lineage of Sacred Vows in 10th-14th Century Japan

KUDO Miwako

Shibunkaku Publishing Co. Ltd., 2019
ISBN 978-4-7842-1958-2

緒　言

仏教とは何か、と問われたならば「煩悩にとらわれないための教え」、それがただ唯一の答えである。その答えに基づくならば国家、政治、経済、権力関係などは所詮、人間世界の煩悩が生み出した蜻蛉のような概念でしかない。

しかし、仏教の歴史を繙いた、いわゆる仏教史研究の多くが扱う時代の国家、政治、経済、権力関係に、仏教がどのように利用されたのか、もしくは反対に、世俗世界を仏教がどのように利用したのかを言及することのみに着地点を見出しているのが現状といわざるを得ない。仏教がもたらした現実社会を生きる人間と信仰や思想の具体相を扱っているのではなく、仏教の中にも世俗的な要素があるという視点、その要素が世俗社会との癒着や軋轢を生み出しながらも、日本に仏教が根付いていった、という考えに固執した果ての答えが日本仏教史の研究の現在の実情ではないだろうか。しかしその答えは、研究者自身が政治や経済を述べることこそが学問なのだ、という仏教が説くところの煩悩にとらわれた自分を描いた私小説でしかない。

我々は一体いつから仏教を、国家、政治、経済、権力関係等を論じるための道具に変えてしまったのだろう。たとえ、過去に国家、政治、経済、権力のようなものがあったとしても、一見そのように見えたとしても、「果たしてそうなのか」という疑いや、現代とは大きく異なったものではないのかという視点は、常にもたなければならない。

人類は、いまのわたしたちからは、ときに途方もなくみえる習慣や実践をもってきた。あるいは想像もよらない関係性をむすんできたし、いまの想像力では考えられもしない——たとえば国家のない社会、国家があるようでいて無力化された社会、市場はあるが資本主義はない社会、商業は活発だが搾取のほとんどない社会、しょっちゅう借金の帳消しをやっている社会、専制君主のもとでの自由な社会、などなどの状況のなかで、悩んだり苦しんだり、ときに地獄をみたり、楽園を味わったりしながら、である。日本においてもそれは、いまもむかしも例外ではない。
(デヴィッド・グレーバー「世界を共に想像し直すために——訳者あとがきにかえて」、『負債論——貨幣と暴力の5000年』以文社、二〇一六年)

ここに書かれていることは、私たちが当たり前だと考えている思考や社会のあり方自体を疑え、ということである。私たちは国家がいかなるものか、社会はどのようなあり方をしているのか、経済はどのような動きをしてきたのか、権力関係はどうだったのか、を歴史の中に見出そうとする。しかし、私たちが歴史とみなしているのは、再構成された歴史叙述である。様々な出来事が網の目のようにつながり錯綜し結び合っているものであるということは、もはや歴史研究をする上では一般的に考えられるようになった。

しかし国家、政治、経済、権力といった言葉や概念自体が近代になって作り出されたにもかかわらず、その作り出された過程を忘却し、あたかも過去から現代まで外型だけ形を変えながらも存続しているというような錯覚に陥ったまま、仏教の歴史は読み解かれている。

つまり仏教の歴史であっても、必ず国家や経済を論じなければならないという煩悩から脱しきれていない。それは、仏教の歴史を論じる出発点がそもそも異なっているのではないのだろうか、という問題を生じさせる。

一般に我々は仏教というのは、「私が悟る」と考えるが、それは大きな間違いである。仏教は自己中心的思考を排除する教えである。その教えを説く仏教の歴史を学ぶ意義は、「私」という存在自体が煩悩そのものであること、煩悩の中にあっては自己中心の思考から解放されることはないことを知ることにある。

ここで必要となるのが、仏＝「悟り」が「私」を変えていくという新たな視点である。

経典、教学書、仏教説話、願文などに記された誓願は、一見すると「私」が誓いを立てて利他行を実践し、一切衆生を導いたととらえられるだろう。しかし事実はその反対である。なぜならば「私」は煩悩というあり方をしているため自力で誓願を立てることなどできない。ゆえに「仏のはたらき」が「私」に与えられ、誓願を立てることが可能になる。

経典、教学書、説話、願文には、「他者を救済したい」という誓いを「仏」により「与えられた」人々によって世界や歴史が作られていくことが記されている。

「与えられた」という感覚や考えをもった人々の中では、煩悩をもつ人間はいかなる権力をもった人物であろうとも、人間を支配したり変えたりする力をもつことはできないという真実が明らかになる。なぜなら、人間には生と死が平等に与えられているため、権力や財産や土地や金銭を永遠に所有することなど不可能だからだ。所有していると認識しているものも、実は「与えられたもの」である。ここで人間にできることはただ一つ、「与えられたもの」をどのように使うかということだけだ。

では過去の人々は、どのように、「与えられたもの」すなわち力や財産を、自分以外の他者のために働かせていったのだろうか。その答えを見つけるために、小著では、「仏」に力を「与えられた」と感じた人々に光を当てることにする。

標題の「賢者」とは、「仏」に「与えられた」力によって理想的世界を実現させるために奔走した人々のことである。桓武天皇（七三七〜八〇六）の時代、彼が即位すると大胆な政治および宗教文化の改革が始まった。政治的には、有能で清廉潔白な少数の官僚によって政治を善政に導くことである。

たとえば文人貴族たちは、真実の言葉で綴られた文章を作成することで理想的社会の構築を目指した。真実の言葉とは、一つは儒教的な政治的理想を語る言葉であり、もう一つは人間とはいかに生きるべきかを追求した釈迦の言葉である。それは聖なる言葉、清浄な言葉であることを意味する。人間が作り出した言葉であっては意味を成さない。聖人もしくは覚者の言葉でならなくてはならない。なぜならば欲望にとらわれた人間の言葉は「狂言綺語《きょうげんきぎょ》」にあたるからだ。では真実の言葉はどこにあるのかと問えば、仏教経典や教理書の中にのみ示されている。仏が説いた言葉が悟りであり、嘘偽りのない真実である。

それら「賢者」の言葉を用いたのが菅原道真（八四五〜九〇三）である。道真は自ら「賢者」として理想的社会の実現、実現された社会の姿を詩に描き出していったのだが、その描かれた世界は一体どのように理想的なありかたをしていたのだろうか。小著では、「賢者」としての新たな菅原道真像を描いていくことを目標としている。

また、道真を「文道の祖」＝仏として奉った念仏結社勧学会が康保元年（九六四）に結成される。勧学会は文人貴族と天台宗の学僧から構成された「賢者」の集団である。彼らは勧学会を結成することによって、新たな仏教的社会の構築に力を注いでいくのだが、それは道真が描き出した世界を踏襲しながらも、極楽浄土往生と他者救済を中心とした理想的社会の構築を目指していく。

もちろん「賢者」は文人貴族ばかりではない。仏教によって統治する王・金輪聖王とみなされた天皇も、在位中は、積極的に「賢者」としての役割を果たしていく。また上皇は、天皇を退位することで活動範囲が広がるとともに、一層の仏教的善業を積むことが可能となった。その際に必要となるのが誓願である。

阿弥陀仏の四十八願に代表されるように、仏になって他者を救済するために仏に立てる誓いが誓願であり、それを文章化したテクストが願文である。願文に目を通すと、自らの身分や役割に与えられた真意は何かを模索し、「我々は仏のために何ができるのか」と問い続けた姿が浮かび上がってくる。

藤原道長（九六六〜一〇二八）を代表とする摂関家といった有力貴族たちも同様である。彼らは、天皇＝金輪聖王を補佐する立場として、自らどのような仏教的善行ができるかを常に求め続け、また求められた。法成寺や宇治の平等院は、藤原道長の権力の象徴ではない。もし浄土信仰が個人的なものならば、西に向かって観想念仏をしていればいいだけである。しかし藤原道長もその子頼通（九九二〜一〇七四）も大寺院を作り上げた。彼らには、観想念仏はとうてい個人的なものではすまなかった。観想念仏自体が困難な修行である。たとえ源信（九四二〜一〇一七）の『往生要集』や『観無量寿経』に記されていたとしても、煩悩が心に生じ修行の邪魔をする。そのため、道長はこの世に浄土が現れることを望んだ。それが法成寺であった。

歴史物語『栄花物語』を読むと、法成寺落慶法要には多くの人々が参集している。法成寺建立は道長が「賢者」として成さねばならない事業であった。具体的な浄土の姿を娑婆世界に現出させること、それは多くの人々に極楽浄土は目の前にあるのだという理解を芽生えさせた。摂関家は「賢者」の家であり続けなければ成立しない家なのである。

一方「愚者」とは、仏の智慧にはあまりに劣っている、自力では悟りにいたることができないと自覚した人々、初めて阿弥陀仏の慈悲や本願による救いというものに気づかされた人々を意味する。もしくは「仏は我々に何をしたいと願っているのだろうか」と問い続けた人々のことを指す。

貴族社会とは異なる身分階級の人々、すなわち貴族社会とつながりが無い僧侶たち、具体的には法然の周辺にいた鎌倉時代の僧侶を中心とした人々である。

彼らが共通して使った言葉は「愚」であり、決して「賢」という言葉は使わなかった。仏教でいう「賢者」と

「愚者」とは、通常の意味での、対立する「賢」と「愚」ではない。阿弥陀仏の誓願というものに出遇ったとき、あの智慧第一といわれた法然でさえ、自らを「愚癡の法然房」と称するしかなかった。

つまり法然は、私たちが住むこの娑婆世界という、すべての生き物たちが欲望にまかせて相争う世界には、「賢者」など一人も存在しない、ということに気がついた。したがって、「賢者」は全く意味をもたない、この世に存在しない幻想にすぎないことになる。やがて法然の「愚者」であるという考えは、弟子たちとともに多くの念仏者へと継承された。彼らもまた「愚者」であるが、彼らは自分の力では何もすることができない。たとえ何かをしたとしても、それは自らの煩悩が引き起こした行動であると理解していた。

その理解には、彼らのある共通した考えが流れている。それは、「私」は「愚者」というあり方をしていることを仏によって「与えられた」という気づきである。

「愚者」であることを気づかされたとき、「仏は私たちに何をしたいと考えておられるのか」という問題へと足を踏み込んでいく。

「愚者」は「賢者」と異なり、仏は我々に何を語りかけているのかを考えながらも、しかし仏の言葉は容易には聞き取れないと感じていた。なぜならば「私」は煩悩を滅し尽くすことができないため、仏の言葉を自ら選ぶことなど不可能である。それゆえに、法然は念仏往生の教えを多くの経典の中から選び出して、仏が「愚者」である「私」に与えて下さったのだと考えた。つまり「選択本願念仏」である。もちろん、「愚者」たちが自ら気づいたわけではない。仏から「与えられた」力が、「私は一人の愚者なのだ」と気づかせたのだ。

「愚者」は、仏によってしか自分は救われない存在であることに「気づかされ」、仏によるはたらきこそが唯一の救いとなる。

では過去の「賢者」と「愚者」が描いた世界の跡をたどりながら、現代に生きる我々と世界はどのようなあり方をしていけばよいのかという問題の答えが、「与えられ」「語りかけて」くれることを祈りつつ、仏と人間との関係について考えていくことにしよう。

なお、本書のテーマは日本の浄土思想であり、そこでは、僧侶が「愚者」としての自覚をもったことが吐露されているが、その意味を正しく理解するためには、それ以前の古代の「賢者」による誓願というものがどのようなものであり、とりわけ文人貴族たちがどのような文章を作成していったのかを、見ていかなければならない。それが第Ⅰ部のテーマである。

賢者の王国　愚者の浄土――日本中世誓願の系譜◆目次

緒　言

第Ⅰ部　賢者の王国

第一章　菅原道真の仏教信仰……3
第一節　悲嘆の吐露から超克へ――讃岐守赴任以前　3
第二節　地域社会と仏事の主宰――讃岐守時代　15
第三節　垂迹した天皇――帰京後の道真　22

第二章　「狂言綺語は讃仏乗の因とす」――勧学会とは何だったのか……34
第一節　慶滋保胤の詩文にみる仏教観　34
第二節　勧学会結衆たちの仏教観　46

第三章　院政――天皇と文人貴族たち……75
第一節　仏界の荘厳――法勝寺は何のために建てられたのか　75
第二節　仏界と都市　86
第三節　鳥羽上皇の願文にみる浄土信仰――九品往生と唯心浄土　101

第Ⅱ部　愚者の浄土

第一章　貞慶の『舎利講式』と『愚迷発心集』——愚かであること（一）……127

第一節　釈迦と舎利——隠されているものの宗教史　127

第二節　愚かなる自己——貞慶『愚迷発心集』　148

第二章　法然の語り——愚かであること（二）……163

第一節　愚癡の法然——念仏往生観　163

第二節　法然の語り——念仏往生の願は男女をきらはず　172

第三章　法然の継承者たち……196

第一節　殺生と念仏——『法然上人行状絵図』にみる蓮生の念仏往生　196

第二節　嵯峨念仏房の念仏往生観　215

第三節　姓名を捧ぐ——勢観房源智「阿弥陀如来像造立願文」にみる来迎する法然　225

あとがき

初出一覧

索引

第Ⅰ部　賢者の王国

第一章　菅原道真の仏教信仰

第一節　悲嘆の吐露から超克へ——讃岐守赴任以前

東風吹かばにおひおこせよ梅の花主なしとて春を忘るな

（『拾遺和歌集』巻第十六雑集）

「賢者」の代表的人物は菅原道真（八四五〜九〇三）である。

彼は文人貴族として宇多天皇（八六七〜九三一）を補佐し、右大臣まで勤めたが、藤原時平（八七一〜九〇九）の讒言によりその職を追われ大宰権帥として西国へおもむき、その地で生涯を終えたといわれる。

「東風吹かば……」の歌には、道真の屋敷に咲いていた梅だけは都に居続けてほしいという願いが込められている。その願いは梅が道真のいる西国へと飛ぶ（飛梅伝説）ことによって破れてしまうが、もはやそれでもかまわない。道真は都の官人ではないわけだから、政にはとらわれない漢詩文を思うままに綴った。確かに官職に就いてはいるが、もう都人のように応制奉和の詩など詠む必要などない。もしかしたら、道真は詩作するとき、尊敬してやまない唐の詩人白居易（七七二〜八四六）のような気持ちでいたのかもしれない。白居易も元和一〇年

（八一五）に江州（現在の江西省九江市）へ左遷された身である。道真は白居易に自身の姿を重ね、白居易の生涯と共通点を見いだし束の間の安息を得ていたのかもしれない。

道真は、これで思うがまま詩文に向き合える、時には官職や都に心がざわめいても、自分がいる場所は都からみれば西の国、すなわち西国浄土である。煩悩も生じない場での詩文がどのようなものかは『菅家後集』が物語ってくれるだろう。私たちはまだ道真の本質を知らないでいるのかもしれない。

その一方で、都では道真が怨霊として姿を現し、人々を恐怖におとし入れる。延長八年（九三〇）に起こった清涼殿落雷事件では、藤原清貫（八六七～九三〇）ら貴族たちが命を落とし醍醐天皇（八八五～九三〇）は臥せってしまった。鎌倉時代初期に制作された『北野天神縁起絵巻』には、道真が、自らの怨みを鎮めることを依頼された天台座主尊意（八六六～九四〇）のもとに亡霊となって現れ、私の怒りを邪魔するなと詰め寄った。尊意が柘榴を勧めてもその実は炎となるが、尊意の法力によってその火は消された。まさに「賢者」同士の闘いであるが、尊意の験も道真の怒りを鎮めることはできなかった。道真の怒りは止むことはないと都人は語り、震え恐れる。

（一）　怨霊から文道の祖へ

その道真を見事に鎮めてみせた文人貴族がいた。それが慶滋保胤（生年未詳～一〇〇二）である。保胤は賀茂氏出身で、父の賀茂忠行（生没年未詳）は陰陽家で、安倍晴明（九二一～一〇〇五）の師に当たる。保胤は家業は継がず紀伝道へと進んだ。文人貴族の菅原文時（八九九～九八一）に師事した。文人貴族として生まれ、花山天皇（九六八～一〇〇八）に仕えて、多くの願文や詩序、公的文書の作成に携わった。著書に天元五年（九八二）の「池亭記」があり、理想的な貴族の生き方を提唱した。さらに日本初の往生伝『日本往生極楽記』を編纂し、極楽浄土の往生人を紹介し人々に示した。

その保胤は、花山天皇退位後の寛和二年（九八六）に自らも出家した。そしてその足で道真を祀る北野天神社に足を運び、寛和二年七月廿日「菅丞相の賽を奉る願文」（『本朝文粋』巻第十三）を納めた。

願文とは、仏教法会に際して自らの悟り（自利）と他者の悟り（利他）のために仏法に則して誓いを述べる願主の誓願が記された文章のことである。日本では七世紀頃より作成された。当初は経典奥書や仏像の光背銘文という形だったが、平安時代に入ると法会の増加によって多くの願文が草された。その多くは文人貴族の手によって作成されたが、鎌倉時代に入ると僧侶自身も作成するようになった。平安時代から盛んに作成された願文は、表白という法会の趣旨を記した文章が作成されるようになると短文化の傾向をたどるが、江戸時代末まで作成され続けた。

保胤は「菅丞相の賽を奉る願文」の中で道真に対し、「沙弥某前に仏に白して言く」と「仏」として呼びかけている。さらに、「其の一願に曰く、天満天神の廟に就き、文士に会し詩篇を献ず。其の天神文道の祖、詩境の主と為すを以てなり(1)」と語る。

この瞬間、道真は文人貴族にとって新しい世界を構築した「文道の祖」になった。保胤は、道真＝仏として文人貴族たちは敬い、道真の思想を継承していること、また、道真の文道を継承することで悟りへと至ることができるのであり、私たちはその道を進んでいると訴えた。

文道を守り理想的な社会を目指すことが「賢者」の役目ならば、文人貴族である保胤たちは、その理解者であり継承者である。この保胤の大胆な訴えかけにより、道真は怨霊ではなく「文道の祖」＝「仏」としてその姿を変貌させた。怨霊をただ鎮めても意味は無い。道真が文人貴族として新しい社会のあり方をどう変えていこうとしたのか、その点に光を当てなければ、道真は再び怨霊として姿を現すだけである。

この保胤の考えは見事に的中した。道真は「文道の祖」としてあらゆる貴族の手本となっていった。「文道の祖」以降、道真は怨霊の影を潜め、文人貴族にとっての導き手、すなわち仏として教導する存在と理解されるようになった。そして以後、北野天神社では詩会が盛んに開催されるようになった(2)。

道真が西国に左遷されたことさえも、仏教的思想で解釈されるようになる。院政期を代表する文人貴族大江匡房（一〇四一～一一一一）は、永長二年（一〇九七）と長治三年（一一〇六）の二度にわたり大宰権帥に任命されるが、その任について、まるで道真と同じ生涯を歩んでいるようだと誇らしく述べる。匡房にとって大宰権帥という役職は、道真＝文道の祖＝西国の仏（極楽浄土の仏）につながるという歓喜の心を生じさせる官職であった。つまり、道真と同じように西国に行くことが一つの仏道修行と理解されていったことになる。

しかし保胤は、なぜ道真を「文道の祖」にしたのだろうか。道真と同時代には三善清行（八四七～九一九）や紀長谷雄（八四五～九一二）など優れた文人貴族がいた。ところが保胤は彼らには目もくれず、道真だけを「文道の祖」と奉った。

つまり道真でなければならない理由があったのだ。それを紐解く理由が、道真の詠じた漢詩文にあると考えたらどうだろうか。

菅原道真は、昌泰三年（九〇〇）八月、祖父・菅原清公（七七〇～八四二）と父・菅原是善（八一二～八八〇）の漢詩文を集めた菅原家三代集二八巻を醍醐天皇に献呈した。そのうち、清公と是善の漢詩文は散佚してしまったが、道真の『菅家文草』全十二巻は、三代集の中に道真の詩文が残存したものである。道真の詩文はほかに大宰権帥以後に詠まれた詩を集めた『菅家後集』一巻が残されている(3)。

『菅家文草』所収の漢詩は四六八篇である。そのうち仏教用語を用いた詩が四八篇ある。散文が一六〇篇、そのうち仏教用語を記したものは、四七篇である。散文四七篇のうち三三篇が願文であり、巻第十一と巻第十二の二巻を願文にあてていることから、願文をいかに重要視していたかがわかる。道真の願文には、大乗仏教の基本的教義である、悟りとは何か、仏教的作善とは何か、利他行とは何か、といったことが記されている。その理由は、法会の場で願文が僧侶によって読み上げられることで、宮廷社会に仏教の教義が浸透していくと考えたからであろう。それとともに、天皇を中心とした仏法興隆と自他の悟りを実現させるような社会の構築を目指し、さらに、家単位で仏教的作善（利他行）を継承していく誓願が立てられるという特色がある。(4)

これまでの道真の仏教信仰についての研究は、道真自らが願主となった「吉祥院法華会願文」（『菅家文草』巻第十二）の分析から、天台法華信仰と観音信仰をもっていたという実態的な研究が大部分を占めており、(5)信仰の具体相や仏教についてどのように理解していたのかについて注意が向けられることは、ほとんどなかった。

そこで、仏教用語を用いた詩をいくつか取り上げて、道真が具体的にどのような仏教観をもち、仏教と社会との関わりをどのように構想していたのかについて考察してみよう。

(二)　詩文による理想的世界の構築

日本で本格的に詩の制作がはじまるのは、奈良時代から平安時代初期である。平安初期の勅撰漢詩集『凌雲集』（八一四年）、『文華秀麗集』（八一八年）、『経国集』（八二七年）は、嵯峨天皇（七八六〜八四二）が文運隆盛の政策をとった時代の産物であり、天皇が主導する応制奉和詩が多く収められ、天皇を、あたかも神仙世界の神仙のように、何事にもとらわれない理想的な君主として描いている。(6)

ところが、平安時代初期になって唐代の熱心な仏教信仰者として知られる白居易の『白氏文集』が日本に伝わると、漢詩文を作成する文人貴族を中心に、個人の心情を詩に託すという白居易の新しい詩の形式が注目された。

その変化について桑原朝子氏は、天皇をただ賞賛するだけではなく、「王沢を詠って良い政が永く続くように願い、また諷諭詩を詠んで君主を諫めることによって、個人的な利害のみで繋がったパトロン―クライアント関係とは異なる新しい君臣関係」[7]が構築され、新しい詩の試みが、それまでの宮廷社会の秩序や権力闘争を外部から見ようとする相対的・客観的な視点を誕生させ、文人貴族の中から「儒家かつ詩人」という地位を確立させたいという機運が生まれる契機となったことを論じられている。

　桑原氏が指摘されたように、道真も当然のことながら『白氏文集』の影響を受け、個人の心情を詠む詩の形式を使って、「高度な知性を備えた君主と臣下の間で、互いの身分・立場や力の差などに左右されることなく、自由に議論できるという構造」[8]を築き上げるという、政治と詩人との理想的な関係と君臣間の自由で対等な対話の構築が目指され継承されていく。

　その証として、文章経国思想が文人貴族層に受容される一〇世紀に入ると、それはさらに補強されていく。本来、文章経国とは優れた文章は永遠に残るという詩文の普遍性を意味していたが、日本では詩文を作ることで天子の政を善政に導くという意味に変化して受容された。道真をはじめとする文人貴族たちは、真実に基づく言葉を用いることが、理想的世界の構築に寄与することになると考えるようになった[9]。

　そのような詩文を取り巻く環境の変化のなかにあって、道真は仏教用語を用いて自然を詠じた詩を作成するようになる。貞観九年（八六七）の「瞿麦《くばく》花を詠じて諸賢に呈す」（『菅家文草』巻第一、№二九）は次のような詩である。

錦窠《きんか》、寸截《すんせつ》して繁《しげ》き華ぞ裹《かんば》しき。
優曇《うどん》、釈家に在りと道《い》はずあれ。
仁智《じんち》、何ぞただに、山水の楽しびのみならむや。
願はくは君、好むで一叢《いっそう》の華を愛せむことを。[10]

詩は、群がり咲く「瞿麦《くばく》」（ナデシコ）の美しさを詠んでいるが、その美しさが「優曇」（優曇華）と比較される。「優曇」は神聖な樹木で三千年に一度咲くといわれることから、花の貴重さが、転じて仏の教えに遭遇することの難しさと尊さを表すようになった仏教用語である。しかし詩は、仏教の尊さを表すよりも、「瞿麦」をより美しく表現するための比較対象として「優曇」を用いているにすぎない。

次に、元慶九年（八八五）の「山寺」（巻第二、№一六六）を見てみよう。

古寺、人跡《じんしょう》絶《た》ゆ。　僧房、白雲を挿《さしはさ》む。
門は秋水に当りて見《あらわ》る。　鐘は暁風《ぎょうふう》に逐《したが》ひて聞こゆ。
老臘《ろうろう》、高僧積みたまへり。　深苔《しんたい》、小道《しょうどう》分れたり。
文殊、何《いづ》れの処にか在《まか》せる。　帰路、香の薫を趁《しの》ぐ。

人の姿を見ることのない山寺と修行僧を、「白雲」「秋水」「深苔」といった言葉を用いて、あたかも神仙世界のように表現している。(11)「文殊」という言葉も、文殊菩薩を示しているわけではなく、僧侶の比喩として使われているにすぎない。寺や僧侶を風景として対象化する漢詩は、道真以前の詩でも詠まれていた。たとえば嵯峨天皇の「浄公山房に寄す」(12)は、比叡山で籠山行に勤しむ最澄（七六七～八二二）に宛てて贈られた詩である。

古寺、従来人跡《じんしょう》を絶つ。　吾が師、坐夏し雲峯に老ゆ。
幽情独り臥す秋山の裏。　覚めて後に恭しく聞く五夜の鐘。

比叡山で修行を続ける最澄を、敬愛を込めて「吾が師」と呼び、比叡山を「雲峯」「幽情」「秋山」といった老荘的な雰囲気を漂わせる言葉を使って表現している。このような表現は奈良朝の淡海三船(13)（七二二～七八五）の「南山智上人に贈る」(14)にも、すでに次のように詠われている。

独居す窮巷《きゆうこう》の側。　知己《ちき》幽山に在り。
意を得たり千年の桂。　香を同じくす四海の蘭。
野人薜衲《へいのう》を披る。　朝隠衣冠を忘る。
副思何れの処所《ところ》ぞ。　遠く白雲の端に在り。

大和国吉野の山寺で修行する「智上人」に対して、淡海三船は自らを「窮巷」に住む「朝隠」と名づけ、上人を「幽山」に棲む「野人」だと評している。上人とは違って世俗社会に棲む淡海三船であるが、世俗社会の「朝隠」＝脱俗の身であり、「幽山」の僧侶と同じ隠者であると述べている。これは、勅撰三詩集の編者たちに共通して受容された、官人と隠者の生活は両立できるとする吏隠兼得思想(15)の早い例である。

以上のように、この時期の道真の詩は、道真が詩を作成する以前に詠まれた仏教関係の詩の伝統を踏襲しながら、寺や僧侶を一つの景物ととらえ、世俗社会とは異なる老荘的世界として描いていた。

(三)　道真の死別の詩

ところで道真は、死別の悲歎を詠じた詩も多く作成している。貞観一八年（八七六）の「安才子を傷む」（『菅家文草』巻第一、No.七二）は次のように詠まれる。

誰か疑はむ、世俗、是れ風波なりといふことを。
蒼天に叫著《よば》りて、痛ぶこと奈何《いかん》ぞ。
已に断ちつ、平生相教授《へいぜいあいきょうじゅ》することを。
君が為に西に向ひて弥陀を誦《じゅ》す。

詩は、「安才子」（安倍氏）の死について「世俗、是れ風波なりといふことを」と、現実世界は「風波」のように留まることなく常に移り変わるもの、すなわち無常だと述べ、「蒼天に叫著《よば》りて、痛ぶこと奈何《いかん》ぞ。已に断ちつ、平生相教授《へいぜいあいきょうじゅ》することを」と、死別による悲嘆を述べている。そして最後に、「西に向かひて弥陀を誦す」と、死者のために阿弥陀仏を念じ浄土往生を願うのだと結ばれる。
「兵部侍郎《ひょうぶじろう》が舎弟大夫を哭《こく》する作に和し奉る」（『菅家文草』巻第二、№九三）も、死者への哀悼の詩である。

魂や帰り来りて何れの処にか憑《よ》る、　生涯の不遇、痛びに勝《た》ふることなし。
君は逝く水の孤《ひと》り浪を浮ぶることを悲しぶ、　我は分陰《ふんいん》も共に氷を鏤《ちりば》めしことを泣く。
相国《しょうこく》心寒し、秋の露の草、　通家《つうか》眼暗《まなこくら》し、暁の風の燈《ともしび》。
大夫《たいふ》在生のとき、大相国《だいしょうこく》の近習《きんじゅう》たりき、　余《われ》は婚親を以て毎《つね》に心胆《たん》を述ぶ。
今し死を傷《いた》び悼《いた》びて余り有り。故に云ふ。
菩提の道の外《ほか》誰か廻向せむ、　為に弥陀を念じて老僧を拝す。

「兵部侍郎」は道真の岳父島田忠臣（八二八～八九二）[16]のこと。「舎弟」は忠臣の弟・島田良臣（八三一～八八二）

である。道真は姻戚という立場から良臣の死を悼み、その生涯が「不遇、痛びに勝《た》ふることなし」と述べる。人の命のはかなさについて、「秋の露の草」「暁の風の燈」とはかないものの喩えを用いて世の無常さを述べるが、ただ悲哀を述べるのではない。良臣のために「菩提の道」を求めること、「常に弥陀を念じて老僧を拝す」と、阿弥陀仏を念じ浄土往生を願い僧侶を拝すること、悟りを求め仏に帰依することが重要だと詠じている。

また、道真自身が我が子との死別について詠んだ詩「阿満《あまろ》を夢みる」（『菅家文草』巻第二、№一一七）がある。

阿満亡《し》にてよりこのかた、夜も眠らず。　偶《たまたま》眠れば夢に遇ひて、涕漣《なみだれんれん》たり。
身の長、去《い》にし夏は三に尺余れり。　歯《よわい》立ちて、今年《ことし》の春は七年なるべし。（中略）
爾《それ》より後、神を怨み兼ねて仏を怨みたり、　当初《そのかみ》、地無くまた天も無かりき。
吾が両《ふた》つの膝を看《み》て嘲弄《ちょうろう》すること多し。　（中略）
至る処は須弥、百億に迷《まど》はむ、　生まるる時に世界三千ぞ暗《くら》からめ。
南無観自在菩薩、　吾が児《こ》を擁護して大きなる蓮《はちす》に坐《い》させたまへ。

道真は我が子を失った感情として、「神を怨み兼ねて仏を怨みたり」という神仏への怒りと、「地無くまた天も無かりき」という正しい判断ができないほどの悲しみを述べる。そして、「吾が両《ふた》つの膝を看《み》て嘲弄《ちょうろう》すること多し」と、我が子の生前の姿を思い浮かべるとともに、反対に子どもの死を受け入れられない苦しさである愛別離苦の感情を吐露する。愛別離苦は、愛する者と別れざるを得ない苦であり、人間の煩悩の一つであるが、それを詩に表さなければならない道真の苦悩が見てとれる。ところが詩の後半になると、最初は激しい怒りを向ける対象であった神仏に対して、我が子の死後の安穏を実現してほしいと願う。その具体的な方法は、観音菩薩の導きによる浄土往生のため、道真自らが仏・菩薩に帰依すると結ばれる。

死別などの別離を詠んだ詩歌は、奈良時代は「挽歌」として『万葉集』に、平安時代初期は漢詩集に、盛んに詠まれてきた。たとえば、『文華秀麗集』巻中に収められた、嵯峨天皇が娘の死を悼んで詠んだ詩「侍中翁主挽歌詞」(17)には、

生涯は逝く川の如し、慮《おもんぱか》らずありき忽ちに昇仙せむとは。
哀挽京路を辞《さ》り、客車墓田に向かふ。
声は伝ふ女侍の簡《かん》、別は怨む艶陽《えんよう》の年。
唯有るは孤墳《こふん》の外、悲風松煙を吹くのみ。

と詠じている。

この詩は、「生涯は逝く川の如し」という運命の逃れ難い悲しみと、何を見ても聞いてもすべて娘の生前の姿を想起させる悲運と追慕という、二種類の悲哀が詠まれている。すなわち悲しみにいたる原因が問われることなく、愛する者との死別の悲しみをいかに表現できるかに腐心して詩が作成されている。

ところが道真の詩は、悲嘆の質を問題にしているのではなく、悲しみはどのように克服できるのかを詩の主題としている。愛別離苦の表出である悲嘆とは何か、それはどのように生ずるのか、滅するためにはどうすべきかが詩に詠まれている。それはあたかも仏法の基本である教えの八正道に通じる。

「兵部侍郎が舎弟大夫を哭する作に和し奉る」で、「菩提の道の外誰か廻向せむ、為に弥陀を念じて老僧を拝す」と詠まれたように、悲しみを述べることは人間としての感情ではあるが、それは愛別離苦を増長させるだけ

で根本的な解決にはならない。「阿満《あまろ》を夢みる」でも「南無観自在菩薩、吾が児を擁護して大きなる蓮に坐《い》させたまへ」と、悲嘆の苦も所詮は仏教でしか解決できないことが明らかにされる。これは道真が作成した願文、「安氏諸大夫先妣の為の法華会を修する願文」（巻第十一、№六四二）でも、

　去る九年十二月十五日、斯《こ》れ蓋《けだし》し先妣《せんひ》世に即《つき》たまひしの時なり。弟子等四大身を忘れ、五情主なし。（中略）如《しか》じ善業を修して以て筌蹄《せんてい》を免《まぬが》れ、真功に寄せて以て安楽を増さむには。伏して原《たず》ぬるに、先妣尊体乖《かい》和《わ》したまひしより始め、終《つい》に温顔の冷きに就きたまふに至るまで、遺訓存せり。（中略）先妣昔利他を以て意《こころ》と為したまひき、今則ち自利を兼ねたまふべし。

と、願主の安倍宗行の母の死が願主にもたらした苦を「弟子等四大身を忘れ、五情主なし」と愛別離苦を悲嘆という形で表すが、それだけでは何の救いにもならない。所詮、愛別離苦は煩悩である。その煩悩を子が持ち続けていては、子は執着心にとらわれたままであり、母への真の報恩を行うことはできない。そこで、愛別離苦を除くために母が生前用意していたのが「利他を以て意と為したまひき」という仏教的善行であった。母が行いたいと願っていたことを宗行ら子どもたちが継承し、一族が利他行を行うことを誓う方向へ向かっていくことで、悲しみという煩悩が克服できる。

『孝経』紀孝章は「喪には則ち其の哀を致し」(18)と記されているように、死者に対して悲嘆を表すことは、儒教的な孝を尽くすことだと奨励されていた。一方、願文では、母の死を儒教的な悲嘆で表現はするものの、それだけでは真の孝を尽くすことにはならないととらえ、一切衆生の救済の誓願を立てた母の願意を継承することが真の報恩になると述べる。それによって、願主の悲嘆＝苦という煩悩は消滅する。また、同じように愛別離苦の状

態にある他者を救うための利他行を行うべきだと勧めている。

以上のように、道真の死別をテーマとした仏教関係の詩は、彼以前の、死別の悲嘆を詠じる詩の伝統を継承する一方で、悲嘆は苦であり、その苦を契機に何をすべきなのかということを詩で提示するという、新しい表現の領域を開拓していったのである。

第二節　地域社会と仏事の主宰——讃岐守時代

仁和二年（八八六）、道真は讃岐守に任じられ赴任することになる。宮廷社会の一員として儒家であり続けることを願った道真は、国司として地方社会に関わることを、「余音《われ》は縦《たと》ひ微臣《びしん》が聴きに在りとも、最も歎《なげ》かくは、孤《ひと》り海の上なる沙《いさご》を行かむことを」（「早春内宴、聴宮妓奏柳花怨曲」『菅家文草』巻第三、№一八三）、「若し僧の俗となることあらば、寺の中悪《にく》みて通《とお》さざらむ、仮令、儒の吏とならむとも、天下、雷同せることを笑ひなむ」（「舟行五事」『菅家文草』巻第三、№二三六）と詠じる。

宮廷世界の儒家から地方官人への転身は、「僧の俗となることあらば」と、僧侶が還俗するようなものかと嘆き、「雷同せることを笑ひなむ」と、蓄財を求めて受領になったと世間の人々が嘲るのではないかと、あたかも腐ったように言い放っている。

桑原朝子氏は、このような道真の態度は、「中央の政治に携わる儒家かつ詩人の層と地方統治に直接携わる受領層とを分離し、両者の間に互換性を認めない考え方、すなわち支配層を二階層に分ける体制構想が、明確な形をとりつつあったことを示している」(19)と述べられている。

（一）　般若経に託したもの

その一方で道真は、赴任期間中に様々な仏事法会を精力的に主催するようになった。仁和二年「金光明寺の百講会に感有り」（『菅家文草』巻第二、No.一九一）では次のように詠じている。

三十日よりこのかた、草も青からざりしに、　今朝雨降《くだ》る、惣《す》べて神霊なり。
何為《なにす》れか、頂の上に重ねて頂を加ふる、　永く戴く、仁王般若経。

旱魃の被害に際し、百座の仁王講を開催した。そこで道真は『仁王般若経』の講説によって雨が降った喜びを詠じている。

仁王講とは『仁王般若経』に基づいた法会で、釈迦の画像百幅を懸け、百人の僧侶が『仁王般若経』を読誦・講説する法会である。その目的は祈雨であるが、雨は人々に降りかかるもの、すなわち仏の慈悲の比喩であるから、経典の読誦によって『仁王般若経』の中心教義となる「空」の教えを世界に雨の如く遍く行き渡らせることにあった。

同じように、仁和四年（八八八）、道真が大般若経会を開催した際に詠じた「雨多《うだ》の県令なる江維緒に寄す」（『菅家文草』巻第四、No.二五五）を見てみよう。

雨ふらざるは、政《まつりごと》の良からざるに縁《よ》るべし。
ただ馮《たの》めらくは、大般若経王。（下略）

『仁王般若経』も『大般若経』も、『法華経』『金光明最勝王経』とともに、奈良時代より護国経典として法会等で読誦・講説されてきたが、忘れてならないのは、般若経の中心教義が「空」だということである。つまり、「自己」という固定した実体があると考えてしまう人間の執着（煩悩）を、どのようにして滅せられるかを説く経典である。『大般若経』によって永遠不変な実体というものは存在しないという「空」の思想を理解し、対象世界と自己を分離する執着が滅し尽くされ、世界を正しく認識することができるのだと説かれる。つまり、自分にとって不都合だからといって、旱魃などの自然災害を忌避するのではなく、あらゆる現象は仮に現れたものにすぎないという絶対的真理を正しく認識することこそが重要であると人々に理解させるために、道真が法会の施主となり大般若経供養会を開いたことになる。

自然災害と般若経との関係は、天永元年（一一一〇）、白河法皇（一〇五三〜一一二九）が願主となり大江匡房に作成させた「法勝寺千部仁王経転読供養願文」（『江都督納言願文集』巻二）に、「天地の不祥を消すは、波羅密の水に如かず、星辰の変異を散ずるは、実智恵の花に過ぐるは莫《な》し」[20]と述べられているが、それも同じ意味である。

道真は、讃岐国に赴任している間、積極的に仏教的作善を行っていたが、なかでも蓮花を讃岐国の諸寺に布施するという仏教的作善を詠んだ「国分の蓮池の詩」（『菅家文草』巻第四、№二六二）は注目される。


池中の百千万茎《こう》を採り摘みて、部内の二十八寺に分ち捨《ほどこ》さむと。聞く者随喜し、見る者発心せり。（中略）

灼灼《しゃくしゃく》として新しき花の発《ひら》くを看《み》るに及びて、終に皤皤《ほほ》たる故老の伝ふることを信ず。

心《こころ》誤《あやま》てらくは、絳《あか》き幡《はた》の岸に依りて陣するかと。眼《まなこ》疑《うたが》ふらくは、紅《くれない》の燭《ともしび》の泥《こひぢ》より出《い》でて燃ゆるかと。

西方の色相は、聞きて宝となす。　南郡の栄華は、見て憐《あは》れぶべし。

尋繹《じんえき》す、凡夫の機の利鈍。　混成す、楽処の善き因縁。

同僚、草に偃《ふ》して称《なづ》けて権首《ごんしゅ》といふ。闔境《こうけい》、奔波《ほんぱ》して仏前に供《ぐ》す。
都《す》べて計る道場ただ四七《ししち》ならくのみ。世界満三千に施さむと擬《す》。（中略）
先《ま》づ祈らくは、海内長《かいだいつね》に事なからむことを。次に願はくは、城中大きに年《ねん》あらむことを。（下略）

「蓮」は仏座を、「花の発く」は開悟を意味している。その蓮花を見聞きするものは「随喜」し「発心」するという。その理由について詩は、蓮花を見ると「西方の色相は、聞きて宝となす」と、極楽浄土で蓮華座に坐した阿弥陀仏の姿を想起させるからだと述べる。つまり讃岐国はけっして辺境な地ではなく、西方極楽浄土だという。また蓮華を見ると「凡夫」は菩提心を生じ、極楽浄土往生を遂げることができると、その目的についても明らかにしている。さらに「同僚、草に偃《ふ》して称《なづ》けて権首《ごんしゅ》といふ。闔境《こうけい》、奔波《ほんぱ》して仏前に供《ぐ》す」と、道真が標榜する良吏政治では、同僚や臣下それぞれが施主となって讃岐国中の二八ヶ寺に蓮華を布施することによって、仏の教えが三千大千世界の隅々まで行き渡ると述べる。そして詩は「願はくは、城中大きに年あらむことを」と、讃岐国の豊穣と安穏も願われる。これは単に五穀豊穣であれと祈っているのではない。讃岐国が浄土であるならば、もちろん旱魃など起こり得るわけがない。浄土はそもそも完全な仏の世界であるから、豊穣も当然のことである。

(二)　菩薩の弟子という役割

ところで天永元年一二月、道真は讃岐国国府庁で僧侶を招き仏名会を修している。その時の「懺悔会作」（巻第四、№二七九）という詩は次のような内容である。

一切衆生、煩悩の身、　　哀みを求めて懺悔《さんげ》して、能仁を仰ぐ。

承和《じょうわ》の聖主、勅初めて下したまひぬ、　貞観の明王、格永く陳《つら》ねたまへり。
内は九重《きゅうちょう》より、外は諸国、　万乗《ばんじょう》より起りて、黎民《れいみん》に及ぶ。
年の終《はて》に、三日、心馬《しんめ》を繋ぐ、　天《あめ》の下に、一時に、法輪を転ず。
発願してよりこのかた、五十載《さい》、　星霜故《ふる》きが如く事新たなるが如し。
我れ今吏となりて、南海に居り、　朝夕《ちょうせき》誠を翹《おこ》して北辰を望む。
趨《はし》りて宮門を拝するは、　或は佞士《ねいし》ならむ、
制旨を奉行《ほうこう》するは、　即ち忠臣なり。
会《え》の前後は、屠割《とかつ》せむことを禁《とど》む、　会《え》の中間《ちゅうげん》は、葷辛《くんしん》を絶つ。
禅悦、寒《ひややか》にして擎《ささ》ぐ、霜椀《そうわん》の味、　遏伽《あか》、暁に指す、井華《せいか》の神《たましい》。
城中遍満す、菩提の念《おも》ひ、　境内掃除す、雑染《ぞうぜん》の塵。
香は善心より出《い》でて、火より出《い》づることなし、花は合掌に開けて、春に開けず。
（中略）
辺地の生生《しょうじょう》は、常に下賤《げせん》なり、　未来の世世《せぜ》も、亦単貧《またたんひん》ならむ。
宿業に由りてみな此《かく》の如くなるのみに非ず、亦復《また》当時、更に因を結ばむや。
無量無辺、何れの処よりか起こる、　自身自口《じこう》、此の中に臻《いた》れり。
課税より逋逃《ほとう》すれば、冥司《みょうじ》録《しる》さむ、　公私を欺詐《きさ》すれば、獄卒瞋《いか》らむ。
漁叟《ぎょそう》の暗《そら》に傷《きずつ》くるも、昔の兄弟、　猟師の好みて殺せるも、旧《もと》の君臣。
風《ふう》に在りて濫訴《らんそ》すれば、犂《からすき》なして耕す舌、
俗に習ひて狂言すれば、湯もて爛《ただ》らす脣《くちびる》。

（中略）慙づべし愧づべし、誰か能く勧める。
菩薩の弟子、菅道真《かんどうしん》。

この詩がこれまでの道真の詩と大きく異なるのは、詩全体が仏教用語を用いて詠まれていることである。仏名会は、『三千仏名経』に由来し、年末に過去・現在・未来の三世の仏に対して、その名号を唱え懺悔して罪障の消滅を願う行事である。竹居明男氏によれば、奈良時代の仏名会は『三千仏名経』に由来するものではなく、『十六仏名経』が典拠であり鎮護国家の性格が強い仏事であった[21]。

詩は、「一切衆生、煩悩の身、哀みを求めて懺悔《さんげ》して、能仁を仰ぐ」と、一切衆生の苦からの救いは「能仁」（仏）への帰依以外にないと述べる。そして、「承和《じょうわ》の聖主」（仁明天皇）によって承和五年（八三八）に開催された仏名会が、「貞観の明王」（清和天皇）へと継承され、都や諸国で修されるようになったと語られる。

承和五年に清涼殿で仏名会が修されて以来、宮中の年中行事となったことは源為憲（生年未詳～一〇一一）が永観二年（九八四）に編纂した『三宝絵』[22]にも記されているが、承和一三年（八四六）一〇月の勅で命じられて以降、五畿七道の諸国でも国司が主導する形で仏名会が修せられるようになった[23]。それが清和天皇（八五〇～八八〇）にも引き継がれ、貞観一三年（八七一）九月の太政官符により、内裏と諸国へ一万三千仏画が安置され仏名会が行われるようになった[24]。

道真は、「我今吏となりて、南海に居り」という地方官人の立場から「誠を翹《おこ》して」と、菩提心を発して仏事を実践することが、「制旨を奉行《ほうこう》するは、即ち忠臣」になると理解した。天皇の発願である仏名会は、臣下の者が継承し各地での作善を主導して行うことが道真の願いであるが、その願いはやがて「城中遍満」し、「辺地の生生《しょうじょう》は、常に下賤なり、未来の世世《せぜ》も、亦単貧《またたんひん》ならむ」と、自らの力では作善を行うことのできない衆生にも降りそそぐという。

衆生は、「宿業」として、「逋逃《ほとう》」「欺詐《きさ》」という盗みの罪以外に「漁叟《ぎょそう》の暗《そら》に傷《きずつ》くる」「猟師の好みて殺せる」という殺生、「濫訴《らんそ》」「狂言」という妄語などの悪業を生じ、この罪を日々意識無意識に限らず作り続けながら生きていかなければならない運命にある。このような衆生の根本苦が、仏名会によって懺悔されるという。

道真自ら詩の最後に「菩薩の弟子」と結んでいるが、これは仏弟子となったことを意味する。仏名会によって人々の罪が消滅し悟りを得る場を設けることが、「菩薩の弟子」としての自らの責務と理解していたことが明らかになる。

「菩薩の弟子」という役割を自覚した道真は、寛平元年（八八九）の「誦経」（『菅家文草』巻第四、№三一二）で、「頭を裹《つつ》める僧」と、俗人でありながら「禅経を暗誦《あんしょう》すること、三四遍、是の身は斗籔《とそう》、氷よりも潔し」と経典読誦と「斗籔」を行う仏道修行者について詠む。

元来「斗籔」は老荘的隠者を示す言葉であった。しかし道真は吏隠兼得を仏教的に解釈し直して、俗人でありながら修行に専念する仏道修行者と読み替えていった。つまり、俗世で生活しながら、煩悩に惑わされない仏道修行者としての生き方が可能であることの、手本を見せたことになる。

「菩薩の弟子」としての貴族のあり方は、道真以降のとくに一〇世紀半ばから後半にかけて活躍する摂関家や文人貴族へと継承されていった。

たとえば、康保元年（九六四）に創始された念仏結社勧学会に参加した文人貴族の大江匡衡（九五二〜一〇一二）は、寛弘元年（一〇〇四）一〇月に国司として尾張国に赴任し、早々に尾張国一宮の熱田神宮で大般若経供養会を修している。その法会の願文「尾張国熱田神社に於て大般若経を供養する願文」の中で、国司の果たす役割について次のように言及している。

当国の守、代々鎮守熱田宮の奉為《おんため》に、大般若経一部六百巻を書し奉り、已に恒例の事と為《な》れり。その中に若し神明享《う》けざるの吏有らば、此の経を供養すること能はず、亦任秩を遂ぐること能はず。当国の事、大般若経に先んずるは莫《な》し。（中略）忝くも恵業《けいごう》を捧げ金輪聖王を祈り奉らむ。福寿を増長し、御願を円満し、天下を清澄し、仏法興隆せむ。（中略）丹心を砕きて仏事を営み、還て常啼《じょうたい》菩薩の身を售《う》るに類せむ。(25)

大江匡衡によれば、大般若経会が完遂できない場合は、それは「神明」が匡衡を国司として受け入れないことの意思表示だという。また国司の役割は、「金輪聖王」という仏教的帝王である一条天皇の仏法興隆を、国司の立場から補佐するものであり、『道行般若経』に登場する師の供養のために自らの身を売った求道者の「常啼菩薩」のように、大般若経供養会を修するのだという決意を述べる。この行為は、まさに道真が讃岐国国司であったこと、また「菩薩の弟子」であったことを、彷彿とさせる。

匡衡にとって大般若経会とは、道真の詩に示された、官人の職務と仏法興隆は切り離せないものであり、仏教を排除した徳政など無意味だという考えを継承し行われるものだった。それは、道真を嚆矢とし、平安中期以降に形成されていった仏教認識を示している。

第三節　垂迹した天皇——帰京後の道真

寛平二年（八九〇）、讃岐守の任期が満了し帰京した道真は、宇多天皇（八六七～九三一）の抜擢によって要職に任じられ、文人貴族としても多忙を極めるようになる。それとともに、宇多天皇の主催する詩宴にたびたび召され、多くの詩を詠じた。

寛平二年三月三日に催された詩宴で詠んだ「三月三日、雅院に侍り、侍臣に曲水の飲を賜う」（『菅家文草』巻第四、№三二四）には、「王沢を歌はむことを廃《や》めず、長く詩臣の外臣たらむことを断たむ」と、班固「両都賦序」（『文選』）の「四時、王沢竭きて詩作らず」を典拠にしながらも、地方行政に携わるのではなく中央政府に勤務して、君主の徳政を詩に詠うことが本来の職責だと述べている。聖なる帝王が統治する社会で諷諫の詩を詠むことによって、秩序や礼儀などが実現され、その徳を讃ずることで、さらなる徳政の実現が可能になるのである。

（二）　仏教的な君臣関係

ところが寛平四年（八九二）閏正月、道真が、宇多天皇の行幸に従って淳和天皇（七八六～八四〇）の離宮であった雲林院(26)におもむいたときに献呈された「雲林院《うんりんいん》に扈従《こじゅう》し、感歎に勝《た》へず、聊かに観るところを叙《の》ぶ」（『菅家文草』巻第六、№四三二）では、君臣の関係を仏教的に解釈し、次のように詠じた。

雲林院は、昔の離宮なり、今仏地となる。聖主の玄覧の次《ついで》、門を過《す》ぐるに忍びずして、功徳を成したまふなり。侍臣五六輩、風流を翫《もてあそ》びて随喜《ずいき》し、院主一両僧、苔癬《たいせん》を掃《はら》ひて以て恭敬《くぎょう》す。供奉《ぐぶ》に物なし、唯《ただ》花の色と鳥の声ならくのみ。拝謝誠有り、唯至心と稽首ならくのみ。（中略）予《わ》れ愚拙《ぐせつ》なりと雖も、久く家風を習ふ。輿《こし》を廻らすこと時有り、筆を走らしむること地なし。聊かに一端を挙て、文点を加へずと云ふこと爾《しか》り。謹むで序す。

明王暗《ほのか》に仏と相知り、　跡を垂《た》りて仙遊し且つ布施したまふ。
松樹老いてよりこのかた、繖蓋《さんがい》を成す。　莓苔《ばいたい》晴れてより後、瑠璃に変ず。
暖光浅きが如し、慈雲の影。　春意甚だ深し、定水の涯《ほとり》。

郊野行く行く、みな斗藪《とそう》、　　和風《かふう》好くして客塵に向ひて吹け。

雲林院は「仏地」すなわち浄土であって、「門を過るに忍びずして」と、足を止めた宇多一行は、供養するものが何もなかったため、「唯《ただ》花の色と鳥の声ならくのみ」と詩を詠じ、「至心と稽首ならくのみ」と仏への帰依と礼拝を捧げて布施に代えた。

雲林院が「仏地」であるという理解は、すでに道真が貞観一五年（八七三）五月一八日、藤原清瀬の依頼を受け作成した「大蔵大丞藤原清瀬の為に家地を以て雲林院に施入するの願文」（『菅家文草』巻第十一、№六四五）の中で、雲林院に住していた仁明天皇皇子常康親王（生年未詳～八六九）が「蓮架の大夫」と観世音菩薩の化身であり、雲林院は「金縄の浄刹」という浄土であると述べているところにも、現れている。

詩で注目されるのは、雲林院に行幸した宇多を「明王」と位置づけ、「仏と相知」る関係だったと詠まれていることである。それは宇多が、「迹を垂りて仙遊し且つ布施したまふ」と、娑婆世界に垂迹した仏であって、仮に娑婆世界に天皇という姿をとって出現している、ということを意味している。宇多＝仏の行幸によって、名園と称讃された庭園の「松樹」は仏を荘厳する天蓋となり、苔むした地面は「瑠璃」色に光り輝いていく。

さらに「郊野行く行く、みな斗藪、和風好くして客塵に向ひて吹け」と、都の郊外を行幸する宇多と道真以下の臣下の様子を「斗藪」と解釈している。「斗藪」は、前述した「誦経」の「禅経を誦暗すること、三四遍、是の身は斗藪《とそう》、氷よりも潔し」と同じく、仏道修行を意味する。貴族たちにとっては、雲林院への行幸は単なる遊興ではなく、「明王」である宇多によって無意識のうちに仏道修行へと導かれる機会になるのである(27)。

また「和風」は、宇多の「明王」としての慈悲のはたらきを風に喩えた言葉であるが、郊外を巡り歩く道真一行に風が吹くように、彼らに慈悲が吹き付けることで、「客塵」（煩悩）が滅していくのだと述べる。もちろんその「和風」は、娑婆世界の衆生へも同じように作用する。慈悲を衆生にもたらす仏の化身の宇多が行幸することで、世界は「瑠璃」が敷き詰められ、「慈雲の影」（慈悲）に覆われた仏国土へと変貌し、そこで生きる衆生は禅定と智恵を得るであろうと語られる。

昌泰元年（八九八）秋、「由律師の桃源の仙杖を献《たてまつ》る歌に和す」（巻第六、№四五〇）もまた、雲林院へ宇多が行幸したときに詠まれた詩である。

　天歩の山行、古《いにしえ》と今と。　小枝《しょうし》の霊杖、大悲の心。
　主人跡を垂《た》りて、相携へて去りたまはば、　願はくは、我れ生生《せいせい》処毎に尋ねむことを。

詩は「由律師」より仙人の持ち物という霊杖を献呈された宇多は垂迹した仏であると述べる。宇多は「相携へて去りたまはば」と言い、道真も、この世界を去るときには「我れ生生処毎に尋ねむことを」と、いく度も転生しようとも宇多に付き従うのだと述べる。それは、仏の化身である宇多が死後も衆生救済の活動を行うならば、道真も宇多に従う仏弟子としてその救済の手助けをするのだという理解によって発せられた言葉と考えられる(28)。

道真が作成した現存する願文三三篇のうち、天皇の仏教的役割について言及した願文は一五篇に及ぶ。注目されるのは、死後の天皇を「他界遍周の君」(29)と、仏・菩薩を示唆する言葉で呼び、死後の役割を表現していることである。

六国史などでは、天皇はあくまでも儒教的徳政を行う聖天子の役割を求められていた。そのため仏教は、儒教的聖天子の徳政を補う地位を与えられ、たとえば災害に際しては経典の読誦などを行って、災いを除去するという役割が与えられるにすぎなかった。ところが寛平九年（八九七）三月の「勅し奉る雑薬を三宝衆僧に供施する願文」（『菅家文草』巻第十二、No.六六八）では、宇多自ら、「弟子が生、末世に在り、乃ち宿業なり。位国王たり、乃ち勝因なり」と述べ、善政を実現できない末世に生まれたことを歎きつつも、前世の善行（「勝因」）によって「国王」に生まれたことは、「国王」に集中する財を衆生に施す役割を与えられていることだと述べている。

以上のように、都へ帰京した後の道真は、讃岐守時代の、自ら法会の主催者として仏法興隆に努めるのだという姿勢から、仏の化身である天皇を補佐する菩薩という役割を引き受けようとし、君臣関係を仏（君）―菩薩（臣）の関係へと替えていった。その関係は、現世だけの限定されたものではなかった。仏法は三世にわたるものであるから、永遠に続く君臣関係であり、天皇を中心とした衆生救済と悟りの実現を目指す仏教国家のあるべき姿が構築されていったのである。

ところで、道真は、それまでの漢詩文の伝統を継承して、親しい人の死を契機として詠まれた詩の中では悲嘆を述べていた。しかし奈良から平安時代初期の死別を詠んだ詩とは大きく異なっている。道真の詩には、悲しみは煩悩の一つとして理解され、その克服が重要であること、仏教によってしか解決できないと述べられている。

さらに、地方官人としての役割についても、従来のように儒教的徳政を実現させることはもちろんであるが、儒教的な救済は現世だけに対応しているため、実のところ真の救済とはならないことを明らかにした。本当の救済とは三世にわたるものでなければならない。すなわち仏教的な救済でしか救われないのであって、国司はその救済を主導する役割をもつと考えた。

赴任した国に災異が生じた場合、単に現実的な損害を解消すれば済むというわけではなく、災いの根底にあるものは何かを問題にして、その苦を取り除くためには何ができるのかに注意を向けたのである。つまり国司とは、仏法興隆を率先して主導する者であって、それこそが「菩薩の弟子」として重要なのである。

帰京後の道真は、仏法興隆の主導者である天皇＝仏に、臣下たちが菩薩として天皇の利他行を補佐すべきだと主張する。それは、仏教的な君臣関係という新しい政治構想だった。

（二）　兼済独善

一方、大宰府左遷後に作成された『菅家後集』の仏教関係の詩には、仏教信仰に沈潜していく道真の想いが吐露されているものが多い。『菅家後集』編纂の背景には、道真が敬愛してやまなかった白居易『白氏文集』の影響がある。『白氏文集』巻二十八の「与元九書」に、

古人云う、窮すれば則ち独り其の身を善くし、達すれば則ち兼ねて天下を済うと。僕不肖なりと雖も、常に此語を師とす。大丈夫の護る所の者は道、待つ所の者は時、時の来たるや、雲龍と為り、風鵬と為り、勃然突然、力を陳べて以て出ず。時の来たらざるや。霧豹と為り、冥鴻と為り、寂たり寥たり。身を奉じて退く。進退出処、何《いず》くに往として自得せざらんや。故に僕の志は兼済に在り、行いは独善に在り。(30)（下略）

と記されたように、道真は「僕の志は兼済に在り、行いは独善に在り」＝兼済独善の生き方に憧れを抱いていた。兼済独善とは、苦しい境遇にあるときは自らの身を正し、地位を得たときはすべての人々の救済に努めなければならないという、人生のあり方を示す言葉である。

この兼済独善の生き方を、兼明親王（九一四〜九八七）は、天徳三年（九五九）に書いた「池亭記」（『本朝文粋』巻第十二）に、

高貴に処る者は登臨の暇なし。名利に趨《はし》る者は遊泛《ゆうはん》の情なし。幽閑嬾放《ゆうかんらんほう》の者は、浮栄を虚無にし、風景を富

有することを得。余、少《わか》くして書籍を携へて、ほぼ兼済独善の義を見たり。如今《いま》老に垂《なんなん》として病根漸く深く、世情弥浅し。七の不堪《ふかん》、二の不可、併《しかしなが》ら一身に在り。この亭を草創せしより、尤も心事に合《かな》へり。亭は曲池の北、小山の西に在り。山に傍《そ》ひ流れを臨み、茅を結び宇《いえ》を開けり。[31]

と記す。

兼明自身、醍醐天皇の皇子であるが、藤原南家出身藤原菅根（八五六〜九〇八）の娘が母であるため有力な外戚がいなかった。それでも康保四年（九六七）権大納言に進み、異母兄の源高明（九一四〜九八二）は左大臣に任じられたが、安和二年（九六九）の安和の変で兄の高明が失脚すると一時は殿上を去った。しかし翌年には皇太子傅に任ぜられ、さらに左大臣にまで登りつめるが、天禄三年（九七二）に藤原兼通（九二五〜九七七）が関白になってから、彼の人生に陰がさすようになる。

兼明親王は宮廷生活に嫌気がさしていたのか、天延三年（九七五）、嵯峨の亀山神を祀ったときに隠棲の志をもち始めた。貞元二年（九七七）には左大臣を退き中務卿になったものの、小倉の隠棲に憧れをもち、それを実行しようとしたが、兼通に押しとどめられる。兼明が隠棲生活に入ったのは寛和元年（九八五）に中務卿を辞任した後であった。その翌年には死去していることから、隠遁を遂げようとしたものの思うようにならない世界に振り回されたことになる。

これだけを見ると、政治情勢に翻弄された道真の生涯と少なからず共通点がある。

兼明は「菟裘賦《ときゅうのふ》」で、「君昏《くら》く臣諛《へつら》ひて、愬《うた》ふるに処無し」と、君主は暗愚で臣下はへつらってばかりいると批判しながらも、「池亭記」の冒頭より、「高貴に処る者は登臨の暇なし。名利に趨《はし》る者は遊泛の情なし。幽閑嬾放の者は、浮栄を虚無にし、風景を富有することを得。余《われ》、少《わか》くして書籍を携へて、ほぼ兼済独善の義を見たり」と、身を正しく修めることが重要だと、臣下としての理想的なあり方に言及した。

煩わしい世俗社会のただ中にあっても、隠者の心を保ち、身を修めることはできるという吏隠兼得思想は、道真以前から貴族社会に受け入れられてきた。そのなかにあって『菅家後集』に示された宮廷社会と断絶したなかで生きる道真の独白的な詩は、世俗社会から逃れて老荘的隠者や仏道修行者のように生きることも、新しいタイプの文人貴族のあり方だということを示したのである。

道真にとって、詩や願文は言葉の優美さや感動を競うものではない。言葉とは理想的社会の実現をうながす力をもつものであった。そのなかでも願文は、仏に対する誓いであるから、仏に捧げるに値する言葉で構成されなければならない。そのために経典の中の聖なる言葉を願文に引用することによって、現実社会に仏の智慧を注ぎ込み、浄土化することを目指したのである。

道真の詩には、悲しみのなかにあっても世俗社会の因習にとらわれて、仏教に踏み込んでいくことに躊躇する、ありのままの人間の姿が垣間見える。しかし晩年には、悲嘆の真の克服は仏教以外にはないと決断して仏道修行に邁進する姿を見せてくれる。道真は、詩を通して世俗社会と仏教世界との関係を、世俗社会の側から初めて明確に示した。

上述した文人貴族・慶滋保胤が「菅丞相の廟に賽する願文」を捧げたとき、願文は冒頭で道真に「仏」と呼びかけているが、保胤は文人貴族として政務に就いていたときには、「栄分の為、声名の為、廟社に祈り、仏法に祈」ったと、立身出世のために天神に祈っていたと告白する。そして、道真を「文道の祖、詩境の主」と讃え、「大成」を遂げることができたときには必ず「天満天神の廟」で「文士を会め詩篇を献」ることを誓っている。

しかし出家後の保胤は、道真に対して、詩ではなく『法華経』を奉る。それは文人貴族であったときに、保胤が道真の詩文から受けたインスピレーションに対する報恩であった。生前の道真が述べていたように、保胤もまた仏教的な報恩によってのみ真の報恩は実現されると考えたからである。

保胤は、康保元年（九六四）に結成された念仏結社勧学会の主導的立場にあった。[32]勧学会では毎年三月と九月に、僧俗それぞれ二〇名が集い、『法華経』を読誦し、念仏を唱え、仏法讃歎の詩作を行っていた。その活動は白居易『白氏文集』に詠まれた「讃仏乗の因」「転法輪の縁」という言葉の影響を受けているのだが、それ以前に、仏道修行と詩作を結びつけたのが道真だった。

願文を捧げたことで、保胤は出家したとはいえ道真の正統的継承者となった。出家以前に『日本往生極楽記』など数多くの仏教に関する文書を著したのは、道真が仏であり、文道を通しこの世界に仏の化身として出現し、そのはたらきによって浄土往生が実現されるという浄土思想を貴族社会に提起するためであった。

保胤のこの考えからは、道真の詩や願文により、この世界にも仏・菩薩の化身が現れ、仏の教えがつねに説かれることで、社会全体で悟りを目指すという社会のあり方が次世代の文人貴族たちに引き継がれていったのである。

（1）本文の引用は、大曾根章介・金原理・後藤昭雄校注『本朝文粋』（新日本古典文学大系二七、岩波書店、一九九二年）による。

（2）天神信仰の系譜については、竹居明男編著『天神信仰編年史料集成――平安時代・鎌倉時代前期篇』（国書刊行会、二〇〇三年）を参照されたい。

（3）『菅家文草』の詩文については、川口久雄校注『菅家文草　菅家後集』（日本古典文学大系七二、岩波書店、一九六六年）の「解説」を参照した。作品の引用は同書による。標題の後に付したNo.は、同書に付けられた作品番号である。

（4）工藤美和子『平安期の願文と仏教的世界観』（思文閣出版、二〇〇八年）第一・二章参照。

（5）田村圓澄「菅原道真の仏教信仰」（大宰府天満宮文化研究所編『菅原道真と大宰府天満宮』上巻、吉川弘文館、一九七五年）、中尾正己「平安文人の仏教信仰――菅原道真の場合」（『印度学仏教学研究』四一巻一号、一九九一年）、竹居明男「菅原氏と吉祥院」（『文化史学』五〇号、一九九四年）、所功「菅原道真の神儒仏信仰」（同『菅原道真の実像』角川選書、二〇〇二年）。

（6）川口久雄『平安朝の漢文学』（吉川弘文館、一九八一年）、藤原克己『菅原道真と平安朝漢文学』（東京大学出版会、二〇〇一年）参照。

（7）桑原朝子『平安朝の漢詩と「法」――文人貴族の貴族制構想の成立と挫折』（東京大学出版会、二〇〇五年）二九二頁。

（8）桑原註（7）前掲書、二九二頁。

（9）「文章経国」については、池田源太「文章経国」（同『奈良平安時代の文化と宗教』永田文昌堂、一九七七年）、小原仁「摂関期文人貴族の浄土信仰と思想的契機」（同『文人貴族の系譜』吉川弘文館、一九八七年）、大塚英子「「文章経国」の比較文学的一考察――勅撰三詩集の編纂をめぐって」（『国文学解釈と鑑賞』五五巻一〇号、一九九〇年）参照。

（10）本文の引用は、川口久雄校注『菅家文草　菅家後集』（註（3）前掲）による。

（11）道真の神仙思想については、谷口孝介「菅原道真と神仙思想――源能有五十賀屏風詩をめぐって」（同『菅原道真の詩と学問』塙書房、二〇〇六年）がある。

（12）『経国集』巻第十、梵門。『経国集』からの引用は、『群書類従』第八輯による。

（13）淡海三船の仏教信仰については、山本幸男「道璿鑑真と淡海三船――阿弥陀浄土信仰の内実をめぐって」（『仏教史学研究』五五巻一号、二〇一二年）がある。

（14）『経国集』巻第十、梵門。

（15）吏隠兼得については、後藤昭雄「宮廷詩人と律令官人と――嵯峨朝文壇の基盤」（『平安朝漢文学論考　補訂版』勉誠社、二〇〇五年）、藤原克己「吏隠兼得の思想――勅撰三集の精神的基底」（藤原註（6）前掲書）を参照。

（16）島田忠臣については、金原理「貞観延喜の時代」（同『平安朝漢詩文の研究』九州大学出版会、一九八一年）がある。

（17）引用は、小島憲之校注『懐風藻 文華秀麗集 本朝文粋』（日本古典文学大系六九、岩波書店、一九六四年）による。

（18）栗原圭介『孝経』（新釈漢文大系三五、明治書院、一九八六年）二六三頁。

(19) 桑原註(7)前掲書、二七九頁。
(20) 引用は、山崎誠『江都督納言願文集注解』(塙書房、二〇一〇年)による。
(21) 竹居明男「日本における佛名会の盛行」(牧田諦亮・落合俊典編『七寺古逸経典研究叢書』第三巻、中国撰述経典・其之三、大東出版社、一九九五年)。その他、勝浦令子「八世紀の内裏仏事と女性――「仏名会」前身仏事を手がかりに」(『仏教史学研究』三八巻一号、一九九五年)、早島有毅「中世社会移行期における宮中仏事の実態――「内御仏名」を素材として」(『仏教史学研究』三八巻二号、一九九五年)も参照。
(22) 馬淵和夫他校注『三宝絵　注好選』(新日本古典文学大系三一、岩波書店、一九九七年)所収『三宝絵』下巻「仏名」参照。
(23) 『続日本後紀』承和十三年十月乙未条。
(24) 『類聚三代格』巻第二、貞観十三年九月八日太政官符「応安置一万三千画仏像七十二鋪事」。
(25) 大曾根章介・金原理・後藤昭雄校注『本朝文粋』(新日本古典文学大系二七、岩波書店、一九九二年)巻第十三。
(26) 雲林院については、小原仁「雲林院の堂舎」(同『中世貴族社会と仏教』吉川弘文館、二〇〇七年)の論考がある。
(27) 宇多天皇の出家については、駒井匠「宇多上皇の出家に関する政治史的考察」(『仏教史学研究』五五巻一号、二〇一二年)を参照。政治や経済を重視し、その他の要素を従属的にみるのは、近代以降に特有な思考である。私たちの時代の思考法を前近代社会に適用して、無反省にすべてを政治的行動および利害をめぐる闘争や駆け引きに還元してしまわないように、注意が必要である。
(28) 『扶桑集』巻第七に載る小野篁の詩、「和従弟内史見寄、兼示二弟」は、承和七・八年頃に従弟に贈った詩である。その中には、「身を灰にして旧主に随ふことを得ず、唯当に髪を剔りて空王〈仏陀〉に事ふべし」(『群書類従』第八輯、五六六頁)とある。これは『白氏文集』に範を取った詩であるが、ここには政治への失望が吐露されている。
(29) 「太皇太后〈藤原明子〉令旨を奉り、太上天皇〈清和天皇〉の奉為に御周忌法会の願文」(『菅家文草』巻第十一、No.六五一)。
(30) 岡村繁『白氏文集』五〈岡村繁『新釈漢文大系』一〇一、明治書院、二〇〇四年〉。
(31) 「池亭記」の引用は、『本朝文粋』註(25)前掲による。桑原朝子氏は、承和期以降、「宮廷社会の構成員達、中でも文人貴族にとって、僧との交流や仏教に帰依した白居易の詩集を通して知る仏教界の存在は、彼らが宮廷社会の秩序や権力闘争から距離をとることを促す働きをした」（註（7）前掲書、一二九頁）と述べられている。

（32）勧学会については、小原仁「勧学会結衆の浄土教信仰」（同『文人貴族の系譜』吉川弘文館、一九八七年）、後藤昭雄「勧学会記」について」（同『平安朝漢文文献の研究』吉川弘文館、一九九三年）などの論考がある。

第二章　「狂言綺語は讃仏乗の因とす」——勧学会とは何だったのか

第一節　慶滋保胤の詩文にみる仏教観

一〇世紀を代表する文人貴族、慶滋保胤（九三三～一〇〇二）は、他の文人貴族とは少し異なる存在である。なぜなら彼は出家したからである。一説には、出家した保胤に藤原道長が教えを請うたともいわれている。保胤が一〇世紀を代表する文人とされるのは、菅原道真（八四五～九〇三）を継承し仏教的文章を次々と作成していったことによる。もちろん花山天皇（九六八～一〇〇八）の政の補佐役として詔勅などの公的文書も作成したが、天皇や藤原家に依頼され作成した願文、寛和年間（九八五～九八七）ごろ成立した日本初の往生伝『日本往生極楽記』[1]、『観無量寿経』の極楽浄土の世界を讃じた『十六相観讃』[2]、在家者が在家のままでどのような仏教生活を送るかを示した「池亭記」、念仏結社勧学会[3]といった講会に関する詩序、また寺院の景観を詠んだ詩など、多数著した。

本章では、一一世紀半ばに藤原明衡（九八九？～一〇六六）によって康平年間（一〇五八～一〇六四）に編纂された『本朝文粋』収載の詩文から、慶滋保胤が記した願文以外の仏教関係の詩文を検討することによって、一〇世紀後半の在家者が作り上げていった仏教思想について考えてみたい。

『本朝文粋』に収載されている保胤が著した仏教関係の詩文は、次の通りである。

①「七言暮春、六波羅蜜寺供花会に於て、法華経を聴講し同じく南無仏を賦す」（『本朝文粋』巻第十）

②「五言暮秋、勧学会禅林寺に於て、法華経を聴講し同じく「沙《いさご》を聚め仏党を為す」を賦す」（『本朝文粋』巻第十）

③「晩秋参州薬王寺を過ぐる感有り」（『本朝文粋』巻第十）

④「冬日、極楽寺禅房に於て、同じく落葉の声雨の如くを賦す」（『本朝文粋』巻第十）

⑤「勧学会所」（『本朝文粋』巻第十三）

⑥「勧学院仏名廻文」（『本朝文粋』巻第十三）

（一）勧学会とは

勧学会は二〇名の大学寮学生と比叡山の僧侶二〇名によって構成された。はじまりは康保元年（九六四）三月一五日である。勧学会の結衆や開催場所、第一期から三期までの勧学会の変遷と内容・行事等については、桃裕行氏の研究によって明らかになった。[4]

桃氏によれば、第一期勧学会の活動は、康保から寛和年間（九六四〜九八七）に行われた。また結衆の一人賀茂《かもの》保章《やすあきら》（生没年未詳）が著した「勧学会記」[5]によって明らかになった結衆は、学生が慶滋保胤のほか、源為憲（生年不詳〜一〇一一）、橘倚平《たちばなのよりひら》（生年未詳〜九八二以前没）、藤原有国（九四三〜一〇一一）、高階積善《たかしなのもりよし》（生没年未詳）、高丘相如《たかおかのすけゆき》（生没年未詳）、中臣朝光、文室如正《ふんやのゆきまさ》、橘淑信《たちばなのよしのぶ》（以上いずれも生没年未詳）、菅原資忠《すがわらのすけただ》（九三六〜九八九）、平惟仲《たいらのこれなか》（九四四〜一〇〇五）、藤原忠輔、菅原輔昭（以上いずれも生没年未詳）、橘正通（生没年未詳）、美州源別駕、前藤総州（以上いずれも実名不詳）、李部源夕郎（生没年未詳）ら一八名の文人貴族である。

一方、「勧学会記」で明らかになった僧侶側の結衆は、のちに天台座主になる慶円（九四三〜一〇一九）、僧綱として高位に至る勝算（九三九〜一〇一一）、穆算（九四四〜一〇〇八）、能救（生没年未詳）、慶雲（九三八〜没年未詳）ら一四名が明らかになっている。

講会は『法華経』の講説と念仏を唱えた後、仏法讃歎の詩を作成し、会所となっている寺院に奉納することが決められていた。そこで詠まれる詩の題は、当日講説された『法華経』の巻中から僧侶側が選択し、それに応じて文人貴族が詩を作成して詠み上げられた。また「勧学会記」によると、康保元年三月の勧学会の詩題は『法華経』従地涌出品の中で釈迦が説く偈の一句「静処を志楽ふ」であった。

（二）　勧学会の目的

では保胤が記した仏教関係の詩文から②「五言暮秋、勧学会禅林寺に於て、法華経を聴講し同じく「沙を聚め仏党を為す」を賦す」を取り上げ、勧学会の目的について考察してみよう。

②「五言暮秋、勧学会禅林寺に於て、法華経を聴講し同じく「沙を聚め仏塔を為す」を賦す」の前半は、次のような内容である。

台山僧侶二十口、翰林書生二十人、共に仏事を作《な》し、勧学会と曰ふ。（中略）方《まさ》に今一切衆生をして諸仏知見に入らしむるは、法華経に先んずること莫《な》し。故に心を起こし掌《たなごころ》を合せ、其の句偈を講ず。無量の罪障を滅し、極楽世界に生ずるは、弥陀仏に勝ること莫し。故に口を開き、声を揚げ、其の名号を唱ふ。凡そ此

の会を知る者、謂く見仏聞法の張本《ちょうほん》と為す。此の会を軽んずる者、恐るらくは風月詩酒の楽遊と為らむ。(6)

勧学会を行う目的を『法華経』の講説と阿弥陀仏の名を称えることだと記す。その意義は、人々を仏法へと導くのは『法華経』が最も優れていること、また衆生が作る計り知れない罪障を滅し極楽浄土に往生するためには、阿弥陀仏を念じることであると述べる。そして、これは法会の意義を理解する者にとって、来世で仏に会い仏の教えを聞く「張本」すなわち仏縁となるが、勧学会を軽蔑する者は、その真意を図ることができない者であるから、「風月詩酒」の遊びとしか理解できないだろうと述べられている。

また後半では次のように記されている。

原《たずぬ》れば夫れ童子を聚め、以て仏塔と為す。戯弄の手より始め、幼稚の心に出づ。波洗ひ消さんと欲し、竹馬を索《なげう》ちて以て顧みず、雨打たば破れ易し、芥鶏《かいけい》を闘かはしめ以て長く忘る。既にして其の数則ち是幾許ぞ、其の高さ一重に過ぎず。海風の沈香吹くに、自ら芬芳《ふんほう》を供へ、河水の砕金を汰き、暗に厳餝を添ふ。如来説く所、此の児戯に依り、皆仏道を成す。況んや我等、或は齢壮年を過ぎ、其の誠且く日を多きをや。何ぞ疑はんや来世宿住通を聞き今日の事を覚ゆらむこと、智者大師の霊山の会を記すが如し。重ねて此の義を宣べんと欲して詩句を以て、歎じて曰く。

この日の講説の題は『法華経』方便品の一句「沙を聚め仏塔を為す」であった。詩序では、童子が砂を集めて仏塔を作るという釈迦に対するわずかな善業でも悟りへといたることができる、まして勧学会を主催する結衆は必ず極楽往生して、講会で学んだ知識を参照しながら阿弥陀仏の説法を聴くであろう、と述べられる。

この詩序の大きな特色は、美辞麗句を並べて虚偽の言説＝詩を作る行為が『法華経』が禁じている妄語の罪にあたるものはなく、仏法讃歎の行為になると理解していることである。

「風月詩酒の楽遊」とは、虚偽の言葉を用いて詩を作り、その後で酒を酌み交わすことを示し、それは当時の詩会では恒例となっていたが、仏教では飲酒戒に背く行為と考えられていた。同様のことを保胤は、寛和二年（九八六）七月二〇日に北野廟で行われた詩会で作成した「菅丞相の廟に賽する願文」（『本朝文粋』巻第十三）でも、「嗟呼、花言綺語《かげんきぎょ》の遊び、何ぞ神道を益せんや」と詠んでいる。これは詩作が神となった道真の加護を得る行為として肯定されていることを示している(7)。

詩序では、詩を詠作することは、『法華経』の講説と同様に、浄土での「見仏聞法の張本」になると記しているが、その根拠は、源為憲が著した『三宝絵』下巻の「勧学会」にも引用された、唐代の白居易『白氏文集』七十一「香山寺白氏洛中集記」の一句にみられる。

又居易ノミヅカラツクル詩ヲアツメテ、香山寺ニオサメシ時ニ、「願ハコノ生ノ世俗文字ノ業、狂言綺語ノアヤマリヲモテカヘシテ、当来世々讃仏乗ノ因、転法輪ノ縁トセム」(8)。

白居易を先例とすることによって、文人貴族たちの職業であった詩作が、在家者の保つべき五戒の妄語にあてはまる綺語ではなく、讃仏乗や見仏聞法の良因となると逆転させる(9)。

ところで『法華経』の講説・念仏・詩作は、勧学会でのみ行われていたのではない。作成年未詳ながら、六波羅蜜寺(10)の供花会での詩序①「七言暮春、六波羅蜜寺供花会に於て、法華経を聴講し同じく一たび南無仏を賦す」にも同様のことが述べられる。

この詩序の舞台となった六波羅蜜寺は、天暦五年（九五一）に悪病が蔓延したとき、空也（生没年未詳）が自ら刻した十一面観世音菩薩像(11)に祈禱して霊験があったため、これを安置して西光寺を建立し、応和三年（九六三）八月に落慶供養会を営んだのがはじまりとされる。詩序は次のように記されている。

> 夫《そ》れ六波羅蜜寺は、空也聖者これを権与し、中信上人の潤色なり。此の両人の如きは、寧《なん》ぞ如来の勅を奉じ、如来の使と為し、此の娑婆世界に来たりて、濁悪の衆生を度するに非ざらんや。是に於て毎日妙法一乗を講じ、毎夜念仏三昧を修す。（中略）是の時に当たるや、緇素《しそ》相語りて曰く、世に勧学会有り、また極楽会有り。講経の後、詩を以て仏を讃ず。今此の供花の会、何ぞ仏を歎ずるの文無からむや。（中略）便ち経中の一称南無仏の一句を以て抽《ぬきん》でて題目と為す。往昔信心無く善心無く、其の心或は乱心し、再称せず三称せず、其の称只一称。彼の人成仏せざるは莫し、得道せざるは無し。嗟呼《ああ》、我党一心に余心無く、千唱又万唱す。此の凡身を脱し、覚位に登る、且つ何を疑はんや、何を疑はんや。

注目されるのは、六波羅蜜寺を創建した空也と中信の二人の僧侶を、「如来の勅」を奉じた「如来の使」という化現した菩薩ととらえている点である。

「如来の使」は『法華経』法師品の言葉だが、この「如来の使」を用いることで、二人の僧侶の目的が「濁悪の衆生」を救済することであったこと、その救済方法として『法華経』の講説と念仏が創建以来執行されてきたことがわかる。そして「世に勧学会有り、また極楽会有り」とあるように、勧学会や極楽会とされた法会には、講説と念仏そして詩作がなされているのだから、供花会でも同じように詩作が行われるべきだと提案されている。ここでも『法華経』の言葉を題とする詩作が讃仏乗の因とされている。その念仏についても、一称しか称えていない人や信心をもたない人がいても、釈迦はあらゆる人が悟りを得ることができると説いているのだから、供花会にて聴講し念仏を「千唱又万唱」する結衆が往生しないわけはないと理解されていた。

このように保胤が作成した勧学会の詩序や六波羅蜜寺の供花会の詩序では、法会という場での『法華経』の講説を聞くことが「知識」となり、詩を作るという行為は念仏を称える行為と同様の仏教的作善なると明言される。

（三）　妄語の咎と仏名会

ただし法会で詠まれる詩を仏教的作善ととらえる一方で、仏教からすれば妄語戒を破る内容の詩も作り続けていた。そのことを保胤は、⑥「勧学院仏名廻文」に記している。この廻文は藤原氏出身の大学寮学生のために寄宿舎である勧学院で仏名会[12]を開催するにあたり、学生に布施を呼びかける目的で草されたものである。その中に、文人が行う詩作について次のように記されている。

> 妄語の咎《とが》逃れ難し、綺語《きぎょ》の過《とが》何ぞ避けむや。誠に遊宴を下士の性に楽しむと雖も、尚罪累を上天の眸に遺すを恐れる。是れ故に書帷《しょい》を巻きて仏を礼し、文場を掃ひて僧を迎ふ。先生有余の罪、願はくは礼拝の頭を消し、今生無量の福、願はくは懺悔《さんげ》の掌《たなごころ》を開く。

保胤をはじめとする文人貴族は、あらゆる詩文を作成することがその職務であるから、天皇や貴族が主宰する詩宴や法会に参加し、その場に相応しい詩文を作る。それは同時に、「妄語の咎」「綺語の過」といった罪業を犯していることになるが、職務を遂行するためには、ありとあらゆる文章を作り続けていかなければならない。そのため文人貴族である限り、罪業は次々と生じるものであった。それは文人貴族たちが救済されないことを意味する。そこで廻文では、学生たちが詩作を行ってきた書斎を整備して道場へと変え、一年の罪を懺悔する仏名会を開くことで仏法に帰依し、罪を消したいと述べる。勧学会と供花会などの法会に参加し、『法華経』の講説を聞き、念仏を称え、さらに仏法讃歎の詩を作ることによっても、消し去ることができない罪が残るかもしれない。そこで彼らは、年末に僧侶を招いて仏名会を主催し、一年間の「妄語の咎」「綺語の過」を懺悔するのだ。

　このように文人貴族たちは、自分たちが作った仏法讃歎の詩が讃仏乗の因となるという教説に、全幅の信頼を寄せていたわけではなく、仏名会を開き仏法帰依の作善を積む必要があると考える者もいた。

（四）老荘的世界の向こう側

　勧学会や供花会の法会に関連する詩序によって、詩作を仏教的作善とする新たな意味づけがなされたことがわかった。では、保胤を代表とする文人貴族が作る詩序からは、彼らの浄土信仰がうかがえるのだろうか。じつは、『日本往生極楽記』を著した浄土願生者である保胤も、寺院や僧侶などを風景の一部として対象化し、仏教とは一定の距離を置いているように見える詩序を作成している。それが、③「晩秋参州薬王寺を過ぐる感有り」と④「冬日、極楽寺禅房に於て、同じく落葉の声雨の如く」の詩序である。

　③「晩秋参州薬王寺を過ぐる感有り」の舞台は、三河国碧海郡（現在の愛知県岡崎市）にある薬王寺である。薬王寺の本尊は景行天皇皇子五十狭城入彦命《いさきいりひこのみこと》の後胤とされた豊阿弥長者の念持仏といわれ、和銅年間（七〇八～七一五）に行基（六六八～七四九）を開祖として七堂伽藍が建立されたと伝えられている。

　参河州碧海郡に、一道場有り。薬王寺と曰ふ。行基菩薩の、昔建立する所なり。聖跡旧《ふる》しと雖も、風物惟《これ》新たなり。前に碧瑠璃《へきるり》の水有り、後ろに黄纈纈《おうきょうけち》の林有り。草堂有り、茅屋《ほうおく》有り、経蔵有り、鐘楼有り、茶園有り、薬圃有り。僧有りて中に在り、白眉颯爽《さつじ》。余《わ》れ是れ羈旅の卒、牛馬これ走る。初めて寺を尋ね次に僧に逢ふ。庭前を徘徊し、灯下に談話す。耳目感ずる所、聊かに斯の文を記し爾《しか》と云ふ。

この詩序は、寺伝に依拠しながら構成されているが、「碧瑠璃」「黄纐纈」「白眉」といった老荘的な神仙世界を彷彿とさせる言葉が鏤《ちりば》められている。僧侶は神仙世界の仙人のように、薬王寺は神仙世界のように、描写されている。このように僧侶や寺院を単なる風景として詠み込む詩序の形式は、菅原道真の「龍門寺に遊ぶ」という詩に、

緑羅の松の下、白眉の僧。人は鳥路の如し、雲を穿《うが》ちて出づ。地はこれ龍門、水を趁《お》ひて登る。橋は老いて往還す、誰が鶴の駕ならむ。

とあるように、それまでの寺院や僧侶を神仙世界の景物として扱ってきた伝統を踏まえたものであるといえる(13)。すなわち寺院や僧侶を老荘的情景として対象化し、あたかも自分はその情景の観察者として外部に存在しているかのように叙述している。保胤は、ここでは寺院や僧侶をそれまでに先行した詩文や歴史書の中から選択した老荘的な言葉に置き換えることで、逆に仏教とは一定の距離を置いているようにもみえる。しかしそれまでの詩の形式を踏襲したようなこの詩序が、「行基菩薩」という言葉を入れることで、全く別の意味を作り出している。

薬王寺には行基を開祖とする伝承が伝わっていたために、「行基菩薩」という言葉が組み込まれたのであろうが、そうすることで、行基菩薩が近畿地方だけではなく三河国という遠方まで足を運んだという、従来の記録には見られない新しい知見が語られている。

ここでは、行基菩薩が開祖である寺院で修行を続けている僧侶が、人知れず行基の伝統を保持し続ける隠者に

見立てられている。平安京の現実からすれば、菩薩が生き続けている無名の寺院は、あたかも神仙世界や極楽浄土のように遠く仰ぎ見るしかない。つまり対象化して叙述することはできないと、保胤の詩序は述べている。

一方、④「冬日、極楽寺禅房に於て、同じく落葉の声雨の如くを賦す」の極楽寺は、関白藤原基経（八三六～八九一）が山城国紀伊郡内（現在の京都市伏見区深草）に建立した寺院である。(14) 基経の生前には完成せず、その子の時平（八七一～九〇九）が完成させた。そして藤原仲平（八七五～九四五）から藤原忠平（八八〇～九四九）へと継承された。

菅原道真「左大臣の為、極楽寺を以て定額寺となさんことを欲し請ふの状」（『菅家文草』巻第九、№六〇八）によれば、藤原時平が昌泰二年（八九九）に定額寺に列せられるように願い出たとある。また『貞信公記』延長二年（九二四）十月二十日条によると、その日に定額寺になったことが確認される。同寺では秋になると菊会を開催しているのをはじめ、万灯会や舎利会、法花会、大般若経転読会、寿命経読経会といった様々な法会が開催されていた。

詩序は極楽寺を次のように詠んでいる。

極楽寺は、東山の勝地なり。寺の西北に、一仙洞あり。蓋し象外《しょうがい》の境、壺中《こちゅう》の天なり。（中略）堂の巽に碧《へき》蘿山《らさん》有り、小さしと雖も其の勢い千万尋に対するが如し。山中に瀑布泉有り、細しと雖も其の声一二里まで聞こゆ。水は是れ屈曲し、色は即ち瑠璃。或は流れ蜀江《しょっこう》と為り、紅葉浮かびて錦を濯《あらふ》、或は瀉《そそ》ぎ酈谷《れきこく》と為り、黄菊映じて金を沈む。短矼《たんこう》を挿《さ》して橋と為す、独木横たへて榷《かく》と為す。此の外奇巌怪石の千象万形、霊樹異草の大隠無名、庭戸を潤色し、風流を黼藻《ほそう》す。

「一仙洞」「碧蘿山」「曝布泉」「外奇巌怪石の千象万形」「霊樹異草の大隠無名」といった老荘的な言葉を用いることで、極楽寺が神秘的なこの世のものとは思えない美しい風景をもつ神仙世界であること、『後漢書』費長房伝の中にある「壺中の天」という言葉を用いることで、極楽寺が費長房が老仙人とともに訪れた壺の中の楽園のような別世界の地であることを述べている。このように寺院を老荘的にとらえるのは、前述の「晩秋参州薬王寺を過ぐる感有り」とほぼ同様であって、それまでの伝統である京内の庭園を老荘的に解釈し詠作する形式を踏まえている。その別世界である極楽寺に足を踏み入れた訪問者は神仙世界の仙人となり、自然の景物が語りかけてくる言葉を書き留め詩を作る。ところが、次のような言葉を挿入したことで意味は、逆転してしまう。

　試みに聞く則ち雨声休まず、近くに見る亦風色是脆《もろ》し。まさに縄床《じょうしょう》の夜深く、紙窓の昼を掩ふべし、百虜《ひゃくりょ》妄想《もうそう》の客、疑ひて迷ひ易し、六根清浄の人、聞き即ち覚めるべし。（中略）是に於て闍梨禅定の暇、風客是を招く。苔茵《たいいん》展べ以て塵無く、松蓋《しょうがい》傾きて旧の如し。寒吟一両曲、自ら声を揚げ仏事と作さんがため、温酎二数盞《さん》、禁戒と雖も吾が徒許さるを見る。

「百虜妄想の客」とは煩悩をもつ人のことを指し、「六根清浄の人」は煩悩が滅せられた人のことを意味する。つまり正しい認識をもった「六根清浄の人」が極楽寺の景観を見ると、雨の音を聞いただけでも悟りを得るものであり、煩悩をもつ「百虜妄想」の人は、その景観の中に悟りがあることが理解できず、ただ風雨の音に恐れをなすだけだと言っている。用いた言葉は異なるが、②の「凡そ此の会を知る者、謂く見仏聞法の張本と為す。此の会を軽んずる者、恐るらくは風月詩酒の楽遊と為らむ」とほぼ同意である。

つまり、煩悩の多い人には、極楽寺という異なる一寺院か、せいぜい神仙世界としか、とらえることができない。極楽寺の庭園を構成する石や植物は、ただの樹木や石という実体としか認識できない。しかし煩悩を滅した「六根清浄」の人にとって眼前に広がる極楽寺の景物は、見る者に仏法を語りかけてくれる外観以上の意味が与えられる。それはあたかも、『阿弥陀経』に説かれた極楽浄土ではあらゆる物が仏法を説き示すという光景を彷彿とさせる。極楽寺は煩悩を滅した人間や仏道修行を行っている人間にとっては、現実世界に出現した浄土と理解されたのである。

　勧学会や六波羅蜜寺供花会の詩序では、法会という場での経典の講説を聞くことは仏の言葉を知ることになり、詩作は仏教的実践になると理解された。その一方で、それ以外の詩作を行うことによって生じる罪業を消すために、文章作成の場である書斎を道場に見立てて法会を行うことで、その罪を懺悔し仏法帰依という作善を積むことが必要だと考える文人貴族たちも、存在していた。

　一方、僧侶や寺院を対象として詠まれた詩文は、それらを老荘的描写に置換し、あたかも一つの風景であるかのように叙述されている。その一方、仏法に帰依し仏道修行を行い煩悩を滅しつつある者にとっては、寺院や僧侶は単なる老荘的風景として認識されるものではない。眼前に広がる景物のすべてが仏の教えを語りかけてきていると理解されるはずである。このような叙述は、保胤の詩文だけに見られるものではない。一見すると物を言わぬ者でも語りかけているのだという内容は、保胤の師である菅原文時の詩序「暮春、冷泉院の池亭の宴に侍り同じく「花光水上に浮かぶ」を賦す」（『本朝文粋』巻第十）の、

　　誰か謂はむ水心無しと、濃艶臨みて波色を変ふ。誰か謂はむ花語らずと、軽漾《けいよう》激《はげしく》して影脣を動かす。[15]

にも見られる。

保胤は、詩文とは、対象と言葉とが一致する理想世界について叙述するもの、仏法が説かれる場とは、仏と言葉が渾然一体となって人々を悟りへと導く理想の場だと考えていたのである。

第二節　勧学会結衆たちの仏教観

康保元年（九六四）からはじまった勧学会に参加した文人貴族は、賀茂保章「勧学会記」(16)によってその結衆が知られる。現在でも残されている仏教関係の詩文を書いた結衆の中でもよく知られているのは、前節で見た慶滋保胤、仏教入門書『三宝絵』を記した源為憲である(17)。しかし、その他の結衆も保胤や為憲と同じく積極的に、勧学会で学んだ仏教観を詩序などの文章であらわしていった。たとえば、ほかに、藤原有国、大江以言《おおえのもちとき》（九五五～一〇一〇）、紀斉名《きのただな》（九五七～一〇〇〇）、藤原惟成《これなり》（九五三～九八九）、大江匡衡《まさひら》（九五二～一〇一二）らが挙げられる。彼らの詩文は、一一世紀に編纂された詩文集『本朝文粋』や『本朝文集』に収載されている。

では、彼らも慶滋保胤のように、様々なテクストに示された菩薩の化身や結縁の重要性、讃仏乗の詩を詠むといった思想を共有していたのだろうか。そこで上に挙げた藤原有国、大江以言、紀斉名、藤原惟成、大江匡衡らの詩文を取り上げ、考察を試みたい。

（一）　藤原有国の詩文

藤原有国（もとは在国、長徳二年に有国に改名）は、藤原北家内麻呂の流れを組む。石見・越後・信濃などの国司を勤めた。はじめは藤原兼家（九二九～九九〇）の家司となり厚遇を受けていたが、兼家の死後に兼家の長男・道隆（九五三～九九五）を退け、次子の道兼（九六一～九九五）を関白に推挙したため、道隆より除名処分を受けた。

その後許され、長徳元年（九九五）、筑紫国大宰大弐に任じられたときに、当地に左遷された道隆の子・伊周（九七四〜一〇一〇）を手厚くもてなしたという。その後は、藤原道長（九九六〜一〇二七）の家司となった。文人として菅原道真の孫にあたる菅原文時（八九九〜九八一）に師事し、同門の慶滋保胤や高丘相如、源為憲らと親交を深め、勧学会に参加することになった。勧学会結成前年には、善秀才宅詩合にも出席している。(18)『勘解由相公集』（二巻）を草したとされ、現存の詩文は『本朝文粋』に一首、『本朝麗藻』に九首、『善秀才宅詩合』に二首、「粟田左相府尚歯会詩」に一首である。『本朝麗藻』に収められていた詩文は『本朝文集』にも収録されている。その中で『本朝文粋』と『本朝文集』に収められた仏教に関わる詩文は次の四篇である。

①「法華経廿八品を讃ずる、和歌序」（『本朝文粋』巻第十一）
②「家一区を以て永く仏寺と為すの状」（『本朝文集』巻第四十一）
③「金峯山讃」（『本朝文集』巻第四十一）
④「仏堂経王を造写し供養し奉る願文」（『本朝文集』巻第四十一）

①「法華経廿八品を讃ずる、和歌序」

『法華経』二十八品からそれぞれ題目を選び歌会に詠まれた和歌の序文として作成された。この和歌序は後半に「参議弾正大弼藤原有国」と記されていることから、有国が参議に任官された長保三年（一〇〇一）以降、長保四年（一〇〇二）八月一八日に藤原道長が主催した和歌会に際して作成したと推測される。(19)

序の冒頭は次のように記されている。

> 和歌は志の之く所なり。之れ郷人も用ひ、之れ邦国も用ゆ。情中に動かば、言外に形《あらわ》る。（中略）国風の始まれるや、故に和を以て首と為し、吟詠の至れるや、故に歌を以て名と為す。

和歌とは志を表明するものという叙述は、『古今和歌集』序の「心に思ふことを見るもの聞くものにつけて言ひ出せるなり」に見られる和歌観の影響を受けていると考えられる。

後藤昭雄氏によれば、同様の言葉は『古今和歌集』以前にも、菅原道真の「其の志を言ふことを得ず」（『菅家文草』巻第一「早春内宴に侍り同じく物春に逢はざること無し、応製」序）や、「詩は志を叙ぶるに縁る」（『菅家文草』巻第一「団坐懐に言ふ」）、紀長谷雄（八四五～九一二）の「志之く所を任す」（『本朝文粋』巻第八「延喜以後詩序」）などに見られるが、本来は『毛詩』大序（『文選』巻四十五）の「詩は志の之く所なり。心に在るを志と為し、言に発するを詩と為す」や、『尚書』舜典の「詩は志を言ふ」に記されている言葉である。政治的・倫理的意義や天子に対する臣下の諷諫の義務が込められた詩の表現である。日本の場合、中国とは異なり、道真の詩に見られるように、根元的な詩の定義をなすという意味で「詩は志を言ふ」が踏襲されていったと指摘されている。[20]

「和歌序」はこの日本的に解釈された詩の原理を和歌に置き換えたものであるが、有国は「志」をどのように理解していったのだろうか。引き続き「和歌序」を見ていこう。

和歌の由来として、神代の頃からはじまり、『古今和歌集』などが選録されることで和歌が繁栄していったことを述べつつ、次のように記されている。

> 行基菩薩、婆羅門《ばらもん》僧正は、当朝の化人、異俗の権者《ごんじゃ》なり。（中略）ここに仙院の松桂、風咽《むせ》び月弔みてより、左相府（道長）の恩を恋ふの思ひ、猶肝胆に瀝《したた》る。偏に妙法に帰し、口に読み手づから書く。左右金吾の両

納言、親衛大丞の両相公、皆仙院の旧臣なり、相府の骨肉為り。顧み相ひ語りて曰く、時に涼陰に属し、人宴楽を罷む。春花秋月、空しく棄置の愁有り。詩閣琴台、幾《いくば》くか寂莫の恨みを含む。願はくは法花の品を採り、将に詞の題を播く。只真実を採り、浮花を愛でず。群卿唯然として、各《おのおの》随喜を成す。我等幸いにして堯舜《ぎょうしゅん》の主に逢ひ、適《たまたま》二八の臣に列す。鴨河の東に流れ、一清の色浪静かなり、亀山の西に峙《そばだ》ち、万歳の声風に伝ふ。請へらくは此の歌詠兼ねて聖代の一乗を弘むるを知らしめんことを。

行基菩薩と婆羅門僧正の応答歌や、僧正遍昭（花山僧正、八一六～八九〇）やその子の素性法師（生没年未詳）といった仏教的和歌の創始者と隆盛を築いていった僧侶の名前を挙げながら、これらの僧侶によって日本に仏教思想を詠み込んだ和歌が広まっていったことを示しつつも、『法華経』をテーマとして和歌を詠む者はいなかったと述べる。

次に「仙院」＝東三条院詮子（九六二～一〇〇二）の死後、実弟の「左相府」こと道長は自ら『法華経』を読誦、書写したと述べられている。その様子を見た詮子の旧臣であった道長の子息たちは、『法華経』二十八品を題材とした和歌会の開催を提案する。このとき、詮子の死後一年に満たない「涼陰」の時期であったのため、詮子を母とする一条天皇（九八〇～一〇一一）も喪に服していた。喪中の期間は本来ならば歌舞音曲や詩作は禁止されている。しかし「和歌序」には『法華経』二十八品から歌題を定めるがゆえに和歌を詠むことは可能であると理解される。つまり仏法讃歎の和歌は、「真実」（悟り）を求めるためであって、「浮花」（狂言綺語）ではないと理解された[21]。

このような和歌を詠むことが可能となったのは、「堯舜の主に逢ひ、適二八の臣に列す」であるからだとされるが、「堯舜」という中国の理想的天子と一条天皇を同一化することによって、一条天皇の治世は聖代であるから、「此の歌詠を兼ねて聖代の一乗を弘むるを知らしめんことを」とあるように、仏法興隆のためにも和歌会を開催すべきだと主張されている。

かつて人々は、和歌を詠むことによってその志を述べ、天子はそれを聞いて自らの治世を改めたというが、聖代である今はそのような和歌を詠む必要はない。今こそ『法華経』という大乗仏教の根本思想を広めるために、『法華経』を歌題とする和歌を詠もうではないかと呼びかけているのである。この場合、和歌は仏教的善業と理解されているが、そのような理解は勧学会の詩序で打ち出された「見仏聞法の張本」(22)となる理解を、和歌に転用したものと解釈される。そして仏教的作善である和歌会を開催する道長と一条天皇は、積極的に人々に仏教的作善を勧める優れた仏教者と理解される。

この叙述は、大江匡衡が道長の依頼を受け作成した「一条天皇の四十九日御願文」(23)に、一条天皇を、中国の賢帝の孝文帝（四六七～四九九）や菩薩とされた天台二祖南岳慧思（五一五～五七七）と類比し、またその死を「入滅」と記すことで釈迦と同一視する視点と共通している(24)。すなわち、「和歌序」の冒頭の「和歌は志の之く所」の「志」とは、今は一条天皇という仏教的聖王が統治する時代であり、藤原道長という仏教者が仏法興隆に努め、それにより仏法が広まることを、和歌という形で述べることを意味している。

④「仏堂経王を造写し供養し奉る願文」

この願文は、正暦五年（九九四）一月に藤原道隆が、父の藤原兼家の追善目的で積善寺の建立と仏画制作、および経典の書写供養を行ったときに作成された(25)。

右先公入道大相国、忠を以て君に事《つか》へ、信を以て仏に帰す。赤誠を推すと雖も而して二心無く、更に精神を分かちて大願を発す。即ち勝地をトし、以て道場を立つ。積善寺是なり。（中略）爾《しか》り風雨降り屢《しばしば》侵し、土木壊れ易し。先公の宿懐を追憶するに、還りて弟子の新歎と為す。（中略）然而て弟子の徳已に薄く、職は最も高し。齢は未だ衰へざるに、病惟れ劇《はげ》し、万機の巨細、□愚忠遑《いとま》あらず。四体支離して、廷質を扶《たす》けて進み難し。其の遠く郊外に向かはば、而して野風の冐《おか》す所に因を与《くみ》す。近く洛東をトして朝務を兼ね以て相営むに如かず。爰に精舎有り、法興院《ほごいん》と称す。斯れ廼《すなわ》ち先公閑放の地、不日に改め成す所なり。林叢の半老、春秋を送り徐に長幽す。水石の自ら寒く、苦空を観じて有縁を無余の念に咽ぶ。仍ち彼の柱礎の前基を移し、其の規則を尋ねて重ねて構ふ。即ち一場を以て更に二に分ち、一堂に至りて、統て諸仏を開く。仏と云ひ堂と云ひ、皆是れ昔の承る所の遺訓なり。且つは修め且つは企つ。□□営む所の至誠に非ず。復た自他を利せむが為に、別に志念を発す。（中略）弟子の弘願、剰《あまつさ》へ光華の春に遇ふ。既にして生ずる所の功徳、籌量《ちゅうりょう》すべからず。先に一善を以て、特に双親を賁《いきどお》る。清涼地の頭、千葉の蓮倶に開き、涅槃山の頂は、三覚の月逢朗なり。今偏《ひとえ》に慧業《けいごう》を擎《ささ》げて、聖朝を祈り奉る。金輪常に廻らし、九国平かに以て道有り、遙図動かず、四海静かに以て波無からむことを。(26)

冒頭、兼家が政務に携わる一方で仏教に帰依し、積善寺を草創したことが記されるが、その積善寺は早くに訪れる人もなくなり荒廃していた。そこで、道隆は父・兼家の「宿懐」を思い出し、寺を再興しようと考えた。そのような考えをもった道隆自身は「徳已に薄く、職は最も高し。齢は未だ衰へざるに、病惟れ劇し、万機の巨細、□愚忠に遑あらず。四体支離して、廷質を扶けて進み難し」と自らを卑下し、病を歎くものの、「其の遠く郊外に向かはば、而して野風の冐す所に因を与《くみ》す。近く洛東をトして朝務を兼ね以て相営むに如かず」とあるように、兼家が二条京極邸を寺とした法興院[27]内に積善寺を移して政務と仏道修行の両立を図ろうとする。政務と仏道修行の両立は、保胤が「池亭記」で提唱した新しい貴族社会における「吏仏兼得」（政務と仏道修行との両立）を継承していると考えられる[28]。

ところで、兼家は吉田野に積善寺を建立したが、正暦元年一月に出家し、二条京極にあった自邸を寺に改め、積善寺別院、法興院と名づけた。兼家が建立した積善寺は、兼家の死後に道隆によって法興院内に再建されたが、それは道隆の意思によるものとはしていない。道隆が積善寺を再建した理由は、兼家の「遺訓」によるものであると願文では述べられている。この「遺訓」という言葉から想起されるのが、菅原道真が願主藤原基経の依頼で貞観一五年（八七三）に作成した、「右大臣の為の故太上大臣の遺教に依て水田を以て興福寺に施入する願文」（『菅家文草』巻第十二[29]）である。

この願文で基経は、父の藤原良房（八〇四～八七二）より、自分は政務に携わっているばかりで藤原氏の氏寺の興福寺の維持に尽力することができずにいたことから、興福寺の維持を心がけるようにと遺言されたとある。このような仏教的善業を一族の間で継承していくことは一家の因果とされ、生前には自分が、死後は遺族が利他行を行うことにより、一族が次々と仏と菩薩への道をたどっていくという理解がなされていた[30]。

道隆の「仏堂経王を造写し供養し奉る願文」は、藤原家が継承すべき伝統的善業を意識して書かれ、②「家一区を以て永く仏寺と為すの状」にある「弟子寺を造り仏を造るの志は、六趣を利益せむが為なり。群生を済度せむが為なり」という兼家の言葉を「遺訓」として願文に用いることで、藤原氏に綿々と継承されてきた利他行を兼家も道隆も一族で継承していくのだという意識を示している。

さらに当時の天皇である一条天皇を「金輪」すなわち金輪聖王と称することは注目される。天皇を金輪とする早い例は、空海の願文[31]に見られるが、空海以降に作成された願文では影を潜め、一一世紀後半以降の大江匡衡や藤原敦光ら文人貴族が作成する願文になって再び登場する思想である。それらの願文では、天皇を金輪聖王と称することで、天皇＝金輪聖王＝仏という関係が提唱されていった。[32]道隆の願文が空海の願文に示唆を得て天皇を金輪と位置づけているかどうかは不明であるが、藤原有国と同時代の大江匡衡も、寛弘元年（一〇〇四）一〇月に作成した「尾張国熱田神社に於いて大般若経を供養する願文」（『本朝文粋』巻第十三）で、経典供養の功徳を一条天皇に廻向する際に、「金輪聖主を祈り奉る」と記していることから、[33]一〇世紀末には貴族社会の中で天皇を金輪聖王＝仏として理解する思想が形成されていたと考えられる。

(二)　大江以言の詩文

大江以言[34]は、大隅守、従五位下仲宣の子。はじめは弓削氏を名乗り、長保五年（一〇〇三）に再び大江姓に戻った。大学寮で学び藤原篤茂（生没年未詳）に師事。学生時代は勧学会に参加した。永観元年（九八三）頃に伊予国に赴任し、永延年間（九八七〜九八九）に対策に及第した。その後、藤原道隆を祖とする中関白家に仕えていたが、道隆の子である藤原伊周（九七四〜一〇一〇）の失脚にともなって飛驒権守に左遷され、長徳三年（九九七）には召還。この頃から文人として活動をはじめたとみられる。勧学会結成当時はまだ一〇歳程度であったから、結成当初から参加していたのではなく、途中から参加したと考えられる。その後、長保三年（一〇〇一）に文章博士となり、寛弘四年（一〇〇七）四月には内裏作文会の序者を任された。文体は斬新であると評価され、「以言集八帖」「以言序一帖」といった詩文集が編まれたが、ともに散佚してしまった。残されている詩文は『本朝麗藻』に二〇首、『本朝文粋』に二六首ある。

そのうち、仏教関係の詩文として次の七篇が挙げられる。

①「九月十五日予州楠本道場に於いて勧学会を擬え法華経を聴講し、同じく「寿命量るべからず」を賦す」（『本朝文粋』巻第十）
②「七言暮春施無畏《せむい》寺を眺望す」（『本朝文粋』巻第十）
③「七言晩秋天台山円明房に於いて、月前閑を談ず」（『本朝文粋』巻第十）
④「冬日雲林院西洞に遊び紅葉を翫ぶ」（『本朝文粋』巻第十）
⑤「浄妙寺の塔供養の呪願文」（『本朝文粋』巻第十三）
⑥「花山院四十九日御願文」（『本朝文粋』巻第十四）
⑦「覚運僧都の為の四十九日願文」（『本朝文粋』巻第十四）

七篇の詩序や願文のうち、①は以言が伊予国に赴任したときに、自ら主催した勧学会に際して作成した詩序である。詩の題目は『法華経』如来寿量品に拠っている。

是の如く我聞く。九月十五日は、是れ所謂《いわゆる》勧学会なり。爰《ここ》に吾党の二三子、彼の会に結縁し、此の間に来り至るの者なり。而て是の念を作し、法は縁に従りて起り、水上の月方に浮かび、感は物に触れて生じ、霜中の葉漸く落つ。嗟呼《ああ》、土地異なると雖も、時日猶同じ。処は何処にても道場に非ざらむ、即ち是れ三界は唯一心、時や時豈に空しく過すべけむや、未だ東山南海と別れず。諸の善男子、意において云何《いかん》。此の処に於て此の会を修し、豈に広く仏事を作し、遠く法華を伝ふるに非ざるものか。故に今境内に寺を尋ね、寺中に僧に逢ふ。聊かに講経念仏の筵《むしろ》を延べ、亦た歌詠称讃の筆を含む。善きかな善きかな、衆悦可からしむ。爾時に如来重ねて虚空に住し、更に弥勒に寄せて、寿命の量るべからざるを説き、涅槃の即ち真に非ざるを示す。中夜八十の火、仮に鶴林の煙りを唱へ、東方五百の塵、長く鷲峰《じゅぶ》の月に懸く。夫れ釈尊の半座を分ち、多宝の全身に現ずるに至りては、限数知り難し、羅漢の位猶ほ暗く、辺際測らず、惟越《いえつ》の地未だ明けざるものなり。既にして塔婆は故の如く、雲衆惟れ新たなり。松房の竹戸、先達見修の僧無きを恨むと雖も、袖を連ね衿を接し、誰か農夫田父の客と交はると謂はんや。（下略）

この詩序は「如是我聞」という経典で冒頭に置かれる言葉からはじまる。これは仏弟子が釈迦から聞いた教えであることを示すが、それを冒頭に据えるという、それまでの詩序では見られなかった書き出しではじまる。この「如是我聞」が記されるということは、勧学会が釈迦の真実の言葉が語られる場であることを示唆しているとともに、勧学会の講経が普通の法会とは異なる、釈迦の説法を再現する法会であると位置づけられている、と理解できる。

また「土地異なると雖も、時日猶同じ。処は何処にても道場に非ざらむ。即ち是れ三界は唯一心、時や時豈に空しく過すべけむや」は、伊予国という都から遠く離れた地で勧学会を開くことになっても、その法会は都の勧学会と場所も時も異なるものではないと主張されている。伊予国の勧学会は釈迦説法の場と同じ出来事として機能していること、その法会で説かれる『法華経』は、僧侶によって講説されるとはいっても、釈迦自らが説かれた教説と同じ価値があるものとして理解すべきだとされる。そして伊予国勧学会に結縁した人々は、釈迦の時に付き従い悟りを得た仏弟子と同じ功徳が得られるとされる。

次に②「七言暮春施無畏《せむい》寺を眺望す」の対象となる施無畏寺は、以前は観音寺と呼ばれ洛北に建立にされていた。ところが荒廃し朽ち果てようとしていた。その寺を再建したのが「中書大王」と称された兼明親王（九一四～九八七）である。兼明は観音寺を施無畏寺と改め、その死後「右兵衛将軍」が跡を嗣いだことを記した後、施無畏寺で行われた法会について次のように述べる。

常坐常行、大法の螺長く吹き、三月九月、八講の筵《むしろ》更に展《の》ぶ。時に員外藤納言、春雨の余閑に乗じ、聊《いささ》かに暇日にして眺望す。其の外金張華族の家、風月藻思の輩、其の事を随喜し、此の場を周旋するもの、済々《さいさい》煌々《こうこう》たり、翰墨の存すべきに非ず。於戯《ああ》、茅洞今日の遊び、玄鶴の駕を悦ぶと雖も、棕苑《なおん》昔時の会、未だ白牛の車を轄《くさび》する者なり。

「常坐常行」は『摩訶止観』に説かれる三昧行のことである。「大法の螺長く吹き」とは、『法華経』序品にある「大法の螺を吹き」(35)すなわち偉大な教えの説法を意味する。また「八講」とあるのは、施無畏寺にて法華八講(36)が三月と九月に開催されていたことを指す。その法会には貴族や文人貴族たちが参加していた。法華八講での詩作については、以言が「翰墨の存すべきに非ず」と文字として表すことができないとは記すものの、詩作が行われていたことは勧学会と共通している。この詩序は「施無畏寺を眺望す」という題を与えられているにもかかわらず、施無畏寺の景観を神仙世界のごとく描写する叙述法は影を潜め、八講の盛んな様子と、『法華経』が説かれた時よりも悟りにいたる者は多いに違いないという、講会の功徳の大きさを誇る叙述が目立っている。そして何よりもここでは、もはや狂言綺語といった詩作に対する後ろめたさは微塵も感じさせない点が注意される。

③「七言晩秋天台山円明房に於いて、月前閑を談ず」は、比叡山の円明房で出家した貞公という僧侶を、以言と源為憲が訪問したときに作成された詩序である。内容は、貞公が皇族の出身であり、高い官爵にありながら位を投げ捨てて出家したことを、中国の詩人陶淵明（三六五〜四二七）や『史記』の伯夷といった官位を捨てて隠遁

した人々と比較しつつも、これらの文人は隠遁したが仏道に帰依することはなかったと述べ、貞公の仏道帰依を称賛している。貞公を訪ねた以言は、貞公とともに詩を詠むことを次のように記している。

於戯《ああ》、釈尊入滅の後、鶴林の色長く空しく、慈氏出生の前、龍華の跡尚《なお》隔つ。幸いに吾が師の教化を蒙る、豈に諸仏の護持に非ざらんや。以言久しく前路を歎き、未だ後塵に随はず。籍を函関の鳥に列し、翅《つばさ》を淮南の雲に慰め望むと雖も、名を膺門《ようもん》の魚に編み、暫く鱗を河上の雨に振はむと思ふ。結縁の事、必ず抜済を喜ばむと。

この詩序では、釈迦入滅後に弥勒菩薩もまだ出現せず、仏による説法も望めない現世にあって、どのようにして救済されるのかと問い、今幸いにも貞公を師とすることができたからには、悟りに至ることは間違いないと述べる。以言はさらに、貞公が貴族の身を捨て出家したのに対して、自分は官人としての職務を果たす必要があると告げる。

この以言の言葉は、一見すると官爵に固執した信仰の不徹底ととられるかもしれない。しかし、官人としての務めと仏道修行の両立は、慶滋保胤が「池亭記」で明らかにしたように、当時の貴族社会では十分に実践可能であるとする考え方が定着していたから、出家せずとも悟りを求めることができるというのは、信仰の不徹底とはいえない。

また詩序では、「結縁の事、必ず抜済を喜ばむと」とあるように、貞公に以言や為憲といった在家者が結縁することによって救済されるのだという解釈がなされている。これは、『三宝絵』下巻で示された、現世では釈迦や弥勒菩薩は目に見える形として出現せずとも、仏法は常にあらゆる世界に様々な姿を通して行きわたっているという解釈、その教えを在家者たちに法を伝えてくれる僧侶に布施し、仏法を講説する法会を開催、あるいは講説を聴聞することで、在家者は悟りにいたることができるという解釈と共通している[37]。すなわち『三宝絵』によって提示された在家者の救済方法が、この詩序にも継承されている。

④「冬日雲林院西洞に遊び紅葉を翫ぶ」は、雲林院[38]に赴いたときの詩序である。詩序では、雲林院の紅葉の美しさを愛でつつ寺院において詩作が行われることが、周知のこととして受け止められている。

この詩序では、雲林院の景観のみが叙述されているように見えながらも、「風赤光赤色の浪を畳み、仏上に飛散す。霜曼陀羅殊の花に添ふる者なり」と記す。これは『阿弥陀経』の表現法を借用し、紅葉した木々の葉を浄土の蓮華や想像上の花に喩えることで、雲林院を浄土に見立てる詩句となっている。したがって、ここで詠まれる詩は浄土の景観自体の描写となるから、もはや狂言綺語観にはまったく煩わされることはない。慶滋保胤の世代の文人貴族たちが危惧した狂言綺語観は、以言の世代によって軽々と乗り越えられていく。

以上のように、以言の詩序は、経典の文言を借用する方法や講会の場を釈迦説法の場と同一化するという方法によって、詩作自体も、浄土での仏道修行の実践と同一化してしまう。それによって、文人貴族が寺院内の光景を見るという行為は、観想念仏そのものとなる。したがって彼らの詩作は、保胤が『観無量寿経』に説く十六観を讃歎した『十六相観讃』と同じ価値をもつことになる。もはや文人貴族たちは、詩作こそが仏道修行そのものだと主張できるようになったのである。

一方、以言が作成した願文にもある特色が見られる。

⑦「覚運僧都《かくうんそうず》の為の四十九日願文」は、寛弘四年（一〇〇七）一二月一〇日に、覚運（九五三～一〇〇七）[39]の弟子懐寿の依頼によって以言が作成した追善願文である。

覚運は檀那流の祖とされる天台宗の学僧で、藤原道長に対して『摩訶止観』を講義をするなど、貴族社会とも交流があり、大僧都法眼和尚位まで昇った高僧である。

願文は覚運が仏法興隆に尽力したことを称賛し、前半ではその死を悲しみつつも、後半は、覚運の教えが僧俗関係なく及んでいたことが次のように記される。

> 四海の中、一山の上、顕教《けんぎょう》を学ぶ者は之に往き、往く者は実帰の慶有り、密法を求むる者は之に至り、至れる者は虚心の礼を作す。善男善女、或は尊或は卑、其の法施を受け、其の良因を殖ふる者は、天下の大半なり。是を以て鶴板頻りに馳せ、講席を旒扆《りゅうい》の南面に近づけ、鳳銜屢《ほうがんしばしば》降り、崇階を龍象の上首に加ふ。而るに今仏道記里の車忽ちに摧《くだ》け、何方に向かひて指南と為し、法軍降魔の兵長く去り、誰人を遺して背北せしめむ。昔正法智行の人多きの間に当たりて、猶若き人を離るるの歎き有り、今末法智行の人少なきの時に臨むで、争《いかで》か若き人を失ふの悲しみに堪へむ。（中略）仰ぎ願はくは、三宝界会、悉く知り悉く見、大師の尊霊、極楽に往生したまへ。此の界の益を得るの縁を早くに断ち、定めて本覚の月に帰す。他方の生を利するの化相催し、豈に中有の風に留まらんや。

願文は、覚運は比叡山に来る僧侶に対し「顕教」「密法」を教え、また「善男善女、或は尊或は卑」と貴賤を問わない多くの人々と結縁し教化したと叙述される。

当時、『日本往生極楽記』や『三宝絵』に記されるように、釈迦の前世から日本に仏教が伝来して以降、様々な菩薩の化身が登場し、人々に仏法を弘め教導していたと考えられていた。そのような時代を『三宝絵』では「正法」と呼び、時代が過ぎ菩薩の化身や聖人も現れない時代を「末世」と呼んでいる。一方「覚運僧都の為の四十九日願文」も、『三宝絵』と同様に、「末法」には少数の法を説き示してくれる智行の僧侶しか残っていないという認識がなされ、その僧侶こそ覚運であると記されている。

　さらに「若き人を失ふの悲しみに堪へむ」と、覚運が死去したとはいえ、救済者がこの世に存在しなくなったとは言っていない。覚運の死は極楽往生と理解され、「此の界益を得るの縁を早くに断ち、定めて本覚の月に帰す」というように、覚運は釈迦と同様に現実世界を辞去し完全な悟りの世界におもむいたにすぎないこと、そして「他方の生を利するの化相催し、豈に中有の風に留ま」ることがないようにと述べられる。つまり覚運は、現世で僧侶としての姿をした僧俗の指導者としての活動から、仏として「他方」の衆生を救済するための活動に移るように促されていることになる。それは覚運の衆生済度の誓願が成就したことを意味する。

　この願文は僧侶に関する願文がわずかしか残されていないなかで、当時の僧侶の生前と死後がどのように位置づけられていたかを知る史料として貴重なものといえる。

（三）　紀斉名の詩文

　紀斉名(40)の本姓は田口。のちに紀氏と改姓した。橘正通（生没年未詳）に学び、永延年間（九八七〜九八九）に対策に及第した。式部少輔、従五位下で大内記、越中守を勤めた。長徳二年（九九六）に大内記の職にあって、東三条院詮子の病気平癒のための詔勅や大宋国天台宗源清への返牒を作成し、『扶桑記』の編纂に携わったが、完成を見ることなく死去した。作品として「紀斉名集」（散佚）があったほか、『本朝文粋』に詩序や賦、大江匡衡との省試論など一二篇が、そのほかにも「類聚句題抄」『和漢朗詠集』『新撰朗詠集』『江談抄』などに和歌六〇首余りが収載されている。

　『江談抄』(41)には、「七言暮春、勧学会法華経を聴講し同じく「山林を摂念す」を賦す」（『本朝文粋』巻第十）について、編纂者の大江匡房が、保胤や以言といった勧学会の詩序でさえ紀斉名には及ばないと称賛している。また

『十訓抄』にも、藤原斉信が東北院の念仏会に際してこの一句を朗詠したとする伝承が載せられている。「摂念」は仏を観ずることであるが、この詩序の冒頭には、

夫れ応身早くに滅し、仏日の光西に蔵《かく》るとも、教迹猶留まり、法水の流れ東漸す。此に於て勉めざれば、其れ後悔奈何《いかん》せん。是を以て緇衣青衿、春風秋月、淡水の交わりを忘れず、共に甘露の法に帰す。

と、釈迦が入滅したのち、その教えは東の日本へと伝流したこと、この時に仏法を修めなければ後悔することになるであろうと述べ、僧侶と学生らが三月と九月に参集することを忘れずに『法華経』を講ずべきことが記される。さらに、勧学会で詠まれる詩と『法華経』の講説について次のように述べる。

於戯《ああ》、先に経を講じて後に詩を言ふ、信心を内にして綺語を外にす。独り東山の勧学会、風煙泉石の地に有るを記さず、又釈尊像法の世、見仏聞法の人多きを知らむと欲す。請ふらくは宿習の文章を課し、将に来世の張本と為さむとす。

内に信心を保ち、見える形として詩を作ると語る。つまり悟りを求める志を表すという、「詩は志の之く所」として詩があるのだと理解されている。もちろんここでの詩序は『法華経』を題目としているから、仏教に関する詩に限定されている。

そして、この詩序が作成されていた時代は「象法」と解され、詩作の目的は「見仏聞法」の人が多いということを後世に知らしめるためであるとしている。

さらに、詩作は来世のための「張本」＝良因として理解されている。この言葉は慶滋保胤の勧学会詩序にも「見仏聞法の張本」と記されているから、詩＝仏教的作善という思想は勧学会の結衆に共通した認識として共有されていたことがわかる。

（四）藤原惟成の詩文

藤原惟成[42]は藤原房前（六八一～七三七）の五男、藤原魚名（七二一～七八三）の流れで、従五位上右少弁藤原雅材《まさき》（生没年未詳）の息子として生まれた。権左中弁、左右衛門権佐、民部権大輔を兼任した。花山天皇の東宮学士として仕え、永観二年（九八四）に左少弁、蔵人に任じられ、花山朝の政務に携わった[43]。寛和二年（九八六）に花山天皇が突然退位し出家、それに続くように惟成も出家した。惟成の出家を追慕した源為憲は、「秋夜月に対して入道尚書禅門を憶ふ」（『本朝麗藻』下）を詠じている。惟成は歌人としての評価も高く、寛和元年（九八五）の歌合では判者を務めている。

惟成は永延元年（九八七）に、性空（九一〇～一〇〇七[44]）の依頼を受け「書写山講堂を供養する願文」（『本朝文集』巻第三十九）を作成した。

性空は橘善根の子として生まれたとされ、出家後は九州の霧島や背振山で修行し、のちに播磨国書写山に入山後、円教寺を創建した。法系は不明であるが、天元三年（九八〇）九月に良源（九一二～九八五）に師事し、さらに比叡山の根本中堂で行った落慶法要に参加した。惟成が仕えていた花山天皇は、出家後に山中にいる性空を寛和二年（九八六）七月二八日に訪れ、仏道修行を行ったという。その後、長保四年（一〇〇二）三月にも再訪している。

その性空の依頼を受けた願文は冒頭より次のように述べられる。

沙弥性空、曲躬合掌して仏に白《もう》して言く。夫れ以れば寂滅の山深しと雖も、無縁の雲長く掩《はら》ふ。生死の岸闊《ひろ》しと雖も、有作の浪鎮に驚く。悉檀《しったん》の門、其れ因り初めて開く。（中略）是れに去る歳の秋杪、花山上皇禅定の暇景に乗じて、頭陀《ずだ》の高蹤を託《お》き、即ち仙厨の余資を分ちて、賜ふに蘘牙《しょうが》百石を以てするなり。斯の時に当りて、是の念を作さく。願はくは恩私に廻らして、以て仏事を作さんと。上は法皇の布施を満たし、下は衆生の綿葉を救はん。

「寂滅の山」とは仏を意味し、「無縁の雲長く掩ふ」は、仏の慈悲は特定の衆生とだけ縁を結んでいるのではないからこそ、あらゆる人々に広く及ぶと述べる。また、出家した花山は、仏道修行のために性空のもとに訪れた際に百石の布施を与えたこと、布施による功徳は、花山から「衆生の綿葉を救はん」と、衆生のために廻向されたものであると述べられる。さらに願文は続けて、性空が修行を行っていた山林に講堂を建立し円教寺と号すようになったこと、その供養法会が行われるにあたって多くの結縁が結ばれた様子を次のように記す。

修営す。

近くは二親の徳に報ひむが為、広くは四恩の境に及ぶが故なり。又在家出家、善男善女、各此の経を書くこと有るは、因を植え果を望むの者なり。東より西より心を運び前進し、品を分かち偈を分かち、力に随ひて

在家者も出家者も、男女貴賤の別を問わない人々が、性空に結縁するという関係は、勧学会関係の詩文や『三宝絵』等でたびたび語られてきた、在家者が出家者に結縁することによって悟りを目指すという社会のあり方の提言と共通する。

（五）　大江匡衡の詩文

勧学会が繰り返し強調した、在家者が僧侶と結縁することによって共に悟りを目指すという仏教的社会構築のビジョンは、大江匡衡[45]が作成した詩文にも登場する。

①「盲僧真救の為の卒塔婆を供養する願文」（『本朝文粋』巻第十三）
②「仁康《にんこう》上人の為の五時講を修する願文」（『本朝文粋』巻第十三）
③「関白の為の積善寺を以て御願寺と為すを請ふ状」（『本朝文粋』巻第十三）
④「東三条院の為の御八講を修せらるる願文」（『本朝世紀』巻第十六）

このうち①「盲僧真救の為の卒塔婆を供養する願文」と②「仁康上人の為の五時講を修する願文」は、僧侶が願主となった願文、③「関白の為の積善寺を以て御願寺と為すを請ふ状」は藤原道隆が積善寺を御願寺[46]にするために提出した正暦五年（九九四）二月十七日付けの奏状である。④「東三条院の為の御八講を修せらるる願文」は、東三条院詮子の追善法華八講を長保四年（一〇〇二）一〇月二二日に行ったときの願文になる。

①「盲僧真救の為の卒塔婆を供養する願文」の願主は真救という僧侶であるが、その生涯については不明である。その真救が、悟りを求めるため何を誓い、どのような作善を行ったかを記している。

衣は破るると雖も、慚愧《ざんぎ》の衣是れ全し、食乏しと雖も、禅悦の食是れ豊なり。目は暗しと雖も耳有り、諸法の理を聞くを得る。目は暗しと雖も舌有り、一乗経を誦するを得る。目は暗しと雖も意有り、極楽を念ずるを得る。目は暗しと雖も足有り、道場に至るを得る。嗟呼《ああ》、目暗きは一つの不幸なり。経も見えず仏も見えず、昼を知らず、夜を知らず。目暗きは一つの幸いなり。衆色に向かふと雖も、見欲起こらず、怨むこと無し怒ること無し、喜ぶこと無し辱《はずか》しめること無し。（中略）茲《ここ》に因りて弟子、一心を致し衆力を合せて、十三基を造立す。額三面有り。一面は阿弥陀仏観音勢至各一体を図し奉る。一面は阿弥陀仏地蔵龍樹各一体を図し奉る。六体仏菩薩を以て、蓋《けだ》し六道に当つ。一面は阿弥陀仏等を図し奉る。蓋し檀那善女人の願なり。（中略）願はくは此の功徳を以て、諸衆生に廻施す。仏と云ひ経と云ひ、微塵劫《みじんこう》を計りて以て度脱せむ。一香一色、恒沙界《ごうしゃかい》に遍くして以て薫修《くんじゅう》す。此の中に我の如き病重き者有り、我の如き貧窮の者有り。先に諸薬を与へ、宝山に到らしめたまへ。

盲目と貧困は、現実社会で生きていく上では困難をもたらすが、悟りを求める生き方においては何の障害にもならない、と真救は述べる。それは目が見えると欲望が起きてしまい悟りの妨げになるが、目が見えないことによって、有限のあり方をする現実社会を見ることがなく、それは喜怒哀楽といった煩悩を起こさないことにつながり、自らの菩提心が揺らぐことが決してない、つまり煩悩が滅されると記す。

願文には、「茲に因りて弟子、一心を致し、衆力を合せて、十三基を造立す」とあり、卒塔婆三面の一面には阿弥陀仏と観音菩薩、勢至菩薩、もう一面には阿弥陀仏と地蔵菩薩、龍樹菩薩が描かれた。これは常行三昧堂の本尊一仏五菩薩の形式であることから、真救が天台の僧侶であったことを示している。またもう一面には「檀那善女人」の結縁によって阿弥陀仏像が描かれており、真救の誓願に男女不問の在家者が結縁し、卒塔婆が建立されたことが述べられる。この衆生の結縁によって遂げられた卒塔婆供養の功徳が一切衆生へと及ぼされる。

ところで、煩悩がはたらかず、多くの在家者からの結縁を受けた真救という僧侶は、「空也誄」に描かれた空也像と共通している[47]。

空也の場合、真救とは異なり盲目ではないが、神泉苑の老狐に肉食や交接を望まれてもためらいもなく応じていることから、そのような出来事に遭遇しても菩提心が揺らがず煩悩が生じない、ただの人間ではないことを示唆している。また多くの在家者による結縁も、空也の姿と重ね合わされる。

在家者の結縁は、②「仁康上人の為の五時講を修する願文」で次のように記されている。

造立し奉る金色丈六釈迦牟尼仏像一軀、書写し奉る華厳経等云々（中略）願はくは我善知識と共に釈迦尊の形像を造り、所説の経典を演暢し奉る。衆生見仏聞法の便を得せしめむ。一二年来能く事畢《おわん》ぬ。昔忉利天《とうりてん》の安居《あんご》九十日、赤栴檀《しゃくせんだん》を刻みて尊容を模す。今跋提河《ばだいが》の滅二千年、紫磨金《しまごん》を瑩《みが》き て両足を礼す。彼の大王の力や、五尺猶天工を仮る。此れ貧道の功や、丈六適《たまたま》人望に叶ふ。

仁康（生没年未詳）は源融（八二二～八九五）の三男と伝えられ、天台座主良源に師事した。仁康は「善知識」とともに、釈迦如来像を造像し供養法会を行いたいという願意を述べている。その釈迦如来像は、優塡王《うでんおう》が赤栴檀を用いて造立した釈迦如来像に対して丈六の金色であり、すべては結縁の力によって王の造った釈迦如来像よりも優れているのだと述べる。さらに釈迦如来像は、霊山浄土にて法を説いた釈迦の説法の姿と変わるところがないと認識される。また、仁康は自ら成仏した時に起こりうる出来事を次のように述べる。

願はくは我成仏の時、名を釈迦牟尼と曰ふ、徒衆及び教法、今日の世尊の如し。仏子今願はくは亦復た是れの如し。凡そその発因起縁、或は順或は逆、皆今日の善根を以て、来世の張本と為らんとす。

「我成仏の時、名を釈迦牟尼と曰ふ」とあるように、仁康は自ら釈迦と呼ばれること、そして結縁の衆生と仏の教えは五時講にてそこに集まった仏弟子になされた釈迦の説法と、何ら変わることがないと述べる。また「仏子」である衆生も仁康に続き仏となることが願われ、悟った順番が違っても、まだ悟りを得ていない衆生を救済することが重要だと述べる。

悟りにいたったならば、すぐに娑婆世界に戻り衆生救済を行うことが結縁者の果たす役割であるという認識は、保胤の願文に提唱されている菩薩の化身による救済活動や、千観『十願発心記』第二願の還相廻向の考えと共通する。ところがこの願文には、高貴な人物や僧侶といった限定された人ではなく、結縁により、貴賤を問わない不特定多数の人々にも利他行を行うべき義務があるのだということが提示されている。

以上のように、真救の願文や仁康の願文には、在家者が出家に結縁することによって悟りを目指すという仏教のあり方を示すと同時に、多くの在家者が、悟りにいたり他の人々を救済する役割を担っていることが強調されているのである。

④「東三条院の為の御八講を修せらる願文」は、藤原道長の姉で一条天皇の生母・東三条院詮子の追善を目的とした法華八講会に作成された。『本朝世紀』によれば一条院の東対にて六千人の僧侶によって法会が執り行われ、道長をはじめ多くの貴族たちが参列した。また法会の呪願文は菅原輔正（九二五〜一〇〇九）が作成した。法会で供養された仏像は仏師康尚（生没年未詳）作で、白檀の釈迦如来と普賢・文殊両菩薩、書写された経典は『法華経』で、道長以下の貴族たちによって分担書写された。その仏像と経典について願文は次のように記された。

是れを以て速証菩提の奉為《おんため》に、優塡国王舎衛国王の釈尊を恋ひ、赤檀紫磨を以て、初めて其の形の玄風を写すに凝し、奇肱に課して白檀釈迦・普賢・文殊を造り奉る。延喜聖代天暦聖代の母后を恋ひ、紺紙黄金を以て、手づから一乗の勝躅《しょうしょく》を写すに慣ひ、渺身《びょうひん》に課して金泥《こんでい》妙法蓮華経を書き奉るなり。而るに志に余り有りて、力及ばず、纔《わずか》に第一第八を写す。其の外の軸々、若しくは自ら書し、若くは人をして之を書かしむ。又外戚の臣を以て、左相二巻を写し、又中書王右丞相各二巻、復た開結経・阿弥陀経・般若心経有り。或は股肱《ここう》の重ねて寄するなり。

「優填国王舎衛国王の釈尊を恋ひ、赤檀紫磨を以て、初めて其の形の玄風を写すに凝し」とあるのは、釈迦が忉利天にいる母の摩耶夫人のために天に昇り説法をする間、地上では「優填国王」が釈迦像を刻み、その像が釈迦の留守の間に人々に説法をしたという故事である。すなわち釈迦の像は実は生身の釈迦と同じであって、一人ではないこと、あらゆる世界に常住していることを意味している。

入宋した奝然（九三八～一〇一六）が台州にあったその釈迦如来像の模刻像を模刻し、寛和二年（九八六）に日本に将来して嵯峨棲霞寺（清凉寺）に安置したことは、当時よく知られていた[48]。

匡衡が作成する願文には、ほかにも同様の故事を引用する例が見られ、上述した②の願文でも、供養する釈迦如来像について「昔忉利天の安居九十日、赤栴檀を刻みて尊容を模す」とあり、優填王によって刻された釈迦像と生身の釈迦が同じであるとされている。

以上、藤原有国、大江以言、紀斉名、藤原惟成、大江匡衡ら勧学会の結衆が作成した詩文を検討してみた結果、彼らは、先行もしくは同時代の詩文から詩句を引用し、それらを組み合わせることで新たな言説を構成していた。さらに文人同士が相互に詩文を引用し合うことによって、いくつかの思想の潮流を形成していった。

具体的には、在家者が出家者に結縁し仏教的作善を行うという考えや、講会に結集した人々が協同して作善すること、「吏仏兼得」としての仏道修行と官人生活の両立、詩作は仏教的作善となるという考えなどを、それぞれの詩文の中で主張していった。

その構想は勧学会の結衆に留まらず、天皇や貴族が催す詩会や講会に勧学会の文人たちが参加し、彼らが主体となって新しい仏教の方向性を示す序文の作成を任されることで、同時代の詩や和歌は当然その影響を受けることになる。このように詩会や講会の場で、新しい仏教の方向性が生み出され、その詩文を多くの人々が聴聞し詠じることによって、新しい仏教社会のあり方が共有されたと考えられる。それは法華仏教や浄土教、仏教共同体の構想であり、何よりも在家者を中心とする仏教が広がりを見せていったといえるだろう。

（1）『日本往生極楽記』について、菊地勇次郎「日本往生極楽記の撰述」（『歴史教育』五巻六号、一九五六年）、古典遺産の会『往生伝の研究』（新読書社、一九六八年）、小原仁「往生伝と平安知識人――保胤と匡房の場合」（『日本仏教』三五号、一九七三年三月）、吉原浩人「日本往生極楽記と院政期往生伝――天皇の往生をめぐって」（『説話の講座』第四巻、勉誠社、一九九二年）を参照。

（2）『十六相観讃』については、佐藤哲英「慶保胤の十六相讃」（同『叡山浄土教の研究』第一部研究篇第三章第六節、百華苑、一九七九年）、平林盛得「十六相讃の全文――佐藤哲英氏の発見の紹介」（同『慶滋保胤と浄土思想』第一部第三章、吉川弘文館、二〇〇一年）を参照。

（3）勧学会に関する研究は多い。桃裕行「勧学会と清水寺長講会」（同『上代学制の研究』第三章第四節、目黒書店、一九四七年、修正版は思文閣出版、一九九四年）、井上光貞『新訂版日本浄土教成立史過程の研究』（山川出版社、一九七五年）、同『日本古代の国家と仏教』（岩波書店、一九七一年）、薗田香融「慶滋保胤とその周辺――浄土教成立に関する諸問題」（『顕真学苑論集』第四八号、一九五六年一二月、のちに大隅和雄・速水侑編『源信』日本名僧論集第四巻、吉川弘文館、一九八四年所収）、堀大慈「二十五三昧会の成立に関する諸問題」（『人文論叢（京都女子大学）』第九号、一九六四年三月）、奈良弘元「勧学会の性格について」（『印度学仏教学研究』第二三巻第一号、一九七四年一二月）、東舘紹見「勧学会の性格に関する一考察」(『真宗研究』三八号、一九九四年一月)がある。

(4) 前掲註(3)参照。

(5)「勧学会記」の先行研究は、後藤昭雄「「勧学会記」について」(『国語と国文学』六三巻第六号、一九八八年六月、のちに補訂され同『平安朝漢文文献の研究』吉川弘文館、一九九三年)を参照。

(6) 引用は、大曾根章介・金原理・後藤昭雄校注『本朝文粋』(新日本古典文学大系二七、岩波書店、一九九二年)による。『本朝文粋』の引用は以下これによる。

(7) 本論第Ⅰ部第一章参照。

(8) 引用は、馬淵和夫・小泉弘・今野達校注『三宝絵　注好選』(新日本古典文学大系三一、岩波書店、一九九七年)による。

(9) 錦仁氏は、詩だけではなく和歌も仏教的作善として機能することを指摘された。

氏は、院政期の和歌を検討され、それまでの狂言綺語観で理解されていた和歌は罪を内包するという見解を否定し、「和歌は狂言綺語であり罪を内包する。しかし転ずれば菩提の縁となる、ゆえに和歌に罪はない。このような弁証法的論法を使って和歌は肯定されてゆくのだが、この論理の道筋を和歌文芸のたどった史的経路と受けとってはならないだろう。注意すべきは和歌を狂言綺語であり罪があると、断定的に、また否定的に認識していた時代はなく、それによって和歌を作ることに困難が生じていたという時代は存在しない。(中略)おそらく、和歌を仏教と深くかかわらせつつ深く肯定するために講じられ優れて戦略的な論法というべきだろう。(中略)和歌を肯定するところに主眼があるのであり、否定するのはそのための補強を提供する補助線であることに注意する必要がある」(錦仁「和歌の思想　詠吟を視座として」(院政期文化研究会編『院政期文化論集第一巻　権力と文化』森話社、二〇〇一年九月)。

(10) 六波羅蜜寺の先行研究は、平林盛得「六波羅蜜寺創建考」(『日本歴史』一三三号、一九五七年七月)、堀一郎『空也』(人物叢書、吉川弘文館、一九六三年)、元興寺仏教民俗資料研究所編『六波羅蜜寺民俗資料緊急調査報告書』(一九七一年)、元興寺仏教民俗資料研究所編『六波羅蜜寺の研究』(一九七五年)参照。

(11) 丸尾彰三郎編『日本彫刻史基礎資料集成』(平安時代重要作品篇五、中央公論美術出版、一九九七年)、副島弘道「六波羅蜜寺の天暦造像と十世紀の造像工房」(『美術史』三一巻第一号、一九八二年一月)参照。

（12）家永三郎「地獄絵と六道絵」（同『上代仏教思想史研究新訂版』法藏館、一九六六年）、和歌森太郎「仏名会の成立」（同『修験道史の研究』弘文堂、一九八〇年）、竹居明男「佛名会に関する諸問題――十世紀末頃までの動向（上）（下）」（『人文学（同志社大学）』一三五号・一三六号、一九八〇年三月・一九八一年三月）、勝浦令子「八世紀の内裏仏事と女性――「仏名会」前身仏事を手がかりに」（『仏教史学研究』第三八巻第一号、一九九五年九月）参照。

（13）本書第Ⅰ部第一章参照。

（14）極楽寺については、杉山信三「基経の極楽寺」（同『院家建築史の研究』吉川弘文館、一九八一年）、京楽真帆子『平安時代の「家」と寺――藤原氏の極楽寺・勧修寺を中心として』（『日本史研究』三四六号、一九九一年六月）参照。

（15）本書第Ⅰ部第一章参照。

（16）後藤昭雄「「勧学会記」について」（同『平安朝漢文文献の研究』吉川弘文館、一九九三年）、平林盛得「新出「勧学会記」の発見とその資料性について」（同『慶滋保胤と浄土思想』吉川弘文館、二〇〇一年）参照。

（17）源為憲『三宝絵』については、工藤美和子「「空也誄」と『三宝絵』の構造と差異――「スヱノヨ」の仏教とは何か」（同『平安期の願文と仏教的世界観』第Ⅲ部第二章、思文閣出版、二〇〇八年）参照。

（18）藤原有国は、今井源衛「勘解由相公藤原有国伝」（『文学研究』第七一号、一九七四年三月）、佐伯雅子「本朝麗藻における藤原有国」（『物語研究』第三号、一九八一年）参照。

（19）『権記』長保四年八月十八日条。松尾恒「藤原道長法華三十講の特質――釈教歌成立の基盤の一つとして」（『日本文学論究』第四五号、一九八六年）参照。

（20）後藤昭雄「宮廷詩人と律令官人と――嵯峨朝文壇の基盤」「文人相軽――道真の周辺」（同『菅原道真と平安朝漢文学』東京大学出版会、二〇〇一年）参照。

（21）錦註（9）前掲参照。

（22）慶滋保胤「五言暮秋、勧学会禅林寺に於いて、法華経を聴講し同じく「沙を聚め仏塔を為す」を賦す」（『本朝文粋』巻第十）。また本章第一節参照。

（23）「一条院四十九院の御願文」（『本朝文粋』巻第十四）。この願文の内容は、工藤美和子「現世の栄華の為でなく――藤原道長の願文とその仏教的世界」（註（17）前掲書第Ⅰ部第二章）参照。

(24) 前掲註(23)参照。

(25) 積善寺の供養会については『日本紀略』『本朝世紀』『扶桑略記』正暦五年二月二十日条に記載がある。『枕草子』「うれしきもの」にも供養会の様子が記されている。

(26) 引用は『新訂増補国史大系』による。

(27) 法興院については、杉山信三「極楽寺・法住寺・法興院」(同『院家建築の研究』第四章、吉川弘文館、一九八三年)参照。

(28) 工藤美和子「王事と仏那と白楽天と――「池亭記」をめぐる言説」(工藤註(17)前掲書第Ⅲ部第一章)。

(29) 工藤美和子「忠を以て君に事へ、信を以て仏に帰す――一〇世紀～一一世紀の願文と転輪聖王」「現世の栄華の為でなく――藤原道長の願文とその仏教的世界」(註(17)前掲書第Ⅱ部第一章、第二章)参照。

(30) 工藤美和子「摩頂する母――菅原道真の願文にみる母と子」(註(17)前掲書第Ⅰ部第二章)参照。

(31) 桓武天皇のために嵯峨天皇と淳和天皇が金字の『法華経』を書写供養したときに作成された、天長三年(八二六)三月「桓武皇帝の奉為に太上御書の金字法花を講ずる達嚫」(『性霊集』巻六)には、「豈若むや、乗蓮の珍重は三椎を撥ひ去て、孕日の輪王は一路を搴げ示すには」と記される。また天長四年(八二七)七月の「右将軍良納言、開府儀同三司左僕射の為に大祥の斎を設くる願文」(『性霊集』巻八)は、願主良岑安世が藤原冬嗣の三回忌法要を開催したときに作成されたが、そこには「仰ぎ願はくは、皇帝陛下(淳和天皇)、金輪、四天に転じ、智剣、三障を斫らむ。魔軍、面縛して海内波無からむ。人知足に等しく、寿は有頂に同じからむ」とあり、淳和天皇が金輪聖王のもつ智慧で煩悩を断ずることができるのだと述べている。

(32) 『楞厳院二十五三昧会結衆過去帳』には、寛弘五年(一〇〇八)二月に薨去した花山天皇の伝記が記される。そこには退位した花山天皇を「金輪の位を捨て」と記している。

(33) 工藤註(29)前掲論考参照。

(34) 大江以言については、田中新一「大江以言についての覚書」(『国語国文学年報』四九号、一九九一年三月)参照。

(35) 坂本幸男・岩本裕訳『法華経』上(岩波書店、一九七六年)。

(36) 法華八講については、高木豊「法華講会の成立と展開」(同『平安時代法華仏教史研究』第四章、平楽寺書店、一九七三年）参照。
(37) 工藤註(17)前掲書第Ⅲ部第二章参照。
(38) 雲林院については、杉山信三「雲林院と知足院」（杉山註(27)前掲書所収）参照。
(39) 覚運の先行研究は、大野達之助『上代の浄土教』（吉川弘文館、一九七二年）、井上光貞『新訂日本浄土教成立史過程の研究』（山川出版社、一九七五年）、佐藤哲英「覚運の浄土教」（同『叡山浄土教の研究』研究篇　第四章第四節、百華苑、一九七九年）参照。
(40) 紀斉名については、金原理「平安時代漢詩人の規範意識――本朝文粋所載の大江匡衡と紀斉名の省試論叢をめぐって」（『語文研究』二五号、一九六八年三月）、同「紀斉名試論――大江匡房の斉名評をめぐって」（『国語と国文学』四八巻六号、一九七一年）参照。
(41) 『江談抄』は、後藤昭雄・池上洵一・山根對助校注『江談抄　中外抄　富家語』（新日本古典文学大系三二、岩波書店、一九九七年）がある。
(42) 藤原惟成については、笹川博司「惟成弁集注釈(上)(下)」（『研究紀要』一四号・一五号、京都女子大学宗教文化研究所、二〇〇一年三月・二〇〇二年三月）、同「藤原惟成生没年攷――付・年譜」（『和歌文学研究』八四号、二〇〇二年六月）、同「惟成詠注釈補遺――宮内庁書陵部蔵『惟成弁集』に入らざる歌十首」（『研究紀要』一六号、京都女子大学宗教文化研究所、二〇〇三年三月）、平林盛得「藤原惟成説話の検討」（平林註(16)前掲書所収）参照。
(43) 花山天皇の政務についての研究は多くはないが、伊藤喜良『中世王権の成立』（青木書店、一九九五年）参照。
(44) 平林盛得「花山法皇と性空上人――平安期における一持経者の周辺」（同『聖と説話の史的研究』吉川弘文館、一九九六年）参照。
(45) 松村博司「尾張国における大江匡衡と赤染衛門」（古代学協会編『摂関時代史の研究』、一九六五年）、川口久雄「大江匡衡と江吏部集」（同『三訂版　平安朝日本漢文学史の研究』中、明治書院、一九八二年）、後藤昭雄「卿相を夢みた人――大江匡衡」（『国文学解釈と鑑賞』五五巻一〇号、一九九〇年一〇月）参照。
(46) 御願寺の成立は、平岡定海「御願寺の成立について」（『日本仏教学会年報』四一号、一九七六年三月）、西口順子『平安時代の寺院と民衆』（法藏館、二〇〇四年）参照。

(47) 前掲註(17)参照。

(48) 清凉寺に安置されている釈迦如来像の先行研究は、京都国立博物館編『釈迦信仰と清凉寺』(京都国立博物館、一九八二年)、丸尾彰三郎他編『日本彫刻史基礎資料集成』第一巻「平安時代造像銘記篇」(中央公論美術出版、一九六九年)、木宮元彦『入宋奝然の研究——主としてその随身品と将来品』(鹿島出版会、一九八三年)、奥健夫「清凉寺釈迦如来像の需要について」(『鹿島美術研究』第一三号、別冊、一九九六年)、塚本善隆「嵯峨清凉寺を中心とした仏教の動向」(『印度学仏教学研究』第四巻第二号、一九五六年)、同「嵯峨清凉寺史平安朝篇——棲霞清凉二寺盛衰考」(『仏教文化研究』第五巻、一九五五年)、成田俊治「清凉寺式釈迦像を中心とする釈迦信仰について」(『日本仏教学会年報』第五〇号、一九八四年)、毛利久「清凉寺釈迦像変遷考」(同『日本仏教彫刻史の研究』法藏館、一九七〇年)参照。

第三章　院政——天皇と文人貴族たち

第一節　仏界の荘厳——法勝寺は何のために建てられたのか

誠に人間の壮観たるといえども、仏界の荘厳を髣髴《ほうふつ》とするものか。

『法勝寺供養記』は、法勝寺の供養会について仏の世界がこの世に出現したかのようだと評している。承暦元年（一〇七七）一二月一八日、白河法皇（一〇五三～一一二九）の御願によって平安京の東郊外に創建された法勝寺の供養法会が行われた。

法勝寺創建の理由に関しては、これまで主として院政期の国家と仏教という視点から様々な議論がなされてきた(1)。たとえば平岡定海氏は、「国王の御願寺であると同時に南都北嶺の僧官を統括する役目をもつ」と、国家と仏教との関係から法勝寺創建の意味を論じられた(2)。平雅行氏は、平岡説を継承しつつも、白河による中世寺社統合と仏法興隆を法勝寺造営の理由として、「自立化を深めてゆく権門寺院を王権が統合する場として機能(3)」していたと論じられている。一方、山岸常人氏は、法勝寺には日常的に常住の僧侶が存在せず、わずかな僧侶と俗人とで寺務運営が行われていたことを指摘され、白河法皇が主催する臨時の会場という疑似寺院の性格をもっていたと指摘された[4]。上島亨氏は、法勝寺が、藤原道長（九六六～一〇二七）の法成寺の伽藍・寺僧構成・法会などの形態を継承し発展させてきた寺院であると指摘し、白河による鎮護国家と仏法興隆が祈念されるのは、「道長の王権」を継承した権力を示すためであったと論じられている[5]。

いずれも、法勝寺を、院政期最高の権力者とみなされた白河法皇の権力維持の手段ととらえて、国家と仏教の結びつきに焦点を当てた研究である。

では、白河自身は、法勝寺をどのような目的で建立したいと考えていたのだろうか。そこで、法勝寺のモデルとなったといわれる藤原道長の法成寺創建の時に作成された願文と、法勝寺関係の願文を取り上げ、それぞれの寺院創建の目的がどのようなものであったのか、藤原道長と白河法皇が自らの役割をどのように理解していたのかについて、彼ら自身の言葉から探ってみることにする。

（一）　極楽浄土の法成寺

白河が法勝寺を創建する際に手本とした藤原道長の法成寺は、寛仁三年（一〇一九）三月に、病に倒れた道長が死を覚悟して出家し、阿弥陀堂建立を発願したことからはじまる。翌年三月には京極殿（土御門第）の東辺（現在の京都市左京区荒神口）に無量寿院を建立し、堂内には九体の阿弥陀如来像が安置された。やがて法華三昧堂、金堂、五大堂が次々と建立され、寺名も法成寺と改称された。

『栄花物語』巻第十五「うたがひ」には、「正徳太子の御日記に、皇域より東に仏法を弘めん人を我と知れ[6]」とある。道長は自らを聖徳太子の生まれ変わりに擬し、都の東側に法成寺を創建し、仏法興隆に務めるのが自らの務めであると述べた。

また『栄花物語』巻第十七「おむがく」は、法成寺金堂の様子を次のように記している。

金の鈴柔かに鳴り、日の午の時ばかりなる程に、鐘の声しきりに鳴り、響よにすぐれたり。上は光明王仏の国土、下は金光仏刹を限りて聞ゆらんと覚えたり。この見仏聞法の人びと、日にあたり立ちすくみ、頭痛く思ふに、物の興覚えず苦しきに、この鐘の声に事成りぬと聞くに、皆心地よろしく、苦しかりつる心も覚えず。

金堂の鐘の音は、娑婆世界だけではなく三千世界へと響きわたって人々の苦悩を除き、そこは極楽浄土の教えが常に説かれる見仏聞法の場であると述べている。巻十八「はなのうてな」には法成寺阿弥陀堂の庭園を逍遥している尼僧たちが、その光景について、

風少しうち吹けば、御念仏の声響きて、池の浪も、五根《ごこん》、五力《ごりき》、七菩提分《しちぼだいぶん》、八正道《はっしょうどう》を述べ説くと聞ゆ。山彦も同じ声に答ふれば、草木すら皆法を説くと聞ゆ。（中略）人の心の中に、浄土も極楽もあるといふはまことにこそはあめれ。殿の御前の御心の中にここらの仏の現れさせ給へるにこそあめれ。

と記す。道長が観相した極楽浄土がその娑婆世界に出現したのが法成寺であると理解されている。この世に極楽浄土を出現させた道長を、巻三十「つるのはやし」では、「よろずにこの僧ども見奉るに、猶権者におはしましけりと見えさせ給」と、「権者」（仏の化身）だと称している[7]。

ところで『栄花物語』で「権者」と理解された道長自身は、具体的に何を願い、何を実現させるために法成寺

を建立したのだろうか。それを知ることのできる史料が、道長が願主の治安二年（一〇二二）七月「法成寺金堂供養願文」（『本朝文集』巻第四十五）である。

> 寺ありといへどもその法を置かざるときむば、何の法か能く守らむ。□といへどもその人を定めざるときむば、誰の人か全く弘めむ。すでに□容を□、我が願満ち足りぬ。況んや仏聖、燈油寺に満ち、大小のこと内外なく、随ただ多きをや。封第の旧き賜《たまう》に及ばず。猶し伽藍の新しき貯《たくわえ》を□がごとし。その善根を推《おす》に、皇恩ならずといふことなし。方に今、帝王儲皇の祖貴しといへども、もし勤めざるときはそれ菩提を奈何《いかん》せん。三后二府の父厳しといへども、もし懺《く》ひざるときはそれ罪業を奈何《いかん》せん。（中略）そもそも弟子偏に菩提を求めて、栄耀を求めず、朝廷已むことを得ずして、百の官もて卒ひ由りぬ。（中略）善根の上分をもて、先に震儀に資け奉らむ。金輪久しく転じて、我が法久しく弘むべく、玉燭長く明らかにして、我が寺長く興すべし（□は欠字[8]）。

「その法を置かざるときむば、何の法か能く守らむ」と、仏法が説かれなければ寺院を建立した意味をなさないと述べている。道長は、法成寺を建立する前、藤原家の墓所だった木幡に浄妙寺を建立しているが、寛弘二年（一〇〇五）一〇月一九日に行われた浄妙寺供養法会の「左大臣の為の浄妙寺を供養する願文」（『本朝文粋』巻第十三）には次のように記されている。

> 夫れ寺廟は、如来の墳墓なり。実相は、法身の舎利なり。山城の独勝、一乗を弘むるに便り有り。王舎遠からず、群寮を率ひるに煩ふこと無し。丹丘青塚《たんきゅうせいちょう》、忽ち如来の真色を具し、万籟百泉《ばんらいひゃくせん》、皆妙法を唱ふ[9]。

寺院とは釈迦の遺骨（舎利）を安置した「如来の墳墓」であるが、単に舎利を崇めるために建てられるのではなく、その真の目的は釈迦の「一乗」の教え、すなわち『法華経』を弘めることにあると記している。

つまり、法成寺も浄妙寺も、その建立の背景には、釈迦の教え（真理）である経典を説く場としての寺院という考えがあったことがわかる。(10)

「法成寺金堂供養願文」でも、法成寺は釈迦の教えを娑婆世界に弘めるために建てられたが、その仏教的作善が実現したのは「金輪久しく転じ」た一条天皇の「皇恩」によると述べられている。さらに「偏に菩提を求めて、栄耀を求めず」と、現世の栄誉よりも「皇恩」に対する報恩が重要だと述べ、一条天皇の治世が長く続くことを祈ることが、「我が法久しく弘」めるためであり「我が寺長く」続くためになると考えた。

道長在世中より『栄花物語』が著わされていたことから、道長は生前から権者＝仏の化身という評価がなされていたといえる。「権者」である道長が住む場所は単なる娑婆世界ではなく極楽浄土である。法成寺はまさにこの世に極楽浄土が出現したことを意味する。その法成寺で法が説かれることで、平安京全体に浄土往生の教えが広がり、やがてすべての人々が極楽浄土の一員である菩薩となって仏道修行を行うことになるのである。

（二）　仏界の法勝寺

法勝寺が建立された白川の地は、藤原良房（八〇四～八七二）以来の摂関家所領であり、別業白河殿は三条大路の近辺にあって、都から逢坂の関にいたる道が前方を通っていた。『栄花物語』巻三十六「根あはせ」には、一条天皇中宮彰子（九八八～一〇七四）が居住していたこともあったが、「天狗などむつかしきわたり」と寂寞とした地であったと紹介されている。

この地が、やがて、藤原師実（一〇四二～一一〇一）より白河法皇へと献上された。西口順子氏は、白川の地が選ばれた理由について、東国への往還路を押さえる交通の要衝にある白川の、情報や人、物資の流れを把握できる場所としての政治的・経済的な重要性に着目したからではないかと指摘されている[11]。

承暦元年（一〇七七）に創建された法勝寺の伽藍は、金堂・講堂・阿弥陀堂・薬師堂・法華堂・五大堂・八角九重塔が建ち並ぶ壮観な様相であった。金堂には三丈二尺の大日如来を中心とする胎蔵界曼荼羅の諸尊が安置された。承暦二年（一〇七八）一〇月三日には、講堂で五部大乗会が開催された。

大乗会は、後三条天皇（一〇三四～七三）御願の円宗寺の法華会・最勝会と合わせて北京三会とよばれている。この三会は天台宗の僧侶にとって僧綱昇進への足がかりとなる重要な法会となっていく[12]。また八角九重塔の内部には金剛界曼荼羅の五智如来が配され、金堂の胎蔵界と合わせて両界曼荼羅の世界が立体的に具現化された[13]。

さらに法勝寺創建後、堀河天皇（一〇七九～一一〇七）御願の尊勝寺が法勝寺の西側に、続けて鳥羽天皇（一一〇三～一一五六）御願の最勝寺、待賢門院璋子（一一〇一～四五）の円勝寺、崇徳天皇（一一一九～六四）御願の成勝寺、近衛天皇（一一三九～五五）御願の延勝寺が法勝寺を囲むように造営された。

寺院創建はそれだけにとどまらず、白河法皇により院の御所の白河泉殿に阿弥陀堂、その東側に得長寿院が、また、南に美福門院得子（一一一七～六〇）の金剛勝院が造営される。さらに尊勝寺の南には、堀河天皇中宮篤子（後三条天皇皇女篤子内親王、一〇六〇～一一一四）の証菩提院、北側に美福門院の歓喜光院が建てられるなど、「寂寞」の地であった法勝寺周辺は一大宗教都市へと変貌していったのである。

「仏界の荘厳を髣髴とするものか」と評されたように、法勝寺は、法成寺と同様に娑婆世界に出現した浄土と考えられていた。法勝寺創建は、大治三年（一一二八）十月二十二日「白河法皇の八幡一切経供養の願文」（『本朝続文粋』巻第十二）によれば、「弟子在位当初殊に弘願を発し、洛城の東、一勝境を占めて大伽藍を建て、法勝寺と称す[14]」と、白河が天皇在位中の発願であったという。

それでは法勝寺は具体的にどのような浄土であり、何を実現するために建立されたのだろうか。

①「法勝寺千部仁王経転読供養願文」（『江都督納言願文集』巻一）

天永元年（一一一〇）六月四日、法勝寺で『仁王経』（『仁王般若波羅蜜経』）千部転読の法要が行われた。願文は、白河法皇の父後三条天皇（一〇三四～七三）の時代から仕えている文人貴族大江匡房（一〇四一～一一一一）が作成した。

法会で転読された『仁王経』には、国土守護と未来永劫の繁栄のために、百の仏や菩薩を勧請し、百の高座を設け講説することで、般若波羅蜜を受持することが必要であると説かれている(15)。法勝寺では、康和五年（一一〇三）六月二六日と嘉承二年（一一〇七）六月四日にも仁王会が開かれている。

願文には法勝寺と都との関係、当時まだ幼かった鳥羽天皇の仏教的徳政について、次のように述べられている。

> 蓋し聞く、王舎城の中、臘を渡る雪猶し宿るも、耆闍崛《ぎしゃくつ》の上には、初年の花漸く開くと。地上と共に二諦の門に入る。聖と云い凡と云い、皆五忍の道を開かん。伏して以《おも》へらく、皇帝陛下、少く龍飛の位を履み、早に鴻業の仁に鍾《あつま》りたまう。軒轅《けんえん》は徳を譲り、春秋を大椿《だいちん》に富ませたまひ、陶唐も名を謝ち、鳳鳥を修竹に致したまへりとおもう(16)。

「王舎城」は釈迦誕生の地である地、「耆闍崛」は釈迦最後の説法の地のことであるが、願文では「王舎城」が平安京、「耆闍崛」は法勝寺を意味している。つまり「王舎城」は世俗の世界を指し、そこには長年にわたって

（「臘を渡る」）煩悩が「雪」のように積み重なっているという。

しかし、釈迦の教えが説かれる「耆闍崛」＝法勝寺こそ「花漸く開く」と、つまり悟りを得ることができる場である。また法勝寺は、出家者（「聖」）も在家者（「俗」）も皆が「五忍」を目指すという。「五忍」とは『仁王経』に出てくる言葉で、菩薩の五段階の修行（伏忍・信忍・順忍・無生忍・寂滅忍）を意味し、法勝寺は僧俗関係なく、一切衆生が悟りを開く場だと述べている。

続けて願文は、「皇帝陛下」＝鳥羽天皇の徳政について、幼帝ではあるものの、その徳は中国の伝説的帝王である「軒轅」（黄帝）を凌ぎ、その善政に応えるかのように「修竹」が現れる（聖なる王が即位すれば鳳凰が出現し吉祥をもたらすとされる故事）という。このことから、鳥羽天皇の治世が聖王が君臨した聖代の再現であることを示唆している。

しかし願文は、次のようにも述べている。


爰に、今年庚寅、歳厄会に当たる。五月庚戌、彗奎婁《すいけいろう》に見る。長星の妖を示す、九野の譴《せ》め識り難し。玄象の度を愆《あやま》ち、三合の凶相加る。天地の不祥を消すは、波羅密の水に如かず。星辰の変異を散ずるは、実智恵の花に過ぐるは莫し。

天永元年は、「厄会」「三合」の凶年にあたり、必ず災いが起こる年と考えられていた。それは聖王とみなされた鳥羽であっても防ぐことはできなかった。ところが白河は、「天地の不祥」を除くには、「波羅蜜」（仏道修行）と「実智恵」（仏の智慧）に勝るものはないと述べる。また続いて『仁王経』の必要性について、是を以て、一千の経典を写し、供養の精勤を専らにす。法勝の道場をして、釈門の梵席と為し、月卿雲客の堂に満つるや、盛夏に汗を拭い、霞衣雪印の袖を連ぬるや、崇朝に音を合す。一日に二時、忽ちにすべからず。弥《いよいよ》一生の帰依を憑みたてまつる。千里の七難、起るべからず。只だ千部の読誦に任す。時に、白河の水浄ければ、漢月感応の光を浮かぶ。東山の風閑かなれば、嶺雲去来の景を駐《とど》む。仰ぎ願くは、此の功徳を以て、聖上を祈り奉る。白楡《はくゆ》怪を罷め、葛天《かってん》の俗に返したまへ。金輪年を添へ、花胥《かしょ》の齢を保たせたまへ。

と記す。

そもそも『仁王経』は「空」について説かれた般若経典で、存在するものはすべて縁起の関係の上に仮に在るだけで、実体として存在しているのではないという、仏教の根本思想が説かれている。つまり、『仁王経』の講説が法勝寺で開かれることで、法会に参集した人々は「空」とは何かを知ることになる。この世のあらゆる現象は「空」であり、「厄会」「三合」という現象も、衆生が作り出した煩悩によって引き起こされた幻想にすぎないことを理解する。

そして「白河の水浄ければ、漢月感応の光を浮かぶ。東山の風閑かなれば、嶺雲去来の景を駐む」と述べられるように、法勝寺という場で説かれる仏の真理が、あたかも白河の水や東山の風のように「王舎城」へと広がっていき、仏の感応（「漢月感応の光」「嶺雲去来の景」）が一切衆生にもたらされるようにと願われる。すなわち、世俗の世界は、仏界である法勝寺と説かれた仏法によって清浄化されていくのだと理解される。

②「法勝寺金泥一切経供養願文」（『江都督納言願文集』巻二）

天永元年（一一一八）五月十一日「法勝寺金泥一切経供養願文」が作成された。法勝寺で一切経の供養法会が開催された。この法会は本来三月に予定されていたのだが、天候不順のため三度も延引された。この延引を白河法皇が激怒したことが『古事談』巻一に記されている。

上川通夫氏によると、この一切経の書写は、藤原道長の法成寺に安置されていた奝然（九三八～一〇一六）将来の宋版一切経が底本である(17)。一切経の供養は、白河にとって重要な意味をもつ仏教的作善で、法勝寺では康和五年（一一〇三）七月一三日、永久元年（一一一三）閏三月二八日に白河法皇を願主として行われた。白河は祇園女御（生没年未詳）らとともに、永久元年一〇月一日にも六波羅蜜寺で供養会を開いている。また、元永元年（一一一八）閏九月二〇日には、白河の臨席のもと白河院庁別当を務めた藤原家保（一〇八〇～一一三六）が発願した紺紙金字一切経の供養会が熊野で行われ、天承元年（一一三一）六月一七日にも、鳥羽天皇が白河法皇のために法勝寺で一切経を転読している。なぜこれほどまでに一切経の写経供養を行う必要があったのか。その理由について元永元年正月の願文は次のように述べている。

釈尊の遺教を留めたてまつらむと欲せば、書写にしかず。滋氏の下生に伝へたてまつらむが為には、文字に過ぐるは無し。夫れ、天に五才あり、金其の中に居す。地に七宝有り、金其の始めに在り。百練すれども質を易《か》へず。久しく蓄ふとも衣を生さず。書写の功多しと雖も、金の書有ること希なり。文字の道広しと雖も、金の文殊に勝れり。仍りて、紺紙金泥を以て、一代の聖教を写し奉る。是に於て、大小乗の森羅、皆揚州の風より出づ。権実教の流布、尽く櫟陽《らくよう》の雨と成る。玉軸星のごとく連り、天津の暮の景かと迷ひ、彩帙錦を剪り、蜀江の春の波を出せり。七処八会の暁自り起り、醍醐《だいご》捃拾《くんじゅう》の時に訖る。此の中の一千巻に至りては、供養先づ畢ぬ。今の誦する所は、律蔵論蔵、賢聖集等のみ。梅雨晴れ、麦風止む。三年五月の天、洞雲雲巻き、嶺日昇り、河東山西の地、法勝寺に就き敬ひて供養し奉る。百口の侶を引き、希代の大会を設く。（中略）相ひ伝へて曰ふ、法華の六万九千、文々光を放つ、皆是れ人中の尊なり、例を挙げて知りぬ、唄葉《ばいよう》の五千三百、軸々相を具ふ。何ぞ台上の聖に非ずや。定めて仏の心に随喜したまひ、必ず法界に周遍すらむ。

一切経とは、釈迦が最初に説いた「七処八会の暁」（『華厳経』）から、最後の説法「醍醐捃拾の時」（『涅槃経』）までの経典であり、二千巻の書写供養はすでに行われていたが、いまだ「律蔵論蔵、賢聖集等」の書写供養は実現されていないと述べられる。

その一切経を書写する理由は、「釈尊の遺教」である一切経を「慈氏の下生に伝へたてまつらむが為には、文字に過ぐるは無し」と、一切経を弥勒菩薩が娑婆世界に下生し一切衆生が救済される時まで伝えていかねばならないが、弥勒下生の長期にわたって経典を伝えていく方法は、金字で書写する以外にない、と述べられている。金字の写経は多く見られるが、金字の必要性について、天の「五才（金・木・水・火・土）」や地の「七宝（金・銀・瑠璃・水晶・蝦蛄《しゃこ》・珊瑚・瑪瑙《めのう》）」はすべて「金」から始まり、金は「百練」しても変化することはない。永遠不変だと述べる。つまり一切経という仏の言葉を娑婆世界に永遠に留めておくためには、金字で残すことがふさわしいとされたのだろう。

また、「大小乗の森羅、皆揚州の風より出づ。権実教の流布、尽くに櫟陽の雨と成る」と、皇帝の徳が社会へと行きわたっていく中国の故事を踏まえながら、仏教の真理が「揚州の風」「櫟陽の雨」のように一切衆生へと及ぼされていくことが願われている。

これは①の願文の「白河の水浄ければ、漢月感応の光を浮かぶ。東山の風閑かなれば、嶺雲去来の景を駐む」と同じく、仏の真理が娑婆世界へと広まり浄土化されていくことを意味する。経典講説について白河は、承暦二年（一〇七八）「法勝寺大乗会表白」（『本朝文集』巻第五十二）でも、五部大乗経の講説を、「今此の鷲峯《じゅぶ》の旧儀を、彼の龍花の後会に伝えむ[18]」と、弥勒菩薩の下生まで大乗の教えを説き続けたいと述べている。

また『法華経』の文字数を記した「法華の六万九千」は、「皆是れ人中の尊」、すなわち釈迦そのものであり、『法華経』の六万九千文字は単なる字ではなく、その一字一字の本質が仏と理解されている。同様に経典（「唄葉」）の数「五千三百」も、一巻一巻が仏の相好を具えている（「相を具ふ」）わけだから、経巻もまた仏である。また経典を書写するという行為は、「仏の心」を喜ばせることになるから、その功徳として一切経はあらゆる世界に遍く行きわたるのだと述べる。

書写された経典は、弥勒下生の時まで法勝寺に安置されるが、それは法勝寺が、一切経を弥勒下生時まで保存する役割を担う場であるとともに、仏の真理である一切経が常に外部に向かって説き続けられる場として、釈迦在世時の説法の場と同等の役割を担っていたことも示唆している。

第二節　仏界と都市

（一）　金輪聖王と天皇

上述した①「法勝寺千部仁王経転読供養願文」で注目すべきは、鳥羽天皇が「金輪」と称されていることである。「金輪」とは、古代インドの帝王観のこと。転輪聖王は仏法に基づく善政を行う理想的な王のことで、四つの位があり、金輪・銀輪・銅輪・鉄輪に分けられる。

◆古代日本の金輪聖王

日本では、朱鳥元年（六八六）（文武天皇二年〈六九八〉説もあり）「長谷寺銅版法華説相図銘」に「伏して惟れば聖帝は、金輪を超へたまひ、逸多《いった》（弥勒菩薩）に同じ。真と俗と双《ふた》つながら流るるも、化度央《つ》くる无《な》し[19]」が現在のところ「金輪」の初見で、「聖帝」である天武天皇（生年未詳～六八六）が「金輪」以上の存在、弥勒菩薩に等しい人徳を有していると述べられる。

八世紀に入ると、天平勝宝九年（七五七）「大仏殿東曼陀羅右縁文」に「金輪を送って成道し、然る後、神を八正に□、舎那の蓮台に陪り、福を三明に契り、普光を法座に叙べむ[20]」と聖武天皇（七〇一～七五六）が「金輪」と称される。

神護景雲元年（七六七）の「法隆寺行信発願経[21]」では、法隆寺の復興に尽力した行信（生没年未詳）が称徳天皇（七一八～七七〇）を「金輪」と記している。また『続日本紀』宝亀四年（七七三）十一月辛卯条の詔には、光仁天皇（七〇九～七八一）を「金輪」と記す。

九世紀に入ると、天長七年（八三〇）、空海（七七四～八三五）によって淳和天皇（七八六～八四〇）に撰進された『秘密曼荼羅十住心論』巻第二「愚童持斎住心」の後半には「輪王を明かす[22]」と記され、また同じく天長四年（八二七）七月下旬の「右将軍良納言、開府儀同三司左僕射の為に大祥の斎を設くる願文」（『性霊集』巻六）には、「皇帝陛下、金輪、四天に転じ、智剣、三障を斫《き》らむ[23]」と、淳和天皇が「金輪」に転じることで、衆生の「三障」が取り除かれると述べられる。

『日本三代実録』貞観元年（八五九）四月十八日条の、仁明天皇皇后藤原順子（八〇九～八七一）を願主とした願文には、

> 我が皇、千仏手を並べて、倶《とも》に摩頂の愍《あわれみ》を垂れ、百像の口を聚めて、同じく育養の慈を加へんことを。金輪長く転じて、北極の尊動かず[24]。

と、当時の天皇である清和天皇（八五〇～八八〇）が「金輪」に転じ治世が安泰であることが願われる。清和は、同じ『日本三代実録』貞観元年八月二十八日条の伝燈大法師恵亮（八一二～八六〇）の上表文にも、「伏して惟れば金輪陛下」と称されている。

次に「金輪」と称されたのは、村上天皇（九二六～九六七）である。天慶十年（九四七）四月二十八日「朱雀院の御八講を修せらる願文」（『本朝文粋』巻第十三）に「紫微聖徳の居、金輪常に照らし」と記されている。

ところで村上は、天暦九年（九五五）正月四日、自筆の『法華経』書写供養会を清涼殿で行った。「村上天皇御筆の法華経を供養講説する日の問者の表白文」（『本朝文粋』巻第十三）の中で、村上は「金輪聖主」とされている。これは「金輪聖王」のことであるが、天皇を「金輪聖王」と明確に表記した早い例と考えられる。

村上天皇の後に「金輪聖王」と称されたのは一条天皇である。寛弘元年（一〇〇四）十月十四日「尾張国熱田神社に於て大般若経を供養する願文」（『本朝文粋』巻第十三）では、願主の大江匡衡が『大般若経』供養の功徳を一条へと廻向し、「忝《かたじけな》くも恵業を捧げ、金輪聖主を祈り奉らむ。福寿を増長し、御願を円満し、天下を澄清し、仏法を興隆せむ」と、仏法興隆につながる一条天皇＝金輪聖主の長寿が願われる[25]。

一一世紀になると、真言宗小野流の成尊（一〇一二～七四）が東宮時代の後三条天皇に奉った『真言付法纂要抄』で後冷泉天皇（一〇二五～六八）を「今遍に金剛を照らし、日域に住し鎮め、金輪聖王福を増す[26]」と、「金輪聖王」と位置づけた。

さらに白河法皇も、天皇在位中の応徳元年（一〇八四）二月「美作《みまさか》の土民散位藤原秀隆の塔」（『江都督納言願文集』巻六）で、「金輪瑤図の前に、日月傾くこと無く」と、「金輪」と称される。また、天仁三年（一一一〇）十一月「真言寺に於て多宝塔を造立せらる願文」（『江都督納言願文集』巻一）では、白河を「金輪聖王、春秋弥よ富んで、南山の寿《よわい》限り無く」と、金輪聖王としてその寿命が長く続くことが願われている。

◆東アジアの転輪聖王

ところで転輪聖王とは、古代インドの理想的聖帝のことで、七宝を有し、三十二相を具す。この帝王が世界に出現するとき、チャクラ（輪）が現れる。チャクラは本来武器の一種であるが、転輪聖王はそれを用いることなく、法によってすべての世界を治めるという。金輪・銀輪・銅輪・鉄輪に分かれるのは、それぞれ統治する領域の大きさに差があることを意味する。金輪聖王は、人間が悪を知らない人寿八万歳の理想的な時代に出現し、四洲を統治する王であるといわれている。

転輪聖王について詳細に記している龍樹『十住毘婆沙論』巻第十七には次のように説かれている。

> 第二地の菩薩、此の地に住して、常に転輪王と作る。第二地をば、十地の中に於て名けて離垢《りく》とす。（中略）是の菩薩、若し未だ欲を離れざれば、此の地の果報の因縁の故に、四天下の転輪聖王と作りて、千輻の金輪の種々の珍宝をもて、其の輞《ぼう》を荘厳し、瑱琉璃《てんるり》を轂《こく》として、周円十五里なるを得。（中略）又、転輪聖王に四つの如意の徳有り。一つは色貌端正にして、四天下に於て第一無比なり。二つには病痛無し。三つには人民深く愛す。四つには寿命長遠なり。衆生を教誨するに十善業を以てし、能く諸天の宮殿をして充満せしめ、能く阿修羅の衆を滅し、能く諸の悪趣を薄くし、善処を増益す。能く衆生の為に多くの利事を求め、施作する所有るに兵仗《ひょうじょう》を用ゐず。法を以て治化して天下安楽なり。[27]

転輪聖王は「二地」の菩薩ではあるが、修行が未完成ということではなく、「離垢」すなわち煩悩は滅しているが、衆生救済のためにあえて悟りを得ずに転輪聖王として娑婆世界に出現することを誓った菩薩だという。「二地」の菩薩とは『華厳経』十地品に記される菩薩の階位のことである。

この転輪聖王観は、古代インドでは、紀元前三世紀頃の阿育王（アショーカ）や紀元前二世紀頃のカーラヴェーラ王が転輪聖王とみなされた時代に発展したとされる。さらにインドからアジアの周辺諸国へと伝わると、理想的な王のあり方として受け容れられ、アジア諸国はこぞって転輪聖王を戴く仏教国家へと変貌していった。

中国では、武周王朝を建てた武則天（六二四～七〇五）が天授元年（六九〇）に皇帝に即位し、『大雲経疏』を編纂させ、自らを転輪聖王であるとともに、下生した弥勒菩薩だと宣言した話は、よく知られている。また唐の粛宗帝（七一一～七六二）も不空（七〇五～七七四）によって「帝授転輪王七宝灌頂」（『大唐故大徳贈司空大弁正広智不空三蔵行状』）、代宗帝（七二六～七七九）も「金輪の日」「金輪帝位」「金輪の再誕」（『表制集』）と称された。

新羅でも皇帝は転輪聖王とみなされていた。法興王《ほうこうおう》（生年未詳～五四〇）は周囲の反対を押し切って仏教を公認し、殺生禁止の令を出し寺院興隆に尽力した。一三世紀末、高麗の僧・一然（一二〇六～八九）によって書かれた史書『三国遺事』によれば、出家して「法空」と号したという。その跡を継いだ法興王の甥の真興王（五三四～五七六）も叔父に倣い、仏典や教理書を収集し、一三年かけて完成させた[28]皇龍寺には丈六の仏像を鋳造安置した。また新羅で初めて本格的な百座講座を開き、自らも出家し「法雲」と名乗った。

その跡を継いだのが法興王の次男の真智王（生年未詳～五七九）である。兄の銅輪が早逝したため王位を継いだ。父と同様仏教保護に熱心であり、梁から仏舎利を将来した。また諱は「金輪」と称した。

真智王の兄・銅輪の子が真平王（生年未詳～六三二）である。真平王は白浄とも呼ばれていたとされるが、これは釈迦の父・浄飯王の号でもあった。またその妻は摩耶と呼ばれていたというが、この名も釈迦の母・摩耶夫人と同じである。

その間に生まれたのが、新羅初の女性皇帝・善徳女王（生年未詳～六四七）である。善徳は父と同じく仏教保護に熱心に取り組み、仁平一二年（六四五）に唐に派遣していた慈蔵（生没年不詳）が発願した皇龍寺九重塔創建の後見となった。そもそも善徳という名は、仏教では忉利天の「弥勒」を意味する。つまり善徳は弥勒菩薩であり、この世に、下生してやがて仏になることを示している。諱の徳曼も『涅槃経』の「徳鬘優婆夷」によっているとから、仏教信仰に篤い王であり、法興王から続く仏教国家としての新羅のあり方を継承していたと考えられる。法興王―真興王―真智王（金輪）―真平王―善徳女王の流れは、善徳の後継者として新羅二番目の女王になった真徳女王（生年未詳～六五四）へとつながっていく。真徳女王も諱は『勝鬘経』の勝鬘夫人に由来する「勝曼」とされた。

法興王から真徳女王にいたるまで、聖骨（父母ともにが王族である一族）系列の王族として仏教を尊び国に弘通するのが王としての役割であった[29]。真徳女王は配偶者も子もいなかったため、真興王聖骨系列が絶え、真骨（父母のどちらかが王族に属する一族）系列の武烈王（真智王の次男で官位としては二等官・伊湌であった龍春の子）がその後継者となったが、武烈王を転輪聖王と呼ぶことはなかった。

◆白河法皇と金輪聖王

日本でいち早く金輪聖王に注目したのは上述したように空海である。

天長七年（八三〇）に「天長六本宗書」として淳和天皇に撰進された『秘密曼荼羅十住心論』巻第二「愚童持斎住心」には、『十住毘婆沙論』巻第十七「戒報品」を引用し、転輪聖王の菩薩としての階位は第二地であって、不退転の菩薩ではないことに言及する。しかし転輪聖王は自ら十善を行い、また他の人々にも行わせ、仏法による善政を行うことで、世界と人々の安穏がもたらされるのだと記しているが、空海は、金輪聖王によって現世安穏は実現されるものの、成仏は金輪聖王が人々にもたらすものではなく、個々人による仏道修行が必要となると考えていた。

空海以前の八世紀頃には唐や新羅などを通じて転輪聖王観は日本に伝わり、天武や聖武、称徳に用いられた。

その反面、天皇を御現神や儒教的天子とみなす考え方もまだ主流であった。一方、一〇世紀半ばから一一世紀にかけて、天皇は釈迦の化身であるとの言説も登場する。これらは、転輪聖王と称していないため、一見すると天皇を転輪聖王とする見方が失われたかと思われる。しかし、新羅で真平王が転輪聖王の一族とされ釈迦とみなされたように、また善徳女王が第二の釈迦とされる弥勒菩薩の化身と理解されたのと同じく、天皇が転輪聖王（金輪聖王）であることは変わりなかった。すなわち、天皇は金輪聖王であり、釈迦や弥勒菩薩の化身であった。

ところで、白河法皇が退位し応徳三年（一〇八六）に堀河天皇が七歳で即位した直後から、積極的に天皇＝金輪聖王という位置づけが急浮上する。

寛治元年（一〇八七）四月十九日「為満大般若供養」（『江都督納言願文集』巻六）では、「十堯九舜の月、鳳房動くこと無く」と、中国の理想的聖天子である堯や舜の時代の再現を堀河に託しているように、儒教的聖帝の見方も残されていた。しかしその一方で、康和四年（一一〇二）十一月九日「白河女御道子の丈六堂」（『江都督納言願文集』巻二）には、「重ねて請ふらくは、此の功徳を以て、金輪聖王、禅定仙院に廻施し奉る」と、堀河＝金輪聖王とする転輪聖王観が記される[30]。

たとえば、天仁二年（一一〇九）二月二十九日の願文「白河院北斗曼荼羅堂」（『江都督納言願文集』巻一）が、法勝寺内に新たに建立された北斗曼荼羅堂の供養法会のために白河法皇を願主として作成された。北斗法とは、人の生年にあたる本命星に対して息災や調伏を祈る密教修法のことである。台密の作法を記した『阿娑縛抄』第一四二「北斗」には、「発願」として「金輪聖王、玉□□□、□寿長遠、護摩功徳、薫入玉体[31]」とあり、金輪聖王の長寿を祈願する際の修法であることがわかる。

上記の願文では、

釈教の幽微、南無仏より大なるは莫《な》し。（中略）死籍を削りて生籍に付く。（中略）此の功徳を以て、普く幽顕に資す。海内海外の大神、雲雨蒼々の行を止めて、冥々の理を悟るに如かず。千載万葉列聖の祖、頼耶《らや》の門を排き、阿字の殿に入る。金輪聖王、星茫の光を施し、一人の慶びを著す。魁柄《かいえ》の影を垂れ、万福の賜《たまもの》を受けむ。

と、鳥羽天皇の長寿とその治世の安泰が祈願される。「死籍を削りて生籍に付く(32)」と延命が祈願されているが、注目されるのは「海内海外の大神、雲雨蒼々の行を止めて、冥々の理を悟るに如かず。千載万葉列聖の祖、頼耶の門を排き、阿字の殿に入る」と、歴代天皇全員が悟りへといたることが願われたことである。つまり「死籍」から「生籍」へと祈願されるのは、単に延命ということだけではなく、まだ悟りを得ていない状態を意味する言葉として「死籍」を、悟りを意味する言葉として「生籍」を用い、北斗法によって、一切衆生が輪廻転生を繰り返す「死籍」から悟りの世界＝「生籍」へ転生することが願われているのである。

金輪聖王である鳥羽天皇の長寿が祈願されたのは、たとえ身体は消滅したとしても、法を説き続ける仏として鳥羽天皇が生き続けてくれることが願われていることを意味する。

天永元年（一一一〇）「円宗寺の五大堂の願文」（巻一）は、白河法皇が父の後三条天皇が創建した円宗寺で、五壇法を行わせた際の願文である。文中、

玄化に応ぜんがため、蒼生を利せんがため、大伽藍を建て円宗寺と称す。（中略）父の志を成すは、子の至孝なり。心を蒼柏の煙に焦がし、親の恩に報ずるは、仏の感ずる所なり、思いを白華の露に瀝《したた》る。金輪聖王、邪竇《じゃとう》を塞《ふさい》で金沙の竿を献ず。寿域に御して南山の齢を期せん。

と、円宗寺は利他行のために父の後三条天皇によって創建され、その志を継承することは子の白河法皇の義務であり、父の報恩に対して仏の感応が得られると述べている。この志とは「蒼生を利」することであるが、これは代々の天皇へと継承されるべきことであると白河法皇は考えた。

金輪聖王の長寿と仏法の永続を願うことで、一切衆生の救済が実現されるが、白河自身が積極的に天皇を金輪聖王と称していることが注目される。それとともに、白河法皇は、天皇＝金輪聖王を補佐する方法として、北斗法や『仁王経』や一切経の供養など様々な仏教的作善を率先して行う、宗教指導者の役割を担おうとしていることがうかがえる。

では、その白河法皇自身は、自己をどのような存在としてとらえていたのだろうか。

◆金輪聖王と禅定仙院

(三)　法身と禅定仙院

院政期以前は、退位した天皇は何事にもとらわれることのない超俗のあり方を意味する「太上法皇」「太上天皇」「姑射山」「守一」などと呼ばれていた。ところが、白河法皇の退位後の康和二年（一一〇〇）九月「安楽寺内満願寺願文」（『江都督納言願文集』巻三）では、白河法皇を、それまでにない呼称「禅定仙院」と呼ぶようになる。

禅定仙院の「禅定」とは、真理を観察する状態を示す禅定波羅蜜のことである。「仙院」は、退位した天皇の居所を意味する言葉であるから、禅定仙院は退位した天皇を意味するとともに、その境地が禅定にあることを意味している。退位した天皇を「禅定仙院」と称するのは白河法皇が初めてであるが、嘉承二年（一一〇七）十二月二十八日「白河院鳥羽御塔」（『江都督納言願文集』巻一）の願文には、白河自身が、退位後の天皇のあり方について次のように語っている。

皇王の父祖となりて、太上の尊名を忝くせり。早く万乗を逃れて、三密に入ると雖も、恩愛の習い変ぜず。先に今上陛下の万歳を祈り奉る。(中略)ここに因て聖朝安穏天下無為のために南都の善地に就て、甲勝の名区を占めて、三間四面の堂一宇を造立し奉る。

白河法皇は、「皇王の父祖」として「太上の尊名」を賜ったが、退位後は「三密」の境地に達することで天皇の徳政に報いると述べている。「三密」とは、密教の身・口・意の三業のことで、大日如来と一体になることを目指す行いをいうが、また、「三密」を行うことは自らの利益ではなく「聖朝安穏天下無為」のためだと述べられる。

天仁二年(一一〇九)四月「日吉社の仁王経の供養」(『江都督納言願文集』巻二)には、次のように述べられる。

日吉大神は法身の宮を出て、円宗の中道を守る。(中略)伏して惟れば、金輪聖王、十善の宿因に依て、万乗の新主たり。(中略)今年己丑、運厄会に当たれり。(中略)於戯《ああ》、脱屣《だっし》の身たりと雖も、猶垂冕《すいべん》の右に祈る。上九の位に処ると雖も、太千の人を救はんと欲ふ。

神の本質は「法身」であって、天台宗の「中道」を守るために仮に日吉神に姿を変えたことが、そして鳥羽天皇が「十善の宿因」によって「万乗の新主」「金輪聖王」となったことが、明かされる。しかし天仁二年は「厄会」の年であり、その災いを白河自ら「脱屣の身たりと雖も、猶垂冕の右に祈る。上九の位に処ると雖も、太千の人を救はんと欲ふ」と、「上九」[33]という世俗を超越した地位にあるが、仁王経を書写することで鳥羽を補佐する役割を担うと述べるという。

天永二年（一一一一）三月「院三十講御願文」（『江都督納言願文集』巻一）は、その超越した境地について、さらに踏み込んで次のように記す。

> 方に今聖上、春秋を富んで、唯だ杼軸《ちょじく》を我に任す。賢相の姫霍《きかく》に超へ、猶権衡を吾に委す。世に出でて世に出づるに非ず、便ち是れ三観の道なり。空に入りて空に入るに非ず、豈に二諦の門にあらずや。爰に三合閏余の翌年、国に災変多し。一実真如の東日、将に祲妖《しんよう》を除かんとす。仍て僧侶を啒して、此の善根を修す。

願文によれば、退位した天皇は「世に出でて世に出づるに非ず」、「空に入りて空に入るに非ず」と、「三観」の境地にいたっていると明かされる。

「三観」とは、世界の一切が「空・仮・中」であることを同時に観ずる修行法で、天台の根本思想である一心三観を意味する。事物それぞれは実体をともなった姿として存在するのではなく、存在するものが互いに縁起の関係にあるから、仮に現れているにすぎない。そのため、本来は存在することも滅してしまうこともなく、認識可能でもない「空」である。「空」であることを知ることによって衆生は執着を脱することができるが、「空」という見方に執着することも避けなければならない。そこで二つの側面を同時に感じる「中」が必要となる。それを天台では「空・仮・中」の一心三観と理解している。つまり白河法皇は、退位した天皇＝院とは、何事にもとらわれない「三観」の境地にいたった仏であって、彼自身の言動が仏のはたらきだと理解しているのである。すなわち白河法皇は、仏が衆生済度を行うために仮に姿を垂迹した者ということになる。[34]

一般に、仏が神の姿をとり衆生済度を行うことが垂迹思想と考えられているが、これはとくに院政期に入って盛んに唱えられるようになった。たとえば、永長二年（一〇九七）正月二十一日「自料法楽経供養願文」（『江都督納言願文集』巻三）は、八幡神を「夫れ以《おもんみ》れば、除病延命の道、神を敬うより先だてるは莫し。邪を閑め避るの謀は、仏に帰するより過ぎたるは莫し。（中略）然るに猶大菩薩は利益衆生の垂迹なり」と、「利益衆生」が仏のはたらきであり、そのはたらきが「垂迹」だと述べ、衆生を救済したいという仏のはたらきが八幡神となって娑婆世界に作用していることになる。

さらに天永元年（一一一〇）「八幡御塔の願文」（『江都督納言願文集』巻二）では、

八幡大菩薩は、母は則ち神功皇后、納日納月《のうじつのうげつ》孤夢を編《へん》す。子は則ち仁徳天皇、文王武王の列聖に似たり。初め西海の浜に降りて、後に男山の頂に御したまふ。昔行教和尚、正体を渡し奉るに、画に非ず字に非ず、衣の上に三尊の影を浮かぶ。（中略）夫れ塔婆は、三世諸仏の宗廟、法身如来の体相なり。

とある。願文は、八幡神は応神天皇の姿をとって現実世界の中に現れたが、その本質が「空」であることを示すために、行教和尚の前に「三尊の影」となって現れたというのである。「三尊の影」とは、行教和尚が宇佐八幡宮に参詣したときに、行教の衣に釈迦三尊の影として出現したことに由来する(35)。影は形を認識できるが実体はない。それは「三尊の影」が認識可能な形を保つことはない法身仏であることを意味している。しかし娑婆世界の衆生は、それでは理解できないため、八幡神や応神天皇の姿になって出現したというのである(36)。

同様に八幡塔も「夫れ塔婆は、三世諸仏の宗廟、法身如来の体相なり」と、塔とは過去・現在・未来の三世に次々と出現した仏の墓所であるが、仏の真理がはたらく場所を衆生に示すために現れたものであると述べている。

賀茂社の塔建立供養の「賀茂御塔の願文」（『江都督納言願文集』巻一）でも、

天上天下の尊、因円果満なり、これを仏と称す。一陰一陽の道、千変万化、これを神と謂ふ。（中略）賀茂の皇大神、外は則ち万乗の鎮守、内には則ち十地の菩薩なり。応を三世の中に垂れ、居を九重の北に卜しめたまへり。

と、菩薩の修行が完遂し悟りを得たものを仏といい、仏が「千変万化」したものが神であるという。その仏は、「万乗の鎮守」で都を守るが、その本質は「十地の菩薩」で、「三世」にわたって応現する。賀茂塔も仏の応現した姿であることは、八幡塔と同様である。

以上のように、「利益衆生」を行う仏のはたらきが、神や塔になって現実世界に影響力を及ぼすという考えは、白河の「三観」の理解と共通している。つまり、退位した天皇は「三観」や「三密」の境地に到達した存在であるから、「空」自体ということになるが、煩悩によってすべてを実体化してしまう衆生に、仏とは何かを認識させるための装置、寺院・塔・仏像・経典を作り、法会を行い続けなければならないのである。

金輪聖王もまた、現世の人々に安穏をもたらす誓願を立てた「十地の菩薩」であった。菩薩であるが天皇となって娑婆世界に出現し、退位後は「三観」の境地＝禅定仙院として、金輪聖王とは異なる方法での救済活動を行うということが白河法皇の願文で語られている。天皇と院の関係は、双方とも本質は「三観」の境地にあるただ一つの法身仏であるが、仏の慈悲が現実世界に現れるときには、金輪聖王と禅定仙院の二つの姿をとって同時に現れるのである。

◆金輪聖王の都市

ところで、天皇が金輪聖王と理解されていた以上、その都となる都市は王の理念によって構築されなければならない。なぜなら、都市とは王権の秩序を表示する役割をもっているからである。都市は宇宙と同じ構造をもつ小宇宙であり、秩序の正しさが具象化されていなければならない[37]。

布野修司氏は、アジア諸国の転輪聖王と称された王たちとその都市との関係について、「彼らは自ら転輪聖王の証として、王都「曼荼羅都市」を作ろうとしてきた[38]」と論じられた。布野氏によれば、転輪聖王の都市は、その中央に王宮や寺院が置かれ、それを中心に同心方角状に広がっていく形式をとる。人々は身分階級や役割に応じて居住域が定められていたが、その形こそ、中心に大日如来を配し、如来が様々な諸仏・諸菩薩へと変化していく曼荼羅（真理）を都市として具体的に表象した姿であったという。

ところが同じく天皇が金輪聖王（転輪聖王）と理解された日本の平安京では、中国の都城制をモデルにしているため、中国の天界や宇宙観がそこに反映され、他のアジア諸国のような転輪聖王の都市の形式をとってはいなかった。本来、転輪聖王の都の中心には王宮と寺院が配されるが、平安京内は、都の南方に東寺と西寺のみが建立され、洛中にそれ以外の寺院が建立されることはなかった。また天皇は、在位中より様々な制限があり、洛外へ外出することは特定の儀礼の場合以外は不可能であった。しかしそれでは、金輪聖王が統治する都市でありながら、都の中で仏法が説かれる機会は少なく、衆生救済が不十分に終わってしまうことになる[39]。天皇の衆生救済の限界をどのように打破するのかという問題は、院に禅定仙院という新たな役割を与えることによって解決しようと試みられたのである。

都の中に寺院を造ることは認められていないため、洛外に仏法が説かれる場である寺院が建立されるが、それは都の東側でなくてはならなかった。法勝寺がモデルにした法成寺は、「正徳太子の御日記に、皇域より東に仏法を弘めん人を我と知れ」（『栄花物語』）という、聖徳太子の予言を根拠としており、法勝寺が法成寺よりさらに東側の地に創建されたのは、「仏法を東に弘めん」という仏法東漸の予言に沿ったもの、あるいは、平城京と東大寺との関係を先例にしたと考えることもできよう。白河法皇は、法勝寺という仏界を都の外部に創出することで、金輪聖王の衆生救済を補佐するとともに、禅定仙院として率先して仏教的作善の指導者になっていく役割を自らに課したのである。そして、この現実世界のあらゆる現象は実は法身（真理）そのものであって、日本という国家全体が、もはや僧俗を超越した浄土世界へと変貌していくのである。

時の権力者という評価をされながらも、藤原道長は、金輪聖王＝一条天皇が先導する仏法興隆に対して、大臣として仏法興隆を補佐する役割に終始していた。その方法は、『法華経』の仏教的作善を率先して実践することにあった。つまり、「自分たちは成仏のために何ができるのか」という法華仏教＝自力的作善であった。そのため、法華八講や教学の奨励などに積極的に関わり、結果、生前から弘法大師や聖徳太子の生まれ変わりという評価を得たのである。それを背景として建立された法成寺は、一条天皇の仏法興隆に従うべく、仏法を説く場として創建された寺院であったが、様相は道長が観相した極楽浄土の姿であった。

ところが「自分たちは成仏のために何ができるのか」という仏教観では、金輪聖王である天皇には様々な規制があるため、仏法興隆を行う義務があるとされていても、仏教的作善を実践できない多くの衆生を生み出すことになりかねない。

それに対して白河法皇は、あらゆる束縛から解放されている法身仏＝禅定仙院として、天皇が行うことができない衆生救済を実践した。その方法が、弥勒下生まで一切経を法勝寺で保管し、そこで仏法を説き続けていくことだった。

白河法皇は、自ら禅定仙院という法身仏であり、世俗社会の出来事はすべて空であると説く一方で、衆生に対しては、膨大な堂舎・塔・経典を創り出し、法会を行うことによって、見仏聞法の機会を提供しようとしたのである。白河の説く仏の救済のあり方は、「我々は仏に対して何ができるのか」という視点から、「仏は我々に何をしたいと願っているのか」を理解させる方向への変化でもあった。世俗を超越した立場から、仏教の真理を世界に向かって説き続け、それによって世界は清浄化され浄土となっていく。その中心が法勝寺だったということができよう。

第三節　鳥羽上皇の願文にみる浄土信仰――九品往生と唯心浄土

九世紀後半、菅原道真（八四五～九〇三）が、天皇や貴族に依頼され作成した浄土往生に関する願文には、弥勒菩薩の兜率天が阿弥陀仏の極楽浄土と並列的に扱われるなど、特定の仏・菩薩の浄土と限定されていなかった。しかし、時代が下るにつれ、死者が生前阿弥陀仏に帰依していたことや、遺族が死者に代わり作善を行うことで、阿弥陀仏の浄土への往生を願うという内容が記されるようになる。(40)

一〇世紀、貴族社会では阿弥陀仏の浄土信仰、とくに臨終来迎への注目が高まっていた。彼らの理論的要請に応じるかのように、天台宗では良源（九一二～九八五）が『極楽浄土九品往生義』、千観（九一八～九八四）が『十願発心記』、源信（九四二～一〇一七）が『往生要集』を著すなど、浄土往生の意義が次々と著された。(41)貴族社会でも康保元年（九六四）、文人貴族と比叡山の学僧各々二〇名による勧学会が結成されたことは、たびたび言及してきた通りである。

勧学会の活動の中心は、仏教の基本的教理や中国・日本の天台浄土教について研鑽を深めることにあった。とくに、千観が自らの誓願を記した『十願発心記』は、第一願・第二願に、往生後に見仏聞法して無生忍を得て不退転の菩薩となり、再び娑婆世界に戻り衆生済度を行いたいという内容が記され、それは勧学会結衆らが作成した願文や往生伝等に、菩薩の化身が女性や高僧に身を変じ、極楽浄土へと衆生を教導するという内容として著され、貴族社会に大きな影響を与えた(42)。

院政期は、貴族社会の浄土信仰の深化とともに、阿弥陀堂の建立、往生伝の作成、聖の活動、南都仏教の僧・永観（一〇三三〜一一一一）の『往生拾因』(43)や真言宗の覚鑁《かくばん》（一〇九五〜一一四四）による「密厳浄土」思想などが理論化された(44)。その一方、院政期の願文は、後冷泉・後三条・白河・堀河天皇を、在位中は儒教的聖王であり仏教的帝王である「金輪聖王」であって、退位後や死後は法身仏もしくは極楽浄土の仏として新たな衆生救済を行っていると位置づけた(45)。

さらに、上記のほかにも、天台宗の根本教理である一心三観と『観無量寿経』との関係について言及した願文も作成された。また、鳥羽上皇（一一〇三〜五六）の願文には、『観無量寿経』の書写、中国宋代の唯心浄土説など、新しい浄土教思想を想起させる内容が記されている。

そこで本節では、院政期の願文に新しい浄土教教理が記されることによって、それ以前の願文に叙述された浄土信仰と比してどのような差違が生まれたのか、またどのようなことが期待されて新しい浄土信仰が受容されたのかについて、一心三観・『観無量寿経』・唯心浄土説をキーワードに、考察を試みたい。

（一）　智顗撰『観無量寿経疏』の一心三観と『観無量寿経』十三観

天仁二年（一一〇九）二月、文人貴族大江匡房は、「右大弁為房」から依頼を受け「右大弁為房の母の逆修」（『江都督納言願文集』巻五）願文を作成した。願文は、為房の母の逆修法会のために作成されたもので、「一心三観の道に帰してより以来、日想水想、西方に向かひて望みと為し、時去り時来り、上品を慕いて八旬の業と作す」[46]と、法会の功徳について述べられる。この「一心三観」とは、天台宗の基本的教理のことであり、「日想水想」は『観無量寿経』（以下『観経』と略記）の観想法である十三観の日想観と水想観を指している。

一心三観は、天台大師智顗（五三八～五九七）が唱えた天台の根本教理である。事物を実体と観るのではなく、すべては「空」であり、「仮」のものであると捉えること、しかし「空」「仮」に執着することも偏執にあたるから、「空」にも「仮」にも偏らない「中」を観想するという、最も重要な修行法である[47]。

一方、『観経』は、のちに『無量寿経』や『阿弥陀経』とともに浄土三部経とされる浄土教典である。阿闍世《あじゃせ》太子が提婆達多にそそのかされ父王の頻婆娑羅《びんばしゃら》の幽閉・殺害を企てるという、王舎城の悲劇から始まり、阿闍世の母韋提希《いだいけ》夫人の苦悩を除くために、釈迦が極楽浄土の観法十六観を説く。十六観は極楽浄土や阿弥陀仏、観音・勢至両菩薩の観想法を説いた十三観と、散乱心（煩悩）をもった凡夫が往生する方法を説いた上輩・中輩・下輩の三観に大別される。

「右大弁為房の母の逆修」願文では、「一心三観の道に帰して」、「日想水想、西方に向かひて望みと為す」と、世界一切を「空・仮・中」とみる修行法と日想・水想観の観想を行い、「上品を慕いて」と上品上生の往生を願っている。しかし、一心三観と十三観は、互いに成立した時期も教理も異なっており、一心三観と十三観を同時に行ずることで極楽往生が可能になることは、智顗が著した『法華玄義』『法華文句』『摩訶止観』の天台三大部や『観経』にも説かれていない。

ところが、八世紀半ば、中国の天台宗で一心三観と『観経』十三観との関係に言及した教理書が著された。それが智顗撰『観無量寿経疏』（以下『天台観経疏』と記す[48]）である。近年は『天台観経疏』が智顗の撰述ではないことが明らかになっているが、撰述されて以来、智顗真撰の根本聖典として重要視されてきた。

そもそも智顗は天台三大部を著し、『法華玄義』には『法華経』は即身成仏が説かれた優れた経典であると主張し、『摩訶止観』では一心三観を修行する方法として四種三昧を実践すべきだと述べていた。その根拠は、龍樹（一五〇年頃〜二五〇年頃）が首唱した空観の実践になると考えていたからである。

ところが一〇世紀以降、宋の時代になると、智顗の教説に対し、禅宗や華厳宗から、禅や華厳は法身仏（真理）そのものを観ることを目的とする頓教であるが、天台の四種三昧は長時間の修行を要する漸教であって、また天台の観法で観想された阿弥陀仏は方便であって仮のものにすぎないという批判が浴びせられた。それに対して天台側は、自らの教理が頓教であることを証明する必要が生じた。天台はその批判に対し、智顗に仮託されていた『天台観経疏』をもって反論を試み、その反論の根拠として重要視されたのが『天台観経疏』に記されていた一心三観と十三観との関係だった。

『天台観経疏』には、『観経』の「観」を一心三観、「無量寿仏」を法・報・応の一体三身と理解し、修行者の心を観察することを重要視すべきことが記されている。福島光哉氏は、『観経』の中心は、

この事を見る者、すなわち、十方の一切諸仏を見る。諸仏を見るをもってのゆえに念仏三昧と名づく。この観をなすをば一切仏身を観ると名づく。仏観を観るをもってのゆえに、また仏心を見る。仏心とは、大慈悲これなり。無縁の慈しみをもって、もろもろの衆生を摂するなり。(49)

と、阿弥陀仏の身相と光明を観想することについて説かれた第九観（真身観）であって、たとえば浄影寺慧遠（五二三〜五九二）の『観無量寿経疏』では観仏の重要性が説かれているが、それに対して『天台観経疏』は修行者の心を観察することに重きを置いていると指摘されている。福島氏はさらに、「『天台観経疏』は『維摩経』の「心浄則土浄」に影響を受けたと考えられるが、それによって『観経』の念仏三昧が『法華経』や『維摩経』と

ともに、天台円教の止観に相当する三昧であることを表明すること」[50]になったという重要な指摘をされている。

さらに天台側は、衆生が仏を観ずることができるのは、阿弥陀仏の「大慈悲」によるものだと理解した。本来、仏は法身であり空であるから、衆生には認識不可能である。しかし阿弥陀仏の慈悲によって衆生は阿弥陀仏の姿が認識可能となり、それこそが大乗仏教にふさわしい理解であると主張した。

また、禅や華厳が説く法身（真理）だけを観る修行法は、衆生にとっては大変難解であり、応身仏だけを観る修行法も偏りがあると反論した。そして、原因（法身）と結果（応身）だけを観るのではなく、仏の慈悲である誓願のはたらきとしての仏の姿（報身）を観なければならないと主張したのである。

禅や華厳側の一心三観は漸教にすぎないという批判は、『観経』十三観を導入することによって克服された。天台側は、天台こそがあらゆる衆生が実践できる頓教であり、法身（真理）を観ずることを重要視する禅や華厳の教えは、衆生にとっては困難な行であって、悟りからもれてしまう衆生を生み出すことになり、それは大乗仏教の大きな特色である利他行の教えから外れる教えである、と反論したのである。

（二）日本仏教界への影響

八世紀頃に日本に伝来したといわれる『観経』は、当初はそれほど注目された経典ではなかった。『天台観経疏』も延暦二三年（八〇四）に入唐した最澄によってもたらされたが、日本の天台宗でも、円仁（七九四～八六四）や安然（八四一～九一五）がその著作の中でわずかに引用するだけであった。

両書が注目されるようになるのは、一〇世紀半ば、良源が『極楽浄土九品往生義』（以下『九品往生義』と略記）に、『天台観経疏』の教義を多く引用してからである。良源が『九品往生義』を著した頃、北宋の建隆元年（九六〇）、呉越国王が唐末期の排仏のなかで失われた中国天台の書を日本に求めたことをきっかけに、宋の天台宗と日本の天台宗の交流が盛んとなった。この交流によって、日本からは、日延（生没年未詳）・寂照（生年未詳～一〇三四）・成尋（一〇一一～一〇八一）といった多くの学僧が相次いで入宋し、数多くの中国天台の典籍が日本にもたらされることになった[51]。

日宋の天台仏教界の交流のなかで、良源は、宋代の天台の浄土教では『天台観経疏』が重要視されているという情報を得たと考えられるが、『九品往生義』には『天台観経疏』に記された一心三観と十三観の関係について論じた箇所は引用されなかった。良源は『九品往生義』を著す際に、南都仏教に伝わっていた『無量寿経』の解釈学や智光（七〇九～七八〇）『四十八願釈』を参照しつつ、『観経』の九品往生の解釈を試みている。『天台観経疏』についても、引用された大部分は九品往生の問題に関する内容だった。

梯信暁氏は、良源が『天台観経疏』の九品往生の記述に注目した理由について、当時、貴族社会を中心に広がりを見せていた臨終来迎を希求する浄土信仰を、教理面から支える理論が要請されていたため、九品往生に関する記述だけに注意を向けたことを指摘されている[52]。さらに、良源の弟子源信が『往生要集』を執筆するなかで『天台観経疏』を全く引用しなかったのは、源信は、日本の天台がそれまでほとんど注意を払ってこなかった世親（三二〇年頃～四〇〇年頃）『浄土論』の五念門（礼拝門・讃歎門・作願門・観察門・回向門）の意義を、智光の『四十八願釈』を通じて発見したこと、また、『天台観経疏』が智顗撰述ではないと承知していたからではないかとも指摘されている[53]。

確かに、院政期以前の浄土信仰関係の願文には、『天台観経疏』の引用や影響は見られない。このことは、貴族社会の中で『天台観経疏』が周知されていなかったことをうかがわせるが、ではなぜ、「右大弁為房の母の逆修」の願文に、一心三観と十三観との関係が想起されるような内容が記されたのだろうか。

この問題を考える上で注目されるのが、延久二年（一〇七〇）頃に成立したとされる天台浄土教の要文集『安養集』の編纂事業である。この編纂は、当時日本最大の蔵書数を誇った平等院の一切経蔵の典籍を用いて行われた。延久元年（一〇六九）に平等院一切経会が行われ、時を置かずして大納言源隆国（一〇〇四～七七）らによって『往生要集』の学習会がはじまった。学習会が終了すると同時に、平等院の宝蔵に集積されていた南都や比叡山に伝来していた書籍を用いて、『安養集』の編纂が開始される。その序によると、隆国のほか、比叡山の学僧ら道俗数十人が、インド・中国・日本の三国に伝来した経典から阿弥陀仏に関する要文を抽出し編纂したと記されている(54)。

梯氏によると、『安養集』編纂の意図には、隆国の甥とされている比叡山の阿闍梨成尋が、延久二年（一〇七〇）に入宋を願う奏状を朝廷に提出し、延久四年（一〇七二）に入宋を遂げた際に、『安養集』を携えており、宋の仏教界に紹介したことに関係していると指摘される。また成尋の入宋旅行記『参天台五台山記』には、『安養集』が宋の天台宗の高僧たちから称賛を寄せられたとの記事が残されているという。氏は、『安養集』編纂事業の目的が成尋入宋にあるとするならば、宋の天台で重要視されていた『天台観経疏』を『安養集』に加えないのは問題とされたのではないか、とも言及されている(55)。

「右大弁為房の母の逆修」願文の作成を依頼された大江匡房が、時代的にもほぼ同時代の『安養集』編纂事業に参加していたか、もしくは編纂事業を知っていたかについては不明である。しかし大江匡房が依頼された願文に、一心三観の教えが見られることから、『安養集』編纂によって宋代の天台浄土教が貴族社会へと伝播したことは十分に考えられる。さらに貴族社会や仏教界からの依頼を受けて文章を作成する立場にあった文人貴族は、つねに最新の仏教教理を知る立場にあったのだから、願文の中に取り入れられたことも当然と考えられるのではないだろうか。

（三）　鳥羽天皇の願文

堀河の跡を継いだ鳥羽天皇は、堀河天皇と同様、天皇在位中は金輪聖王と称された[56]。

退位後の大治二年（一一二七）一一月四日、鳥羽上皇は高野山に参詣し、塔内部に五智如来を安置し法会を開いた。その法会で鳥羽は、「太上皇の高野御塔供養の願文」（『本朝続文粋』巻第十二）を藤原敦光（一〇六三〜一一四四）に作成させた。敦光は藤原式家の出身で、父は藤原明衡（九八九〜一〇六六）である。明衡は文章博士を勤め、『本朝文粋』を編纂し『新猿楽記』などを著した文人であった。しかし三歳で父を亡くしたため、兄・敦基（一〇四六〜一一〇六）の養子となった。敦光は、堀河・鳥羽・崇徳の三代の天皇に仕え侍読を勤めるなど、父の明衡と同様に優れた文人となった。

願文には、

仰ぎ願わくは、周遍法界、庸質《ようしつ》を擁護したまえ。寺は是れ金剛の道場なり、宜しく金剛不壊《こんごうふえ》の身を授くべし。処は又南山の霊崛、定めて南山無騫の寿を保つ。況んや十善は往古の勝因なり、罪業何をか妨げん。三会《さんえ》は当来の宿望なり、値遇豈疑わんや。

と、鳥羽上皇自ら「金剛不壊の身」すなわち密教的な法身仏であると表明している。法身仏は真理そのものであるから、本来は衆生には姿を認識できない。しかし、仏の慈悲がはたらき具体的な形をもった鳥羽の姿となって現じ、衆生救済を行っていると述べていることになるが、この願文の作成以降、鳥羽上皇を密教的仏と位置づける願文は確認されない。

『本朝文集』には、鳥羽上皇を願主もしくは供養の対象とする願文が二七篇収載されているが、浄土信仰に関係する願文が大多数を占める。以下掲出する二篇の願文には、『観経』書写と九品往生について興味深い内容が記されている。

①久安四年（一一四八）閏六月十日「鳥羽天皇御逆修法会の願文」（『本朝文集』巻第五十九）（願文作成・藤原茂明）

極楽娑婆、同居と為す。これを念ずれば則ち十万億の境界往き易し。煩悩菩提、異体にあらず。これを悟らばまた貪瞋癡《とんじんち》の垢塵残ること無し。信に洒《すなわ》ち妙理を憶う毎に、弥よ善心動くものなり。（中略）我今一人の慈父たりと雖も、世間の栄楽、深着を離るるなり。顛沛《てんはい》只意を不退転の法輪に寄す。天下の威権、錙銖《ししゅ》に比ぶるなり。順次偏に生を無量寿の仏土に慕う。側《ほのか》に聞く、逆修の功徳は、其の福甚だ多し。追善の慧業《けいごう》は、獲る所幾くならず。（中略）開白の日、皆金色三尺阿弥陀如来像一体を造立し奉る。（中略）第五七日は、阿弥陀如来像一鋪を図絵し奉る。金字金光明経一部四巻、観無量寿経一巻を書写し奉る。（中略）結願日は、阿弥陀如来像一鋪を図絵し奉る。胎蔵金剛両部種字曼荼羅一鋪、金字妙法蓮華経一部八巻、開結等経各一巻、阿弥陀経九巻を摸写し奉る。墨字妙法蓮華経廿一部百六十八巻を摸写し奉る。此の外十四箇日の間、毎日弥陀仏一鋪、法華経一部を宛て、これを図絵し、これを摸写す。兼ねて又開白の初めより、結願の日に至るまで、暁の臨みて法華懺法を行う。随喜の涙衣を霑《うるお》す。夕を迎えて弥陀の経文を読む。解脱の声耳に満つ。（中略）蓮眼に仰ぎ請うらくは、棘心を照見したまえ。十善は往劫の因なり、本は北闕《ほっけつ》の主を称す。九品は当世の望みなり、遂に西方の尊を列す。凡そ厥《そ》の上は有頂の上より、下は阿鼻の下に至るまで、皆罪根を抜き、併せて覚蕊《かくずい》を開かんことを。(57)

②久安五年（一一四九）十一月十二日「天王寺念仏三昧院供養の御願文」（『本朝文集』巻第六十）（願文作成・藤原永範(58)）

弟子北闕の位を謝す後、南山に道を問うの次、石碑を読み以て聖跡を礼す。初めて釈迦如来の法輪を転ずるの処を知り、金堂に入り以て尊容を拝す。忽ち救世観音衆生を度すの縁を結ぶ。菩提の心涙空しく霑い、解脱分の善云に感ず。爾れより以降、年々参詣致し、念々精勤を専らにす。或は百万遍の仏号を唱え、或は十万点の慧燈を挑《かか》げ、或は舎利会を修し、或は逆修善を行う。（中略）旁《かたが》た射山の群僚に命じ、広く鄧林の良木を採り、各一枝を加う。遞《たがい》に衆力を合わせ、斯れ吾が力の堪えざるに非ず。人心をして善を与にせしめんと欲するなり。迺《すなわち》寺門の側、精舎の辺、檜皮葺六間四面の堂舎一宇に、皆金色三尺阿弥陀如来像一体を安置し奉る。この仏は、一上人名を円聖と曰う有り。勇猛の念仏を修せんがため、本と造立する所の尊像なり。其の念仏の体を為すなり。毎月衆を分かち、毎旬番を定め、上都下邑の尊卑、信向帰依の男女、勧進に赴くは、まことに繋《しげ》し徒に有り。専らに昼夜不断の勤行を致し、漸く星霜数廻の薫修を積む。伏して乞うらくは弥陀種覚、救世観音、哀愍聴許《あいみんちょうきょ》し、知見証明したまえ。一念の他無し、仰ぐ所は大慈大悲の弘誓。万歳限り有り、期す所は上品上生の来迎。重ねて請うらくは随喜結縁の貴賤、慇懃同志の道俗、併せて一善に関わり、倶に三明を証せん。

①「鳥羽天皇御逆修法会の願文」は、極楽と娑婆世界、悟りと煩悩は異なるものではないと気づくことによって、「十万億」の世界（極楽）は「往易」となり、「貪瞋癡の垢塵」（煩悩）が滅せられる。鳥羽は、自ら衆生の「慈父」であるが、「世間の栄楽」を逃れ「不退転」にいたり、来世は「無量寿の仏土」に生まれることを願う。また、朝は「法華懺法」を修し、夜は『阿弥陀経』『観無量寿経』などの経典を読誦していた。そして「十善」を備えた天皇として活動を行った後は、「有頂」から「阿鼻」の六道すべての衆生が『観経』に説かれる「九品往生」を実現するようにと願われる。

②「天王寺念仏三昧院供養の御願文」は、四天王寺に建立された三昧院と百万遍念仏について記されている。百万遍念仏は、唐代初期の浄土教の僧迦才（生没年未詳）『浄土論』に記された往生浄土の行であるが、平安期の浄土信仰の広がりとともに修されるようになった。

とくに四天王寺の西門は、極楽浄土の東門として浄土信仰と結びつけられていた。伊藤真徹氏によれば、出雲上人という僧侶が四天王寺百万遍念仏を行ったが、その方法は一日を一二刻に分け各々分担者を決め、一〇日間念仏を称える一旬念仏であった。

藤原頼長（一一二〇～五六）の日記『台記』には、久安二年（一一四七）九月十三日・十四日条に鳥羽上皇が参詣したこと、久安四年（一一四九）九月十一日条には、一〇日から一二日まで四天王寺に滞在し、百万遍念仏を完遂したことが記されている[59]。

願文には、百万遍念仏と阿弥陀仏像の造立が「円聖」という僧侶によってはじめられたこと、鳥羽上皇も百万遍念仏会に結縁し、百万遍念仏会が「毎月衆を分ち、毎旬番を定め、上都下邑の尊卑、信向帰依の男女、勧進に赴くは、まことに繁し徒に有り」と、多くの人々の結縁で修せられ、法会の功徳によって「上品上生」が実現されるだろうと述べられる。

この二篇の願文は、それまでの願文の中で記されることがなかった『観経』書写や九品往生を願うことが記されているのが特色であるが、『本朝文集』収載の鳥羽関連願文二七篇のうち五篇に『観経』の書写が行われたことが確認できる。これ以前の願文には、『阿弥陀経』書写・講説は行われていたものの、『観経』書写供養を記す願文は書かれなかった。つまり、鳥羽の時代になって初めて『観経』が書写されたと考えられる。鳥羽以前は、極楽浄土への往生を願う仏教的作善も、『法華経』に説かれる『法華経』書写・講説という方法が中心であったが、鳥羽の願文では、『観経』が極楽往生を遂げる上で重要視されるようになったのではないだろうか。

『観経』を中心とした浄土往生の可能性は、上述した「右大弁為房の母の逆修」の願文に記されたように、院政期の貴族社会の中でも周知されるようになった。しかし「右大弁為房の母の逆修」の願文は、『観経』十三観に注目しつつも、『観経』的な観想の実践によって一心三観が成し遂げられ、結果として上品上生ができるという理解であった。

一方、①「九品は当世の望み」、②「上品上生の来迎」と記されるように、鳥羽の願文には、一心三観との関係は記されない。つまり一心三観によって成就される往生ではないことがわかる。

もちろん、鳥羽以前に作成された願文にも「九品」という言葉は記されていた。しかし「九品」という言葉はあっても、法会で『観経』の書写・講説が行われたという記述はない(60)。あくまでも『法華経』の書写・講説と即身成仏が中心であり、九品往生は、即身成仏を遂げることができない衆生のための往生の方法という補助的な意味でしかなく、『観経』中心の浄土往生ではなかったことになる。それに対して①・②の願文では、『観経』の書写が行われていることから、『観経』中心の往生が初めて提示されたと考えられるのである。

また②「天王寺念仏三昧院供養の御願文」には「上品上生」という言葉が記されている。それまでに「上品上生」という言葉が記された願文は、願主が白河天皇女御藤原道子（一〇四二～一一三二）、作成者が大江匡房の、康和四年（一一〇二）十一月九日「白河女御道子の丈六堂」（『江都督納言願文集』巻二）である。その中で、

日想水想の観に懸く。年我とともならず、思を上品上生の迎えに馳す。涙日を逐《おい》て深し、況んや朽宅を厭う。三宮に准ずるに益無し、蓮台を志しとなす。茅土を重んじて何をか為さん。是を以て阿堵《あと》を旦千に捨て、良金を丈六に瑩《みが》く。

と、道子が日常的に「日想水想」といった『観経』十三観を行じ、「上品上生」を遂げることが願われていた。また、「三宮」という地位や「茅土」、すなわち所領は「益無」きことだと述べ、それをすべて阿弥陀仏像造立の布施にすると誓われる。

「白河女御道子の丈六堂」の願文では、十三観の観想を行ずることで上品上生を遂げたいと願われるが、②「天王寺念仏三昧院供養の御願文」では、観想という方法で上品上生を遂げるとは記されていない。観想ではなく、「百万遍の仏号」や「舎利会」といった法会、そして法会のために行われる仏像造立・経典書写・講説等に「逓に衆力を合わす」という方法で、上品上生が願われる。

『観経』上品上生段には、

三種の衆生ありて、まさに往生することをうべし。なにをか三とす。一には、慈心にして殺さず、もろもろの戒行を具う。二には、大乗の方便経典を読誦す。三には、六念（念仏・念法・念僧・念戒・念施・念天）を修行す。(61)

と、観想行ではなく、戒律を守り大乗仏教経典を読誦し、六念を修行し、極楽往生を願えば上品上生ができると説かれている。極楽往生のなかで上品上生が願われるのは、千観『十願発心記』にて上品上生を遂げることで不退転の菩薩となり、衆生救済活動を行えるのだという浄土往生観が、願文や往生伝を通じてすでに周知されていたためと考えられる。(62)

一見すると、①・②の願文も、鳥羽上皇が自らの上品上生を願っているようにも読み取れる。しかし、在位中は金輪聖王であり、退位後は即身成仏を遂げた仏であると、貴族社会にも理解されていたならば、鳥羽上皇は自らの往生を願う必要はない。①の願文にも、「十善は往劫の因なり」と前世の十善の功徳によって仏教的聖王として生まれ、利他行を行っている、とある。つまり自らの成仏については何ら危惧することはなかった。

　鳥羽上皇の願意の真意は、「九品は当世の望みなり、遂に西方の尊を列す。凡そ厥の上は有頂の上より、下は阿鼻の下に至るまで、皆罪根を抜き、併せて覚蕊を開かん」であり、一切衆生の浄土往生にあった。仏である鳥羽上皇が一切衆生とともに往生できる方法として選択した利他行は、自ら率先して百万遍念仏会に結縁し、他の人々もともに「衆力を合わ」す形で仏と結縁させることだった。それによって上品上生が実現され、各自が菩薩として利他行に励むことになる、という誓願であった。

　一方、宋代の浄土教の影響が顕著に見られる願文が作成された。それが左記の願文である。

③久安六年（一一五〇）十月七日「千日講の御願文」（『本朝文集』巻第六十）

　伏して惟れば軒皇堯禹《けんこうぎょうう》の道、美からざるに非ず。猶十号の位を隔つるを嫌う。輪王釈梵の家、厳《いさ》ぎよからざるに非ず。未だ三界の塵を出でざるを恨む。是を以て早く絳闕《こうけつ》の尊を辞し、虚舟の跡を追う。遂に玄冕《げんべん》の飾りを脱ぎ、禅門に身を容れる。（中略）夫れ六趣擾々の群類は、多劫世々の親知なり。五欲を五体に凝らし、出離の期を失う。六塵を六根に積み、流転の際無し。其の罪障を抜かんと欲するに、十力に勝るもの無し。其の昏暗を破らんと欲するに、三明に先んずる無し。故に屢《しばしば》千日の講演を修め、既に多歳の精勤を致す。（中略）供花何ぞ曼陀の粧《よそおい》を求めん、さらに合掌の中に開く。焚香豈栴檀の気を尋ねん、専らに唯心の底に薫る。於戯、西方土の遠きを歎くこと莫れ、観は則ち胸間に在り。宜しく南謨仏《なむぶつ》の誠を抽くべし。念は亦眼界に現ず、感応を咫尺《しせき》に取る。

④仁平二年（一一五二）十二月十八日「鳥羽天皇千体阿弥陀仏を刻するの御願文」（『本朝文集』巻第六十一）

蓋し聞く、西に浄刹有り、安養世界と称す。中に教主有り、阿弥陀如来と号す。華台を九品設け、十悪五逆を必ず迎えんとすと雖も、実相を一如に備う。煩悩菩提差別せずと雖も、信にすなわち往易の説妄無し。不捨の誓い憑るべきものなり。弟子羅図《らと》を遁《のが》れて多年、苾蒭《ひっしゅ》に列して幾日、万姓に安ずるは昔の儀なり。剋己誠に至り、衆生を度すは今の願いなり。利他の思い深し、爰に倩《つらつら》と流転の業報を顧みる。閑に分断の因縁を観るに、無品無明を起こすに従る。未だ本覚の道有るを知らず、徒に六趣四生の間に経歴す。空しく愛河苦海の底に浮沈す。心地観経に曰く、有情輪廻六道に生ず、猶車輪の始終無きが如し。或は父母たり男女たり、生々世々互いに恩有り。然れば則ち自調自度の行屑《ぎょうせつ》にせず、只大慈大悲の心を発す。仍ち法界一切の衆生を導かんが為に、宜しく弥陀千体の形像を顕わすべし。院宮卿相勠力、臣妾緇素同心、旁《かたがた》尊卑に勧め、遍く配分を致す。一体を人別に宛て、千体を限りて造立す。今の百体は其の十の一なり、念々正に其の功を積み、漸々其の数に満つべし。是れ則ち好みて人力を仮るに非ず、専らに吾が願が広く及ぼしむるなり。貪りて吾が財を惜しむに非ず、唯だ人心を真に帰せしむるなり。夫れ堯の時の民、堯心を以て心となす。舜の日の俗、舜徳を以て徳となす。

③の願文は、中国の伝説的聖帝の堯や禹、転輪聖王（「輪王釈梵」）に称されたとしても、天皇のままでは救済活動に制限があり十分な利他行が行えず、さらに衆生（「六趣擾々の群類」）は、煩悩（「五欲を五体に凝らし」、「六塵を六根に積み」）を身に宿しているため「流転」から脱することが困難であるといい、「流転」から脱するためには「十力に勝るもの無し」と、仏のはたらきに依る以外にはあり得ず、鳥羽上皇は千日講を行うことを発願する。そして極楽浄土（「栴檀」「西方土」）は、「唯心の底に薫る」、「観は則ち胸間に在り」と、遠い場所にあるのではな

く、衆生の心の中に生じるのだと述べられる。

④の願文は、千体阿弥陀仏造立を発願した鳥羽上皇が、最初に百体の阿弥陀仏像を造立し法会を修した時に作成された。願文には、③の願文と同様、煩悩から脱することができない衆生に対して、鳥羽上皇の「度すは今の願いなり」、「利他の思い深し」という心が述べられる。なぜならば我々を含めた衆生は前世では何代にもわたり互いに「父母」「男女」（夫婦）という「恩」の関係で強く結ばれている。その恩に報いる方法は、自らの悟りだけをめざす、自利行（「自調自度の行」）ではなく、他者を悟りへと導く利他行（「大慈大悲の心」）で行わなければならないという。

そこで鳥羽上皇は「法界一切の衆生を導き、宜しく弥陀千体の形像を顕わす」ことを発願し、「院宮卿相勠力、臣妾緇素同心、旁尊卑に勧め、遍く配分を致す」と、あらゆる身分の人々が千体阿弥陀仏供養に結縁することを勧める。一体ずつ願主を決め千体の阿弥陀仏造立を行うのであるが、その利他行は「好みて人力を仮るに非ず」と、強制力をもつものではない。「吾財を惜しむに非ず」とあるように、千体阿弥陀仏を造立することは、上皇である鳥羽ならば簡単なことである。しかし上皇はそれでは、仏像造立という利他行に多くの衆生を結縁させることができないと考えた。つまり、阿弥陀仏造立は鳥羽上皇一人で行うのではなく、多くの人々が千体阿弥陀仏造立という誓願に結縁し、一人一人が利他行と往生を目指すことで、利他行はより多くの他者へと及ぶことになると述べる。

また、「堯心を以て心となす」や「舜徳を以て徳となす」と、堯・舜帝の高徳が人々に通じ、やがて理想的な社会が現れたという故事を引用しつつ、鳥羽上皇の誓願が衆生の心に生じるように願われる。

③の願文に記される「唯心の底に薫る」「観は則ち胸間に在り」や、④の願文の「堯心を以て心となす」「舜徳を以て徳となす」という、鳥羽上皇＝仏の誓願が衆生の心に生じるという内容は、衆生の心の中に仏（浄土）が

生じ、衆生の心が清浄化され仏心になるという、唯心浄土説と酷似している。

唯心浄土思想とは、『維摩経』『華厳経』のほかにも、『観経』第八願「心、仏を想う時、この心、すなわちこれ、三十二相・八十種随形好なれば、この心、仏と作り、この心、これ仏なり」[63]や、『般舟三昧経』行品「心作仏。心自見。心是仏心。仏心是我身。心見仏」[64]のように、数多くの経典で説かれている。

中国の天台宗では、智顗が『摩訶止観』で阿弥陀仏と衆生の心は不二不別であると説くが、法眼禅の永明延寿（九〇四～九七五）、宋天台の四明知礼（九六〇～一〇二八）や慈雲遵式（九六四～一〇三二）らによって、唯心浄土の理解は深められた。

なかでも知礼は、凡夫往生のために僧俗共に称名念仏を修する念仏結社を主導した人物として知られている[65]。彼は天禧五年（一〇二一）に『天台観経疏』の註釈書『観無量寿経疏妙宗鈔』[66]六巻を撰述し、行者の心と阿弥陀仏は完全に一体であり、仏のすべてが行者の心であると説いている。知礼と同門の遵式も『往生浄土決疑行願二門』[67]を著し、『摩訶止観』『観経』『般舟三昧経』を取り上げ、唯心浄土説を中核とする浄土教のあり方を重視した[68]。

知礼や遵式らが主唱した唯心浄土説の考えが、直接日本に伝来されたかどうかは不明である。しかし、長保五年（一〇〇三）に、寂照（九六二～一〇三四、俗名は大江定基）が入宋し、知礼に源信の『天台宗疑問二十七条』を捧げ、その回答が『四明尊者行教録』に記されていることからも、知礼や遵式の教義が日宋天台の交流を通じて日本に将来され、やがて日本の天台仏教界から貴族社会へと知られることになったと推察できる。

金輪聖王であり、退位後は「金剛不壊の身」＝即身成仏と理解されてきた鳥羽が、衆生の極楽往生を願うとき、自らが救済者となって利他行を単独で行うのではなく、多くの人々と共同で利他行を実践するという、それまでに無い衆生救済方法をとったのである。衆生は鳥羽の誓願に結縁することによって、その心に鳥羽と同様の「衆生を悟りへと導きたい」という菩提心が生じ、心が清浄化される。つまり、鳥羽と衆生の心は同じ目的、すなわち利他行に邁進するという、新たな浄土信仰と実践方法が示されたのである。

以上のように、九世紀から院政期以前の願文には、極楽浄土への往生が願われるが、菩薩の化身や往生人と結縁することによって、往生のための具体的な方法が教示され、それぞれの人間が往生行を実践することで極楽往生を遂げることが、世俗社会の目標になった。

一方、仏教的救済者としての聖王の役割を担ってきた天皇は、退位後か死後に極楽の仏もしくは密教的な仏として衆生救済を行うと理解されてきた。院政期になると、宋代天台浄土教との交流によって、『観経』の注釈書に記された新しい浄土教思想が日本にもたらされ、これらは『安養集』の編纂などを通じて貴族社会にも周知されることとなり、願文の内容にも変化が表れた。

鳥羽上皇の浄土信仰関係の願文には、宋代浄土教の影響を受けたと思われる『観経』を中心とした浄土信仰が打ち立てられ、『観経』の九品往生（とくに上品上生）が願われるようになる。また天皇（上皇）の救済活動も、天皇からの一方向的な活動から、仏である天皇（上皇）の誓願が衆生の心の中に生じ、すべての人が菩提心を起こし利他行を行うことで極楽往生が実現されるという集団的なものへと変化していく、社会のあり方が提唱された。その活動は一過性のものではなく、あらゆる衆生へと波及していくと考えられた。それによって、どのようにすればより多くの衆生が利他行を行い、極楽往生を遂げることができるのかという観点から、『観経』と唯心浄土説が願文に取り入れられ、貴族社会に新たな浄土信仰が示されたと考えられるのである。

（1）　法勝寺に関する先行研究は、後述の参考文献以外にも、西田直二郎「法勝寺の遺蹟」（『京都史蹟の研究』吉川弘文館、一九六一年）、福山敏男「六勝寺の位置について」（『日本建築史研究』墨水書房、一九六八年）、林屋辰三郎「法勝寺の創建」（『古典文化の創造』東京大学出版会、一九六四年）、村井康彦「六勝寺と鳥羽殿」（『京都の歴史』第一巻、学芸書林、一九七一年）参照。

（2）平岡定海『日本寺院史の研究』（吉川弘文館、一九八一年）。

（3）平雅行「中世移行期の国家と仏教」（『日本中世の社会と仏教』塙書房、一九九二年）。

（4）山岸常人「法勝寺の評価をめぐって――僧団のない寺院」「六勝寺の法会の性格」（『中世の僧団・法会・文書』東京大学出版会、二〇〇四年）。

（5）上島享「法勝寺創建の歴史的意義――浄土信仰を中心に」（『日本中世社会の形成と王権』名古屋大学出版会、二〇一〇年）。

（6）引用は、松村博司・山中裕校注『栄花物語』（日本古典文学大系七五、岩波書店、一九六四年）による。

（7）曾根正人「聖なる仏教者藤原道長――『栄花物語』の仏教思想の一側面」（『古代仏教界と王朝社会』吉川弘文館、二〇〇〇年）、藤原（稲城）正己「摂関期における都市・自然・仏教――『栄花物語』の言説より」（『仏教史学研究』三六巻一号、一九九三年）参照。

（8）引用は『本朝文集』（新訂増補国史大系、吉川弘文館、一九六六年）による。『本朝文集』の引用は、以下これによる。

（9）引用は、大曾根章介・金原理・後藤昭雄校注『本朝文粋』（新日本古典文学大系二七、岩波書店、一九九二年）による。

（10）林屋辰三郎「藤原道長の浄妙寺に就いて」（『古代国家の解体』東京大学出版会、一九五五年）、堅田修「藤原道長の浄妙寺について――摂関時代寺院の一形態に関する考察」（古代学協会編『摂関時代史の研究』吉川弘文館、一九六五年）、細田季男「造寺供養願文の世界――『本朝文粋』巻十三所収「為左大臣供養浄妙寺願文」を中心に」（『和漢比較文学の周辺』汲古書院、一九九四年）、工藤美和子「現世の栄華の為でなく――藤原道長の願文とその仏教的世界」（『平安期の願文と仏教的世界観』思文閣出版、二〇〇八年）。

（11）西口順子「白河御願寺小論」（同『平安時代の寺院と民衆』（法藏館、二〇〇四年）。

（12）山岸註（4）前掲書参照。

（13）冨島義幸『密教空間史論』（法藏館、二〇〇七年）。

（14）引用は『本朝文粋　本朝続文粋』（新訂増補国史大系、吉川弘文館、二〇〇七年）による。

(15)『仁王経』の受容については、松長有慶「護国思想の起源」(『印度学仏教学研究』一五巻一号、一九六六年一二月)、竹田暢典「日本における護国経典」(『印度学仏教学研究』一七巻二号、一九六九年三月)、若林隆光「古代に於ける仁王般若経の依用について」(『印度学仏教学研究』八巻二号、一九六〇年三月)、頼富本宏「護国経典と言われるもの――『仁王経』をめぐって」(『東洋学術研究』第一四巻第三号、一九七五年三月)参照。

(16)引用は、六地蔵寺善本叢刊第三巻『江都督納言願文集』(汲古書院、一九八四年)による。なお、平泉澄校勘『江都督納言願文集』(至文堂、一九二九年)も参考にした。

(17)上川通夫『日本中世仏教史論』(吉川弘文館、二〇〇八年)。

(18)前掲註(8)参照。

(19)上代文献を読む会編『古京遺文注釈』(桜楓社、一九八九年)、東野治之「七世紀以前の金石文」(上原真人・他編『言語と文字』列島の古代史6ひと・もの・こと、岩波書店、二〇〇六年)参照。

(20)筒井英俊校訂『東大寺要録』巻八(国書刊行会、二〇〇三年)。福山敏男「東大寺大仏殿の第一期形態」(『寺院建築の研究』中、福山敏男著作集二、中央公論美術出版、一九八二年)。

(21)「法隆寺行信発願経」は、『寧楽遺文』中巻所収。称徳天皇や行信に関しては、佐伯良謙「法隆寺行信僧都に就て」(『仏書研究』第一二号、一九一五年八月)、鶴岡静夫「沙門行信」(『古代仏教史研究』文雅堂銀行研究社、一九六五年六月)、吉田一彦「行信厭魅事件における法の運用」(『続日本紀研究』第二四二号、一九八五年一二月)、勝浦令子「称徳天皇の『仏教と王権』――八世紀の『法皇』観と聖徳太子信仰の特質」(『史学雑誌』第一〇六編第四号、一九九七年四月、のちに同『日本古代の僧尼と社会』に再録、吉川弘文館、二〇〇〇年)、藤井由紀子「『皇太子御斎会奏文』の史料性――法隆寺東院をめぐる縁起史料の再検討」(佐伯有清『日本古代史研究と史料』青史出版、二〇〇五年)、東野治之「法隆寺献納宝物　皇太子御斎会奏文の基礎的考察」(『MUSEUM』六〇七号、二〇〇七年)、増尾伸一郎「上宮王院と法隆寺僧行信――奈良時代前期における太子信仰の一面」(吉田一彦編『変貌する聖徳太子』平凡社、二〇一一年)、松本信道「法隆寺僧行信の思想」(『駒澤大学文學部研究紀要』七一号、二〇一三年三月)参照。

(22)引用は、川崎庸之校注『空海』(日本思想大系五、岩波書店、二〇一六年)による。

(23)引用は、渡邊照宏・宮坂宥勝校注『三教指帰　性霊集』(日本古典文学大系七一、岩波書店、一九六五年)による。

(24)『日本三代実録』（新訂増補国史大系、吉川弘文館、二〇〇〇年）。
(25)工藤美和子「忠を以て君に事へ、信を以て仏に帰す――一〇～一一世紀の願文と転輪聖王」（工藤註(10)前掲書所収）。
(26)伊藤聡「『真言付法纂要抄』『顕密最極口決』解題」（真福寺善本叢刊第二期・三『中世先徳著作集』臨川書店、二〇〇六年）。
(27)大正蔵・第二十六巻・№一五二一、一二一頁a～一二二頁b。
(28)『三国志記』真興王十四年（五五三）二月条に「十四年春二月、王は所司に命じて、新宮を月城の東に築かしむ。黄龍の地に見る。王これ疑《あや》しみ、改めて仏寺となし賜号して皇龍と曰ふ」とある。
(29)インド、中国、朝鮮、日本の転輪聖王観については、金岡秀友『仏教の国家観』（佼成出版社、一九八九年）が参考となる。山崎元一『古代インドの王権と宗教――王とバラモン』（刀水書房、一九九四年）、蔡印幻『新羅仏教戒律思想研究』（国書刊行会、一九七七年）、勝浦令子「聖武天皇出家攷――「三宝の奴と仕へ奉る天皇」と「太上天皇沙弥勝満」」（大隅和雄編『仏法の文化史』吉川弘文館、二〇〇三年）を参照。武則天については、アントニーノ・フォルテ「『大雲経疏』をめぐって」（牧田諦亮・福井文雅編『敦煌と中国仏教』講座敦煌七、大東出版社、一九八四年）、大内文雄「国家による仏教統制の過程――中国を中心に」（高崎直道・木村清孝編『東アジア社会と仏教文化』シリーズ東アジア仏教第五巻、春秋社、一九九六年）、菊池章太『弥勒信仰のアジア』（大修館書店、二〇〇三年）、河上麻由子『古代アジアの世界の対外交渉と仏教』（山川出版社、二〇一一年）を参照。また、新羅の転輪聖王観については、一然『完訳三国遺事』（金思燁訳、明石書店、一九九七年）、キム・ヨンヒ著、クォン・ヨンス訳『善徳女王の真実』（キネマ旬報社、二〇一一年）を参照。
(30)堀河天皇を金輪聖王と称した願文は、現在、八篇が残されている。また、鳥羽天皇を金輪聖王と称した願文は六篇残されている。工藤美和子「未だ欲を離れざれば――『江都督納言願文集』にみる転輪聖王観」（工藤註(10)前掲書所収）参照。
(31)大正蔵・図像部第九巻、四四七頁b。
(32)「死籍を削りて生籍に付く」は、阿謨伽三蔵撰『閻羅王行法次第』（大正蔵第二十一巻、№一二九〇、三七四頁a）による。

(33)「上九」とは、易の六爻のうち、一番上の陽の爻の意味。超越した地位にあることを示す。高田真治・後藤基巳訳『易経』(岩波文庫、一九六九年)。
(34) 安藤俊雄『天台学——根本思想とその展開』(平樂寺書店、一九六八年)。
(35) 応和二年(九六二)五月十一日の奥書を有する「大安寺八幡大菩薩御鎮座記并塔中院建立次第」には、奈良大安寺僧の行教が宇佐八幡宮参詣したとき「和尚緑衲衣袖上、釈迦三尊顕現」(高橋啓三編『縁起・託宣・告文』石清水八幡宮史料叢書二、石清水八幡宮社務所、一九七六年)と記されている。
(36) 吉原浩人「『続本朝往生伝』の一考察——「極楽之新主」について」(『仏教論叢』二六号、一九八二年九月)、同「大江匡房と八幡信仰」(『早稲田大学大学院文学研究科紀要』別冊九、一九八三年三月)、同「『石清水不断念仏縁起』考・附訳註——延久二年の後三条天皇・大江匡房と八幡信仰」(和漢比較文学会編『中古文学と漢文学Ⅱ』汲古書院、一九八七年)、同「八幡神に対する「宗廟」の呼称をめぐって——大江匡房の活動を中心に」(『東洋の思想と宗教』一〇号、一九九三年六月)も参照。
(37) クリフォード・ギアツ『ヌガラ——一九世紀バリの劇場国家』(小泉潤二訳、みすず書房、一九八九年)参照。
(38) 布野修司『曼荼羅都市——ヒンドゥー都市の空間理念とその変容』(京都大学学術出版会、二〇〇六年)参照。
(39) 時代は下るが、鳥羽天皇が退位後に高野山に参詣したときの大治二年(一一二七)「太上皇高野御塔の供養」(『本朝続文粋』巻第十二)には、

弟子幼くして図を受け、少なくして未だ識らず。馭俗の化惟れ疎かにして、遜位の思ひを云に遂ぐ。初め万邦の有辜に当たり、徳を眇身に引くと雖も、更に一念の不退に任せて、猶志を真際に運ぶ。仰ぎ願はくは、周遍の法身、庸質を擁護したまへ。寺は是れ金剛の道場、宜く金剛不壊の身を授けたまふべし。

と、退位することで天皇としての制約が解け、「金剛不壊の身」すなわち大日如来(法身)として新たな救済活動を行うことが可能になると主張されるようになる。工藤美和子「「禅定仙院」白河論」(工藤註(10)前掲書所収)。
(40) 平安期の願文については、工藤美和子『平安期の願文と仏教的世界観』(思文閣出版、二〇〇八年)を参照されたい。なお菅原道真の願文については、同書所収の「九世紀の願文にみる仏教的世界観」にて詳細に論じている。
(41) 佐藤哲英『叡山浄土教の研究』研究篇・資料編(百華苑、一九七九年)。

(42) 著名な人物が菩薩の化身として理解されていたことについては、曾根正人「聖なる仏教者藤原道長――『栄花物語』の仏教思想の一側面」(同『古代仏教界と王朝社会』吉川弘文館、二〇〇〇年)参照。また願文や往生伝に記された菩薩の化身については、工藤註(39)前掲論考参照。

(43) 大正蔵第八十四巻・№二六八三。井上光貞『新訂日本浄土教成立史の研究』(山川出版社、一九七五年)、速水侑『浄土信仰論』(雄山閣出版、一九七八年)。

(44) 櫛田良洪『覚鑁の研究』(吉川弘文館、一九七五年)、勝又俊教『興教大師の生涯と思想』(山喜房佛書林、一九九二年)を参照。

(45) 工藤註(40)前掲論考参照。

(46) 引用は、六地蔵寺善本叢刊第三巻『江都督納言願文集』(汲古書院、一九八四年)による。平泉澄校勘『江都督納言願文集』(至文堂、一九二九年)を適宜参照し、訓読は底本に従った。明らかな誤字は訂正したが、推測できない字は元のまま表記した。

(47) 安藤註(34)前掲書。

(48) 大正蔵第三十七巻・№一七五〇。

(49) 中村元・早島鏡正・紀野一義訳『浄土三部経』下(岩波文庫)。

(50) 福島光哉「宋代天台浄土教の背景」(同『宋代天台浄土教の研究』文栄堂書店、一九九五年)。

(51) 竹内理三「『入呉越僧日延伝』釈」(『日本歴史』八二号、一九五五年四月)、桃裕行「日延の天台教籍の送致」(同『暦法の研究(下)』思文閣出版、一九九〇年)。

(52) 梯信暁「叡山浄土教の興起」(同『奈良・平安期浄土教展開論』法藏館、二〇〇八年)。

(53) 梯信暁「源信『往生要集』の諸問題」、「源隆国『安養集』の諸問題」(ともに梯註(52)前掲書所収)。

(54) 西村冏紹・梯信暁『宇治大納言源隆国編　安養集　本文と研究』(百華苑、一九九三年)。また『安養集』の成立事情や内容についての詳細な研究として梯信暁註(53)前掲「源隆国『安養集』の諸問題」がある。

(55) 梯信暁註(53)前掲「源隆国『安養集』の諸問題」。

(56) 『江都督納言願文集』には鳥羽＝金輪聖王と称した願文六篇を収載。工藤美和子「未だ欲を離れざれば――『江都督納言願文集』にみる転輪聖王」（工藤註(40)前掲書所収）。
(57)　引用は『本朝文集』（新訂増補国史大系三〇、吉川弘文館、二〇〇七年）による。
(58)　藤原永範など院政期の文人・儒者の研究は少ないものの、仁木夏実氏の詳細な研究によって、その活動が明らかになってきている。仁木夏実「藤原永範考」（『大谷大学研究年報』五七号、二〇〇五年三月）。
(59)　伊藤真徹「百万遍念仏」（同『平安浄土教信仰史の研究』平樂寺書店、一九七四年）。
(60)　院政期以前の願文で「九品」が記された願文は少ない。『本朝文粋』収載の天暦三年（九四九）「陽成院の四十九日の御願文」に「九品の雲聳ゆ」、長徳四年（九九八）十月十二日「右近中将源宣方の為の四十九日願文」には「定めて九品の蓮台に登る」など数例確認されるが、『観経』との関係については述べられていない。
(61)　『浄土三部経』下（岩波文庫）。
(62)　鈴木雅子氏は、一二世紀頃に描かれた奈良長谷寺蔵「阿弥陀聖衆来迎図」に、通常二体で来迎する比丘形が三体描かれていることに注目され、これは千観『十願発心記』第一願の影響を受け、上品上生を遂げたのち、再び現世に出現し結縁者に臨終をあらかじめ教えようとする往生者のはたらきを絵画化したものではないかという重要な指摘をされている。鈴木雅子「長谷寺蔵「阿弥陀聖衆来迎図」――色紙形の讃をめぐって」（『美術史』一六一号、二〇〇六年一〇月）。
(63)　中村元・紀野一義・早島鏡訳『浄土三部経』下（岩波文庫、一九九〇年）。
(64)　大正蔵第十三巻・№四一七・八九九頁b～c。
(65)　知礼は、大中祥符六年（一〇一三）に念仏施戒会なる結社を結成した。念仏施戒会の活動は、毎年二月二五日に一万人の僧俗男女が結集して阿弥陀仏を称念し、極楽往生を願うものであったという。知礼が著した『念仏施戒会』は『四明尊者教行録』巻二に収録されている。大正蔵第四十六巻・№一九三七。
(66)　大正蔵第三十七巻・№一七五一。
(67)　大正蔵第四十七巻・№一九六八。
(68)　福島光哉「知礼の念仏三昧論」「遵式の浄土思想」（福島註(50)前掲書第二・三章）。

第Ⅱ部　愚者の浄土

第一章　貞慶の『舎利講式』と『愚迷発心集』——愚かであること（一）

第一節　釈迦と舎利——隠されているものの宗教史

六世紀半ば、中国・朝鮮から日本に伝来した仏教は、徐々に社会に受容されていったが、当初は、仏・菩薩から利益を求めるためには、どのような仏教的作善をどれだけ行えばいいのかという、衆生から仏に対するはたらきかけに大きな関心が払われていた。

ところが、平安時代末期になると、この衆生から仏へのはたらきかけという視点に変化が現れる。それは、「仏は衆生に何をしたいと願っているのか、我々にどのようにはたらきかけているの」か、という問題であった。そして仏のはたらきかけの中に衆生救済の論理を見いだすという視点が主要なテーマとなっていく。このような仏教思想の大きな変化のなかで、重要なキータームとなるのが「愚」である。

鎌倉時代、この「愚」とは何か、その先の救いは何かという問題について、果敢に挑んだ二人の僧侶が、ほぼ時を同じくして登場した。一人は自らを「愚癡の法然房」と称し、専修念仏による極楽浄土往生を説いた法然（一一三三～一二一二）、もう一人は南都仏教の復興に尽力し、愚かな我が身を深く見つめ直すことを著した『愚迷発心集』の貞慶（一一五五〜一二一三）である。

法然と貞慶と聞いて我々が思い出すのは、法然の専修念仏に対してその停止を求める『興福寺奏状』を貞慶が著したことであろう。そのため、両者の間には仏教信仰観をめぐって深い確執があったと考えられてきた。

たしかに『興福寺奏状』(1)は、南都六宗と天台・真言の八宗を代表する形で朝廷に提出された念仏停止を求める文書で、「沙門源空勧むるところの専修念仏の宗義を糺改せられんこと」を意図して、法然が主張した「念仏一行の専修」と「称名の念仏」を批判している。また、法然は念仏による極楽浄土往生を説き、貞慶は釈迦如来や弥勒菩薩による救済を説くというように、それぞれの信仰への強い思慕の念をもっており、その違いは明白であった。

しかし、二人には「愚」の探究という共通点があった。

では、両者が追究した「愚」の問題とはどのようなことだろうか。また、二人が見いだした救済の論理にいかにしてたどり着いたのか、まず第一章では貞慶を取り上げて考えてみたい。

（一）　貞慶と舎利信仰

院政期から鎌倉初期は、いわゆる末法の時代(2)とされ、釈迦の教えが廃れていくと考えられた。そこで釈迦への追慕が高まりを見せていったが、その反面、密教が全盛期を迎え、口伝化・神秘化が進み、真理は隠されているとみなす傾向にもあった。そのなかにあって、一貫して、見える世界にこそ真理が顕れていると主張した僧侶が貞慶である(3)。

貞慶は、平安末期から鎌倉初期にかけて、南都仏教の復興に力を尽くした人物である。そもそも儒家の家柄である藤原南家の出身で、祖父に、鳥羽上皇の院司で諸道に通じ、博学として知られた藤原通憲（一一〇六〜一一六

○）、叔父に、唱道の大家といわれた安居院の澄憲（一一二六〜一二〇三）や、高野山に入山し蓮華三昧院を建立した明遍（一一四二〜一二二四）など名だたる人物がいる。貞慶もまた、学者の家系の影響を強く受けた、「賢者」の出身であった。

貞慶は一一歳で出家して興福寺に入寺し、叔父・覚憲（一一三一〜一二一三）の門弟として法相や律を学んだ。やがて唯識学匠として熱心な求道者として高く評価されるようになった。寿永元年（一一八二）には維摩会の竪義に合格し、元暦二年（一一八五）には宮中で開催された最勝講に出仕、翌年には維摩会の講師を勤めるなど、その頭角を現した。また『唯識論尋思抄』『因明明要抄』『真理鈔』などの唯識学の教理書を著した。南家出身ということから文章力も秀でており、高く評価され、『舎利講式』『弥勒講式』『春日権現講式』などの講式・願文・表白の作成を依頼された。しかし、建久四年（一一九三）頃、高い評価を受けていたにもかかわらず、笠置寺へと隠遁し、承元二年（一二〇八）には海住山寺へ移った。隠遁生活を送りながら、彼は、末法の時代だからこそ釈迦の教えは廃れていないし、我々の前にその姿を見せ、法を説き続けているのだと、一貫して主張し続けた。

しかし現実は、釈迦の遺体は荼毘に付され娑婆世界には存在しない。人々は直接その姿を見て教えを聞くことが不可能である。一体、どのような姿で釈迦が衆生の現前に姿を見せ、法を説くというのだろうか。

この問題について貞慶は、舎利こそが釈迦そのものであると考えた。それは釈迦の遺骨だから尊いという意味ではない。貞慶は、我々には釈迦の慈悲が見えない、つまり我々がすべての物事は実体をともなったものでなければ認識できない「愚者」だとするならば、舎利こそが、釈迦の慈悲が実体として認識可能な側面を表された釈迦そのものであり、末法の衆生のために、自ら顕現して衆生を救い、悟りへとおもむかせる、というのが釈迦の誓願であると主張し、孤独な戦いをはじめた。そして、釈迦の誓願を多くの人々に伝えるために貞慶が選んだ方法が、講式であった。

山田昭全氏によると、講式とは講の式次第のことで、信仰を同じくする集団（講）の中で、構成員は講師の指導によって経典を講読し、互いの信仰を確認し深めていく。説き明かされる経典は、聞き手に対して理解しやすく説かれることが重要となる。また、信者も一緒に唱える節のついた声明の伽陀があり、また僧侶や信者による演劇的所作が加わるという、総合的仏教儀礼であった(4)。

講で唱えられる表白や式文は、講の参加者に向けて読み上げられる。耳で聞かれることを前提にしているため聞き手がすぐ理解できる文章という制約がある。そのため講式の作成者は、仏教に精通しているとともに、それを平易な言葉で表現する能力が不可欠となる。

貞慶が作成した講式は現存しているものだけでも一〇数篇に及ぶが、上述したように彼が仏教知識に秀でており講式作成に最適な人物であったからだろう。その証拠に、貞慶が作成した講式の多くには、舎利を通じ仏は衆生に何をはたらきかけているのか、どの仏・菩薩像を造り、どの経典を書写して利他行に励むべきかが、当時の聞き手に理解できる言葉で表されている。

本章では、貞慶が草した講式から、舎利講のために作成された五段『舎利講式』を取り上げるが、紙幅の関係上、舎利が娑婆世界に残された理由やそのはたらきについて述べられている第一段から第三段までを中心に、貞慶以前の舎利信仰と比較し、さらに貞慶が明らかにした舎利に顕された釈迦の誓願とは何かについて、考えてみたい。

（二）　インド・中国・平安時代日本の舎利信仰

釈迦は入滅後、クシナガラのマッラ族によって荼毘に付され、その遺骨は、七つの部族とマッラ族に分与された。彼らは仏塔を建立し釈迦の遺骨を安置した。その行為は遺骨が釈迦を偲ぶ遺物だという崇敬の念からなされたことであった。やがて紀元前三世紀、古代インド統一国家を築いた阿育王（アショーカ王）は、八部族の仏塔から舎利を取り出し、さらに細かく分け、インド国内に建立された八万四千塔の塔内に安置した(5)。

この八万四千塔はインドに造られたものであるが、中国に仏教が伝わっていく過程で、やがて中国にも八万四千塔は存在するという考えが出てくるようになる(6)。中国で阿育王に関するまとまった伝承が翻訳されたのは、三〇七年の西晋僧安法欽訳『阿育王伝』や、五一二年の梁僧伽婆羅訳『阿育王経』である。これら経典類の成立により、中国に阿育王信仰の信仰が根づいていった。

なかでも五代十国時代末期の顕徳二年（九五五）、呉越国王銭弘俶（九二九〜九八八）による八万四千塔事業は、日本の仏教界にも大きな影響を与えた(7)。銭弘俶は病に際して発願し、阿育王の故事に倣って舎利や印刷した不空訳『一切如来心秘密全身舎利宝篋印陀羅尼経』（『宝篋印陀羅尼経』）を納め、八万四千の金銅製の宝篋印塔を作り諸国に頒布させた。塔内には『宝篋印陀羅尼経』が納められた。『宝篋印陀羅尼経』には、この経典が舎利と同一であることが説かれているため、舎利として納められた。経典には、「即准書写九十九百千万倶胝如来所説一切経典(8)」と『宝篋印陀羅尼経』の書写を発心したならば、一切経を書写したことに等しいとも説かれている。つまり、舎利＝『宝篋印陀羅尼経』＝一切経という法舎利の思想である(9)。

日本における舎利に関する最も早い記録は、『日本書紀』敏達天皇十三年（五八四）条、司馬達多が斎食の上に舎利を得たという記事である。また、日本の阿育王信仰は、『法苑珠林(10)』には、七世紀半ば頃に中国との交易が行われる過程で伝わったと記述されている。阿育王関係の主要な経典が、八世紀半ばに将来し書写されていたことから、七世紀後半から八世紀半ばまでには、阿育王に関する知識が伝わっていたと考えられる。この時は舎利や阿育王に関する伝承の導入という範囲に留まるものであり、阿育王信仰が仏教界や在家社会に根づいていたわけではなかった。奈良時代、鑑真（六八八～七六三）の来日によって、日本に初めて舎利を直接見聞きする機会がもたらされた。追塩千尋氏は、宝亀一〇年（七七九）成立の『唐大和上東征伝』に見られる、鑑真と彼に随行した日本人僧侶らが渡航を待つ間に、明州（現在の浙江省寧波）の阿育王寺の阿育王塔に参詣したという記述に注目され、この時同行した日本の僧侶が初めて阿育王塔を見て舎利や阿育王塔についての情報を得たことが、その後の称徳天皇（七一八～七七〇）の百万塔造立などに影響を与えたと論じられている[11]。

鑑真によって天平勝宝六年（七五四）、舎利三千粒がもたらされ唐招提寺舎利殿に安置された。その後平安時代に入ると、まず空海（七七四～八三五）が大同元年（八〇六）、長安・青龍寺の恵果より賜った舎利八〇粒と金色の舎利一粒を日本に持ち帰った。この舎利は、宮中真言院で行われた後七日御修法の本尊として如意宝珠と同体と見られるようになる[12]。天台宗では円仁（七九四～八六四）が同じく青龍寺の義真より舎利を授けられた。

『日本三代実録』貞観六年（八六四）正月十四日条の円仁卒伝には、貞観二年（八六〇）四月に円仁が唐より持ち帰った舎利の供養会が行われたと記録されている。また、藤原師輔（九〇八～九六〇）の命を受け中国に渡った比叡山の日延（生没年未詳）は、銭弘俶が造立した八万四千塔のなかのいくつかを天徳元年（九五七）に日本に持ち帰っている[13]。この出来事は、阿育王の八万四千塔建立の事情とともに、舎利＝『宝篋印陀羅尼経』＝一切経を在家社会が認知する契機となった。

貴族社会でも舎利への注目が集まる。永観二年（九八四）、文人官僚の源為憲（生年未詳～一〇一一）が著した仏教入門書『三宝絵』の中で、舎利の仏教的意味について詳細に言及される。『三宝絵』上巻は前世の釈迦の壮絶な捨身行について語られているが、序文に「我ガ尺迦大師凡夫ニ伊坐セシ時ニ、三大阿僧祇ノ間ニ衆生ノ為ニ心ヲ発シ、三千大千世界ノ中ニ芥子許モ身ヲ捨テ給ハヌ所無シ[14]」と記し、前世の釈迦は在家者で衆生済度のために無数の捨身行を行ってきたこと、それは現在でも続いていると考えられた。

『三宝絵』下巻「比叡山舎利会」には、

抑仏ハツネニマシマス御身ナリ。命ヲハリアルベカラズ。仏キヨクムナシキ御カタチ也。ホネノトドマレルモアルベカラネドモ、カクレ給事ハ機縁ニ随ヒ、ノコシ給ヘル事ハ慈悲ニヨレル。末ノヨノ衆生ニ善根ヲウヘシメ給ハムタメニ、大悲方便ノ力ヲモテ、金剛不壊ノ身ヲクダキ給ヘル也。（中略）我等昔ツミニヨリテ、イマセシヨニアハネドモ、今機縁アリテ、舎利ニマイリアヘリ。

とある。

「仏ハツネニマシマス御身」と仏は常住するものであるから、仏の命が尽きるということはない。「仏キヨクムナシキ御カタチ」と仏の身は空であるから舎利の形で残す必要もない。それにもかかわらず遺骨を残したのは、「ノコシ給ヘル事ハ慈悲」と人々に仏縁を結ばせるためであった。釈迦の生身は一人しかいないため分割はできない。しかし舎利ならば、死後八分され阿育王によって諸国に分配されたように、多くの人々に仏身を礼拝する機会を与えることができるため、舎利になったと理解されている。「我等」が釈迦に会うことができなかったのは、「昔ツミニヨリ」であるが、今は縁あって舎利に会うことができたとも解釈される。すなわち、この世には仏法という真理が舎利という姿で出現し、娑婆世界の衆生にはたらきかけていると語っているのである。そして舎利＝釈迦の慈悲という見解が在家社会に周知されるきっかけを作ったのが、『三宝絵』だったといえるだろう。(15)

この考えは、貴族社会で共有されていく。たとえば、『本朝文粋』に収載されている、藤原家の墓所木幡に建立された浄妙寺の供養会、寛弘二年（一〇〇五）十月十九日「左大臣の為に浄妙寺を供養する願文(16)」には、寺院と書写された『法華経』を供養しつつ、「夫れ寺廟は、如来の墳墓なり、実相は法身の舎利なり」と述べている。

寺院は「如来の墳墓」つまり、釈迦の遺骨を安置した墓であるが、釈迦は遺骨を崇めよと言っているのではなく、真理の教え（法華経）を残したいと願ったものであり、人々はそれを尊重すべきだと述べられる。[17]

応徳三年（一〇八六）十月十三日付「藤原師実舎利供養の願文」（『本朝文集』巻第五十）にも、「右慈覚大師伝へて云く。仏舎利は、円仁大唐国に在り、伝法和尚の付授する所なり。亦先師大師昔感得する所有り。夫れ如来応化、舎利に世に留まる」[18]と、円仁による舎利伝来に触れ、同時に、仏が衆生済度のために舎利という姿で世に留まったと記される。また鳥羽上皇が願主の久安五年（一一四九）「天王寺念仏三昧院供養の御願文」（『本朝文集』巻第六十）にも、「況や数粒の舎利に砕身し、神変を世界に施す」と舎利の不思議な力が世界に及ぼされると述べている。

以上のように、舎利は八世紀には日本にもたらされていたが、釈迦の遺骨だから崇敬されるという意味を超えた、釈迦の慈悲そのものであるという理解は、一〇世紀半ばになってようやく説かれるようになったのである。

（三）鎌倉時代の舎利信仰

鎌倉時代に入ると、舎利信仰は別の展開を見せる。それに大きな影響を与えたのが重源（一一二一～一二〇六）である。[19]

治承四年（一一八〇）、平重衡（一一五六～八五）による南都焼き討ちによって焼失した東大寺大仏殿は、同年六月に安徳天皇（一一七八～八五）より造営の詔が下され、本格的に再興事業がはじまった。この再興に携わったのが重源である。八月に勧進状を作成し東大寺再興へ向けた行動を起こしたが、東大寺大仏内に舎利を納めるなど、舎利について並々ならぬ関心を寄せていた。

重源が舎利に大きな関心を示した直接のきっかけは、入宋による阿育王寺参詣である。重源は、その生涯で三度入宋したが、三度目の仁安二年（一一六七）、阿育王寺仏舎利塔を参詣した。その時の様子をのちに摂関家の九条兼実（一一四九～一二〇七）に報告している。

九条兼実の日記『玉葉』寿永二年（一一八三）正月二十四日条には、

謂く阿育王山は、即ち彼王の八万四千基塔の一つを安置せらる、件の塔四方皆削透すと云々（中略）末代と雖も此の陵の事遅からずと云々、但し彼の国の人、心ハ信心を以て先と為す、或道、或俗、徒党五百人、若ハ千人、此の如く同時に精進を治め、猛利の浄信を起こす。三歩一体ヲ成テ参詣す。(20)

とあり、重源は、阿育王寺には、阿育王が造らせた八万四千基もの舎利塔の中の一基が安置されており、それは金・銀・銅の塔で三重に覆われていること、舎利塔の内部に安置されている舎利は数々の神変を起こし、重源自身も神秘的な体験をしたと報告したことがわかる。

帰国後の安元元年（一一七六）、重源は信濃善光寺へと参詣したが、その時も舎利にまつわる不思議な体験をしたことを『南無阿弥陀仏作善集』に記している。それによると、「信濃国参詣善光寺、一度者十三日之間満百万遍、一度者七日七夜勤修不断念仏、初度夢想云金色御舎利賜之、即可呑被仰、仍呑畢」(21)と、善光寺の本尊阿弥陀如来像に礼拝し一三日間百万遍念仏を行ったところ、夢の中で阿弥陀如来から舎利を賜り、それを呑むように告げられたので、阿弥陀仏の言葉に従い舎利を呑んだという。

そのような不思議な体験をした重源に、元暦二年（一一八五）四月、九条兼実より東大寺大仏内に納める「生身法身舎利」舎利三粒と願文が渡された。その際、作成された願文には、「生身の舎利を造仏の胎中に納む、忽ち光明を放ち、頻に霊瑞を現す(22)」と述べられている。

同年八月、大仏に納める舎利の供養を行い、八月二三日には、大仏開眼供養に先立って、後白河法皇より賜った舎利を大仏の内部に納めた。その舎利は、唐招提寺と東寺から各一粒ずつ取り出されたものであった。なお、大仏内部には舎利八〇粒と『宝篋印陀羅尼経』が納められた。その後、文治三年（一一八七）に東大寺別所に浄土堂を建立し、舎利三粒を納めた金銅五輪塔を造立した。

建久五年（一一九四）には、播磨国大部庄に建立された浄土堂内に仏舎利三粒を安置した。さらに、建久七年（一一九六）には、阿育王山舎利殿の修善のため周防国の材木が寄進された。建久九年（一一九八）一二月には、空海が請来した舎利一粒を納めた金銅五輪塔を近江国敏満寺に施入し、東大寺四天王像の体内に東寺と鑑真由来の舎利三粒を納め、東大寺別所の金銅五輪塔一基には聖武天皇所有の舎利、東寺と西龍寺所有の各一粒の計三粒が納められた。西龍寺の舎利とは鑑真が請来した舎利であると『南無阿弥陀仏作善集』に記されている[23]。

建久二年（一一九一）五月には、重源の弟子空諦が室生寺所有の舎利一〇粒を盗難し、室生寺の本寺である興福寺僧侶らによって九条兼実に訴状が提出されるという事件が起こった[24]。このような事件があったものの、一連の事例によって明らかになるのは、重源と舎利の関係の深さである。

以上のように、東大寺復興を機に重源は舎利を重要視していくが、文治元年（一一八五）に草された「重源敬白文」は、重源が九条兼実より渡された願文と同文の「生身の舎利を以て造仏の胎中に納む。忽ち光明を放ち、頻に霊瑞を現す[25]」と記され、「生身の舎利」を新しく造立する仏像に納めると、光明を放ち霊験を現したという。それは重源に限らず、九条兼実も寿永二年（一一八三）五月十九日の願文「夫れ如来の舎利は、万善感果の生身」と記している。また『玉葉』文治二年（一一八六）七月二十七日条にも、大仏の眉間から光明が放たれたのを参詣者が目撃していたことが記録されている。

生駒哲郎氏は、「生身の舎利」と述べた重源の舎利信仰観が、「新たに造像された仏像の仏性」、「しかもその仏舎利は、「霊性の継承」という意味で重要な役割を果たした」、「仏舎利＝生身仏と観念される場合もあった」のではないかと指摘されている。また、重源が東大寺大仏再興に際して、各地の東大寺別所に造立した仏像の胎内に舎利を奉納したのも、「本寺の東大寺大仏と同様の霊力を発揮する東大寺大仏の分身として崇拝」され、釈迦の死後に起こった仏舎利分配の伝説に影響を受けた「分身仏の観念」が、基本にあると指摘されている。[26]

舎利は奈良時代から平安時代初期にかけて請来され、数々の伝承も伝わっていたが、『三宝絵』によって舎利は釈迦の慈悲であるという新たな解釈が提示され、それは在家社会に影響を与えていった。やがて、鎌倉時代に入ると、重源の東大寺復興事業に舎利が重要な役割をもつようになる。基本的に、舎利は釈迦の慈悲であるという理解は踏襲されるが、仏像胎内に舎利を納めることで霊験を顕し、如来の慈悲がはたらくと考えられるようになった。

一方、貞慶は、釈迦の遺骨や滅罪としての舎利とは異なる視点で、舎利とは何かを考えるようになる。貞慶の視点は、釈迦は自分の舎利について何と言っているのかを追究していくというものであり、そのなかで作成されたのが『舎利講式』であった。

(四)　貞慶『舎利講式』にみる釈迦の誓願

現在、貞慶が作成した『舎利講式』は、一段・三段・五段の三種が伝わっている。[27] そのなかで五段『舎利講式』は、表白・第一段「讃如来恩徳」・第二段「明舎利分布」・第三段「嘆末世神変」・第四段「述事理供養」・第五段「致廻向発願」の式文五段から構成されている。講式がいつ頃作成されたのかの詳細は不明であるものの、建仁二年（一二〇二）九月に唐招提寺で行われた鑑真由来の舎利三千粒を奉じた釈迦大念仏会の「唐招提寺釈迦念仏会願文」と内容が近似していることから、この願文と近い時期に作成されたと考えられる。

『舎利講式』表白段は次のように記されている。

> それ釈尊の恩徳は広大無辺なり。無量億劫にも誰かよく報謝せん。我等、三宝に近づき一善を蓄ふるに、皆、世尊難思の善巧《ぜんぎょう》に答へ、安養を欣《よろ》こびたまひ知足を望む。またなお、教主慇懃の遺誡なり。諸仏の中に独り本師と号す。発心究竟、かの恩にあらずといふことなし。ああ、聖容早く隠れて、給仕を四十五年の月に隔つと雖も、遺骨永く伝つてなお利益を万二千歳の塵に貽す、既に尊体と云ふ、何ぞ生身と異ならむ。これを掌の中に得て、悲喜具さに深し。まさに今、朝に敬ひ夕べに敬ふの志、苟《いやしく》も阿難の旧儀を学ぶ。[28]

釈迦の恩は広大無辺で、衆生に仏・菩薩が衆生の素質や能力に応じて巧みに化導する慈悲の具現としての方法である「善巧方便」すなわち釈迦のはたらきを説く。衆生が「安養」（極楽浄土）世界を求め「知足」（兜率天）を望むのは、「教主慇懃の遺誡」によるものである。なぜなら釈迦は「諸仏の中に独り本師と号す」と、諸仏の中で「教主慇懃の遺誡」という形で衆生たちに語りかけてくれたただ一人の仏であり、衆生が「発心究竟」と菩提心を発して悟りへといたることができるのも、釈迦のはたらきによるものだと述べる。

ところが釈迦は、はるか昔に入滅したため、衆生は仏弟子阿難のように釈迦に付き従うことは不可能である。しかし、「遺骨永く伝つてなお利益を万二千歳の塵に貽す、既に尊体と云ふ、何ぞ生身と異ならむ」と、釈迦は「遺骨」の姿で娑婆世界に留まるという。その「遺骨」は「生身」と理解され、「生身」の釈迦に衆生は仏弟子のように従うのだと述べる。

◆第一段——釈迦はなぜ娑婆世界を衆生済度の場としたか

このように釈迦の「遺骨」は「生身」の釈迦と理解されたが、第一段「如来の恩徳を讃ず」では、なぜ釈迦が

「遺骨」という姿になってまで娑婆世界を衆生済度の場としたのか、その動機と目的について次のように述べている。

第一に如来の恩徳を讃むとは、それ釈尊世に出でて衆生を済度したまふに、三界を我が有となし、四生を一子に撫づ。覆ふに無縁の慈雲を以てし、降すに平等の法雨を以てす。三草の善種これに依て滋潤し、五乗の勝果これが為に生長す。五百の大願、広く苦海を救ふ。その願ひ未だ微塵の要を漏らさず。三千世界に普く身命を捨つ。その地、芥子の隙を空しくすることなし。功を積み、徳を累ねて已に正覚を成したまふ。凡そ諸仏菩薩の慈悲・本誓・意楽《いぎょう》互ひに勝劣無しと雖も、釈迦大師の難行苦行は、これなお余聖の及ばざるところなり。我ら久遠劫の間、もし世尊の調伏を蒙らずば、生死の夢の中に、いかでか一念の覚悟を生ずることを得む。金容を見ず、梵音を聞かず、在世の正機に漏れたりと雖も、聖教に逢ひ、舎利に逢ひて已に滅度の遺弟に列《つら》なれり。いかに況や、聊か因果の理を信じ、剰《あま》つさへ比丘の名を得たり。出離の進退、ただ我が心にあり。根熟の遅速、敢へて仏の咎にあらず。平等の慈悲、誰に於てか軽しとなせむ。経に云く「一切衆生の異の苦を受くる、即ちこれ如来一人の苦なり。譬へば父母の病子を念ふが如し」。悲しいかな、我ら罪障に依てあじきなく如来の苦悩を生ずる事を。不孝の責め悔ひて余りあり。然れば則ち、世尊は更に他の念ひ無し。只、衆生を救はんとす。我らまた何なる謀をか廻らして須らく仏語に随順すべし。これ真実の孝子、最上の報恩なり。仍て大衆同時に仏恩を随喜せん。先づ伽陀を唱へ、礼拝を行ずべし。

「三界を我が有となし」は、『法華経』譬喩品の「今此の三界は皆是れ我が有なり、その中の衆生は、悉くこれ吾が子なり」(29)の引用である。釈迦は「三界」を自らの力がはたらく世界であり、「慈雲」「法雨」を衆生に及ぼす調されている。

と説く。すなわち、浄土で衆生済度の教えを説くのではなく、釈迦自ら進んで娑婆世界へと関わっていく姿が強

さらに注目されるのは、「五百の大願」という言葉である。この言葉は、『悲華経』巻第七諸菩薩本授記品の「尋いで大悲の心を成就するを得、広大無量にして五百の誓願を作し已りぬ」(30)を示している。

北涼曇無讖訳『悲華経』（全一〇巻）は、穢土成仏を願った釈迦の慈悲を讃える内容が説かれているが、阿弥陀仏やその他の諸仏・菩薩の本生と誓願ならびに浄土を、釈迦の誓願と穢土成仏に対比させるという珍しい内容で構成されている。とくに重要なのが、釈迦の誓願に言及している点である。第四章「諸菩薩本授記品」は、釈迦の前世とその時に誓った「五百の誓願」について説かれている。「諸菩薩本授記品」によれば、昔、無諍念という転輪聖王と宝海という大臣がいた。その宝海の子ども宝蔵が出家し宝蔵如来となった。如来は無諍念に対し、西方百千万億仏土の彼方に安楽国土を作り無量寿如来になるだろうと授記を授けた。

一方、宝海は、誰もが浄土を願い五濁悪世の娑婆世界を顧みないことを憂い、娑婆世界の衆生済度を行うため「五百の誓願」を立てた。すると如来より、宝海は来世で必ず釈迦如来となり、娑婆世界の衆生を救うという授記が授けられたという。この「五百の誓願」の中に、

我、涅槃の後に若し衆生有り、珍宝、伎楽を以て舎利を供養し乃至礼拝し右遶一匝して合掌・称歎して一茎の華を散ぜむ、是の因縁を以て其の志願に随い三乗の中に於て、各退転せざらむ。(31)

世尊よ、娑婆世界に、兵劫起こる時、我が身の舎利、復、当に紺瑠璃珠を化作し、地より出でて上は阿迦尼吒天に至り、種々の華、曼荼羅華、摩訶曼陀羅華、波利質多華を雨らし、乃至、還び地に没し本住処の金剛

地際に至ること亦復是の如し。世尊よ、是の如く大賢劫の中に我が般涅槃の後に是の諸の舎利是の如きの仏事を作して無量無辺の衆生を調伏し三乗に於て不退転を得む。(32)

と、舎利を供養することによって娑婆世界の衆生は「不退転」の境地に至るのだと説かれている。

◆『悲華経』が説く仏の本願

この『悲華経』に基づく舎利信仰は、貞慶作の『誓願舎利講式』にも、

一つに願はくは、舎利の加被に依て早く菩提心を発さむ。仏の本願に云く「我、涅槃の後、舎利、変化して所化の衆生をして菩提心を発さしめん。この諸の衆生、十方世界に成仏し出世せんとき、皆まさに我が名字を称して讃嘆して、しかも説くべし。過去久遠に仏世尊有りき。釈迦牟尼と号す。かの仏の舎利、我らがための故に種々の神変を作しき。この故に我ら菩提心を発して、今、解脱に至れり」といへり。まさに知るべし、我らが発心成仏は偏に本師釈迦の舎利の力に依るべし。仰ぎ願はくは、如来の本願違はず、大神変を現ず。我が信心を催し、深く加被を垂れて真実堅固の道心を発せしめたまへ。(33)

と記されている。

舎利によって衆生は「菩提心」を発すことができるのだが、それは「仏の本願」によるものであった。「我らが発心成仏は偏に本師釈迦の舎利の力に依るべし」と再び述べるように、重要なのは、「菩提心」「我が信心」は、衆生自らの力で起こすことは不可能であり、「仏の本願」・「舎利の力」によって与えられている、ということである。この仏のはたらきが衆生に及ぶことで、我々が悟りを得たいという心を起こすとともに、一切衆生すべて

に功徳が廻向される利他行であると理解されている。

　また建久七年（一一九六）秋、山城国笠置山の般若台で霊山浄土を希求することを目的に草された「欣求霊山講式」では、

　それ釈迦如来は、もとこれ、娑婆世界流転の凡夫なり。昔、釈迦牟尼仏の所《みもと》にして、初めて菩提心を発し、宝蔵如来に逢ひ、重ねて五百の大願を建ててよりこのかた、僧祇苦行の間、久しくこの界に住し、果満成道の時、還りて本土に出づ(34)。


と記されている。

　この講式にも「五百の大願」とあることから言葉には『悲華経』の影響がみてとれるが、釈迦は、娑婆世界のみに限定して何度も輪廻転生を繰り返し、決して他の国土には行かずに娑婆世界の衆生を救い続けていると述べている。なぜなら、釈迦は娑婆世界に縁をもった仏であり、それは『悲華経』の「五百の大願」で誓われたことだったからだと理解される。

　五段『舎利講式』は続けて、

　三千世界に普く身命を捨つ。その地、芥子の隙を空しくすることなし。

と記す。この言葉は『法華経』提婆達多品の智積菩薩の言葉、

われ釈迦如来を見たてまつるに、（中略）三千大世界を観るに、乃至、芥子の如き許りも、これ菩薩の、身命を捨てし処に非ざること有ることなし。(35)

の引用である。

『法華経』に説かれた本来の意味は、八大龍王の娘龍女成仏に対して智積菩薩が、「釈迦のほかに身命を捨ててまで衆生済度を行おうとした仏はいないのだから、龍女成仏はあり得ない」と、疑義を挟むという趣旨である。しかし『舎利講式』では、すべての世界に釈迦の衆生済度が及ぶのだと、全く反対の意味で引用されている。

『舎利講式』第一段では、釈迦が舎利の姿を顕し、娑婆世界に限定して衆生済度を行うのはなぜかという問題に対して、穢土成仏を説く『悲華経』を引用することで答えを導いている。『悲華経』には、衆生済度を行う釈迦の誓願が説かれているが、その誓願がなければ衆生は「生死の夢の中に、いかでか一念の覚悟を生ずる」ことは不可能だったと述べられる。その誓いが立てられたからこそ、娑婆世界の衆生である我々は、舎利講という場で舎利を通して釈迦の説法を聞くこと、舎利を通して釈迦の姿を見ることができる。つまり、娑婆世界の衆生が舎利を供養し悟りを得ることができるのは、あらゆる世界が衆生済度の範囲であるとともに、とくに娑婆世界の衆生済度を行うのだという、釈迦前世からの誓願であることが明らかにされたのである。

◆第二段——舎利がある意味

続いて第二段「舎利の分布を明かす」では、「なぜ我々の目の前に舎利があるのだろうか」という、今まさに舎利が存在する不思議について次のように述べている。

第二に舎利の分布を明かすとは、一化の春暮れ、双林の雲帰り、世界暗冥として福田乾くと雖も、大悲深重の余りなお滅後の生を愍《あわれ》むで、無相涅槃の中に、仮に血肉の形を留む。これを三趣に分かちて永く末代を利す。これを以て釈提桓因《かんいん》の牙歯を得たる。塔婆を三十三天の雲に建て、難陀竜王の仏髭を恭まひまつれ。水精を八万余里の月に瑩き、八国の諸王おのおの分布に預かる。

供養恭敬すること殆ど在世に超へたり。正法の初め阿育王に及びて、閻浮提の内に広く流布せしめ、ついんじて摩騰法蘭漢土に来りしの日、舎利虚《そら》に昇り、光、日輪を奪ひ、上宮太子和国に生まれたまひし時、手に舎利を拳り南無仏と唱ふ。それよりこのかた諸宗の高僧、異域の神人時を知りて将来し、機を測り伝授す。日本一国帰依尤も盛んなり。大般若経に云く「仏、大悲を以て有情の類を観ずるに、舎利羅の所にして得度すべき者には、金剛の身を砕いて芥子のごとくせしめ、もし一粒を得て供養することある者は人天の中にありて諸の妙薬を受け、乃至、最後に苦際を尽くすことを得む」といへり。我ら既に舎利に遇ひたてまつる。知るべし、これに依て解脱を得べしということを。如来の知見、もし誤るところなくば、我らが出離まさに何の疑いか有らむ。（中略）

又、如来舎衛国に在しますこと二十五年、一城の内に三億の家、仏の号を聞かず、仏の形を見ず。それ毫光十方を照らし、大地六種に動く。人天大会なお盛んなる市の如し。設ひ盲聾なりと雖も、誰か見聞せざらん。然るをなお化仏の奇特、縁なき者は覚らず。在世既にしかり、況や当時をや。まさに今、中天程遠し。煙浪を隔てて十方余里、滅度の年遥かなり。星霜を送りて二千余廻、我ら耳に三宝の名字を聞きて、なおこれ過分の巨益《こやく》なり。手に数粒の仏骨を得たる、寧ろ曠劫の宿縁にあらずや。誰かこの所を弥離車の境なりと謂はむ。知るべし、大乗善根の国土なり。誰か我らを一闡提の類と謂はむ。恐らくはこれ宿願成就の菩薩なり。たとひ順次に浄土に往生すとも、その因なお足りぬとなす。たとひ即身に弥陀に値遇すとも、その縁何ぞ堅しとせむ。須らく随喜を生ずべし。怯弱を懐くことなかれ。仍て伽陀を唱へ礼拝を行ずべし。(36)

釈迦は、「滅後」の衆生を哀れみ、「三趣」の世界に「仮に血肉の形」を残し「末代」の衆生へと施した。帝釈天は釈迦の歯を二つを持って天にあがり、三十三天に塔を建て供養した。また海中では八大龍王が仏の髭を賜り、水晶の塔に納めたという。やがて、舎利八分、阿育王による八万四千塔造立によってインド国内に広まっていった。また中国では、「摩騰法蘭」によって舎利が伝来したが、そのとき舎利の輝きは太陽の光さえも奪ったという。やがて誕生したばかりの「上宮太子」によって日本へも舎利が伝わった。

インド・中国・日本の舎利の三国伝来は、講式に『大般涅槃経』の「舎利羅の処にして得度すべき者には、金剛の身を砕いて芥子のごとくせしめ、もし一粒を得て供養することある者は人天の中にありて諸の妙薬を受け(37)」という釈迦の誓願であって、「舎利に遇ひ」「解脱を得」ることが可能になったと理解される。

続けて講式は、釈迦在世中でも悟りを得ることができない「縁なき者」がいたという。釈迦が「舎衛国」で法を説き奇瑞があったにもかかわらず、「舎衛国」の人々のなかには「仏の号」も聞かず「仏の形」も見ない者がいた。つまり、釈迦在世の時代でもすべての人が見仏聞法したわけではなかった。それに対して娑婆世界の一切衆生は、舎利に釈迦の姿を見て、舎利が法を説くことを経験する。なぜなら釈迦の誓願は「曠劫の宿縁」であり、娑婆世界は「大乗善根の国土」の悟りを得る場であって、娑婆世界の衆生は「宿願成就の菩薩」だからだという。

つまり、人々が行う舎利供養は、釈迦が在世中より、時間や距離など、遠く隔たった人々をいかにして救うのかという問題に対する答えであった。

また、「順次に往生」しても、仏の教えを聞く「因」がなければ成仏は不可能であって、たとえ「即身」往生の後に阿弥陀仏に「値遇」したとしても、その「縁」が深くなったわけではない。なぜなら極楽に往生しても、それで悟りを得たわけではなく、新たに菩薩として膨大な時間を有して修行しなければならず、結果、ようやく見仏聞法できる。つまり、極楽浄土に往生したからといって阿弥陀仏とつながりが深くなったと考えてはならず、むしろ釈迦の誓願によって出現した舎利との関係の方が、娑婆世界の衆生にとっては縁深く、娑婆世界は釈迦の浄土になる、と理解されたことになる。

娑婆世界＝浄土という見方は、『欣求霊山講式』でも、

諸仏の浄刹は、往し易く人無し。宿善もし熟淳《あつ》からずば、順次に恐れ往生しがたし。これ、仏力の不堪にあらず。猶、自心の不至を疑ふ。しからば則ち、先づ在世の遺跡に生れて、漸くに不退の浄土に近し。かつ遺身舎利に仕へ、遂に相好の真容を見る。(38)

と語られる。

諸仏の浄土に往生するのは容易ではなく、善が積もり縁もあるならば成仏できるかもしれないが、そうでなければ次生で往生するのは難しいという。しかし、釈迦滅後の娑婆世界は、釈迦は生身の人間としては存在していないものの、「遺身舎利」が残されている限り舎利は釈迦そのものであって、娑婆世界は浄土であり、衆生は浄土で修行する菩薩である。それは舎利供養を通して釈迦を見仏聞法することが可能となることを示し、娑婆世界で成仏できることへとつながる。

◆第三段——舎利の性質

では、舎利はどのような性質を備え、娑婆世界の衆生を悟りへと導くのか、その問題について第三段「末世の神変を嘆ず」は次のように述べている。

第三に末世の神変を嘆ずとは、時、澆季に及びて、万事霊を隠せども、末代に独り新たなるは舎利の神験な

り。（中略）或いは摧けて自ら合ひ、或いは去りて再び来たる。或いは宛転として虚の中に懸り、或いは自然に壺の外を飛ぶ。凡そ機宜時有れば精霊方無し。千変万化、勝げて計ふべからず。耳目の及ぶ所、当世かくのごとし。況や上古に於てをや。況や大国に於てをや。昔、師子国に往きて身を現じ説法たまふなり。相好光明あたかも生身のごとし。自余の少瑞何ぞ奇《あやし》とするに足らんや。ああ、血肉にして血肉にあらず。故に金剛の杵も摧き難く、色相にして色相に異なり。故に劫焼の火も焼くこと無し。これはこれ成所作智の変ずるところ。これはこれ最上無漏の現行なり。三身一異にあらず。法性既に白玉の色に顕はる。万徳体用に混ず。真智何ぞ黄金の膚《はだへ》を隔てむ。諸仏は境界誠に言議の路を超えたり。見聞覚知、すべからく信敬の想を生ずべし。

「末代に独り新たなるは舎利の神験なり」と、末代は舎利による衆生済度が行われ、その舎利は「千変万化」する。たとえばある時には「師子国」に顕れ、身体を具えた姿で説法をしたという。その霊験は数え切れないほど多く、「生身」の仏そのものであった。

さらに舎利は「血肉にして血肉にあらず。故に金剛の杵も摧き難く、色相にして色相に異なり。故に劫焼の火も焼くこと無し」と、姿形を顕しているが、その本質は空であり姿形といった具体的認識はできない。そのため金剛杵で叩いても、世界を焼き尽くす劫火の炎であっても、決して壊すことはできない永遠不滅を備えている。

なぜならば、その舎利は「成所作智」（唯識説の四智の一つ。あらゆるものを悟りへと導く智）であって、「最上無漏」という完成された悟りそのものであるからだと解釈される。また、「三身一異にあらず、法性既に白玉の色に顕はる」と、三身（法報応身）がそれぞれ異なった存在としての仏ではなく、真理そのものが展開した姿であり本質は一つであるのと同じく、法性が舎利という姿を顕していると、舎利に対する「信敬の想」を生じなければならないと述べられる。

舎利を供養することの重要性について、『誓願舎利講式』に、

今身より始めて未来際に至るまで、生々世々に舎利に値遇せんこと、なほし嬰児の母の辺を離れざるがごとし。近きは則ち命終の時、化して生仏となって、聖衆と相共に我が身を引接したまへ。世尊に随従して影のごとく離れず。見仏聞法して不退転に至らん。たとひ安養に生じ知足に住すとも、釈尊、常に来たりて我が心を調熟したまへ。[39]

と述べられる。釈迦の誓願は結縁した衆生の傍らを決して離れず悟りへと導くのだという意味であるが、このことから釈迦は仏のなかでも娑婆世界に縁の深い仏であることがわかる。たとえ極楽浄土や兜率天に生じたとしても釈迦との縁は決して切れることはなく、必ず衆生を導く仏として理解されてきたのである。

第二節　愚かなる自己——貞慶『愚迷発心集』

（一）　阿弥陀信仰への迷い

貞慶の仏教信仰は、釈迦・弥勒・舎利・薬師・観音・地蔵・春日明神等の講式を著していることから、雑多な多仏信仰であると理解されていた。しかし近年、楠淳證氏によって、一見煩雑にみえる貞慶の仏教信仰は、「菩薩というものは三祇の間に無数の仏土に詣で、無尽の法門を受けるべき存在であるから必ず多仏に繫属すべきである」との「貞慶独自の選択尺度にもとづいて一定の尊者への複合型信仰を展開していた」のであり、その中核

に釈迦・阿弥陀・弥勒・観音信仰があったことが指摘されている[40]。

とりわけ阿弥陀信仰については、『興福寺奏状』等の法然の専修念仏に対する批判から、貞慶は阿弥陀信仰をもっていなかったという見解がなされていたが、貞慶『観心為清浄円明事』には「予は深く西方を信ずる」と、極楽浄土への希求がうかがえる[41]。

しかし、貞慶は阿弥陀信仰についてある迷いを抱いていた。『発心講式』には「予が如き者は未だ専修の行を得ず。また広学の望みもなし。蒙々緩々として生涯、将に暮れなんとす[42]」と、「専修の行」を行えない自らの身を嘆いている。また、『観世音菩薩感応抄』第四「当来値遇段」には、

ここをもって臨終の時、弥陀降臨し聖衆囲繞すとも、感得はなはだ難し。観音一身の沙門の形相は、彼に対して以て易し。滅罪生善の利益、彼は大にして此は小なれど、敬って諍うべからず。もとより仏子の自の分を量り、浅近の望みを係けるが故なり。（中略）まさに知るべし。分を超えるのことは修して望むべからず[43]。

と阿弥陀仏から観音菩薩へとその信仰の対象が移っていったことがうかがえる。

（二）「愚」とは何か

では「予が如き者」は、なぜ阿弥陀仏の信仰を持続し得なかったのか。楠氏はそれを「仏子の自の分」すなわち貞慶自らの「愚迷」のためと指摘されている。

『愚迷発心集』は愚かなる自己について書かれているが、貞慶『心要鈔』にも、「愚なるを以て還って知んぬ、大乗の性あることを[44]」と、自ら「愚」であることを理解することで「大乗の性」＝悟りにつながるという認識が

示される。では、その「愚」とは具体的にはどのようなことを指しているのだろうか。そこで、「愚」を問題にした『愚迷発心集』を見てみよう。

『愚迷発心集』は、その題名が明らかにしているように、自らを「愚迷」と自覚することで「発心」＝菩提心が生じて悟りを目指すことを神仏に誓うという、一種の願文の様相を呈している。著述年は不明であるが、笠置寺に隠遁後に著されたと考えられている。

『愚迷発心集』の冒頭、次のように述べられる。

敬んで、十方法界の一切三宝、日本国中の大小の神祇等に白して言さく。（中略）夫れ無始輪転の以降《このかた》、此に死して彼に生ずるの間、或る時は鎮《とこしな》へに三途八難の悪趣に堕して、苦患に礙《さ》へられて、既に発心の謀《はかりごと》を失ひ、或る時はたまたま人中天上の善果を感ずれども、顚倒迷謬《てんどうめいびゅう》して未だ解脱の種を殖えず。(45)

「無始輪転」の間、我々は「三途八難の悪趣」に堕し、「発心」の機会を失っていた。また「人中天上」に生まれたとしても、「顚倒迷謬」し「解脱」することもできない。我々は「地獄に処すること園観に遊ぶがごとし。余の悪道に在ること己が舎宅のごとし」と、「三途八難の悪趣」をまるで「舎宅」（家）のように満足してしまい、「発心」「解脱」へと心が振り向かないという。

かの弟子が本師釈迦牟尼如来、昔霊鷲山に在《いま》せしの時は、十方所有の群生、恣《ほしいまま》にその益を蒙りたり雖も、三界輪廻の我等、その時いかなる処にか在りけん。黄金端正の聖容は、五濁の悪世に出でたまひしかども、双眼早く盲ひて全くこれを見ざりき。（中略）驚くべきの法王の音は永く絶えて、鷲峰山の暮の嵐のみ孤り冷《さむ》く、照すべきの慈尊の月、未だ出ざれば、鶏頭城《けいとうじょう》の暁の光なほ遙かなり。（中略）悲しみてもまた悲しきは、在世に漏れたるの悲しみなり。恨みてもさらに恨めしきは、苦海に沈めるの恨みなり。（中略）ああ八相成道の昔は、独り如来の出世に漏れたりと雖も、一千余年の今は、僅かに慈父の遺誡を聞くことを得たり。宝聚の山の間に望まざるに自ら入り、貧匱《ひんき》の家の中に取らずして後に悔いんや。受け難くして移り易きは人身なり。値ひ難くして希に得るは仏法なり。まさにいかなる行業を以てか、今生の思い出とせん。これを黙して止みなば、なんぞ大利を失せざらんや。況んや一たび悪趣に入り已《おわ》りなば、曠劫にも出で難しとす。たとひまた人身を受くとも、教法に値はんこと、尤も難し。早く万事を抛ちて、まさに一心に励むべし。実にこのたびにあらずは、始めて企てんことといづれの時ぞや。

「三途八難の悪趣」から抜け出すためには、釈迦の教えが必要である。しかし、貞慶は釈迦在世時には生まれておらず、直接教えを聞くことは不可能である。しかも、釈迦滅後、その後を付属された未来仏・弥勒菩薩の出現までには、五十六億七千万年後という長い時間を要する。それではとうてい悟りに至ることはできない。しかし、貞慶は自ら悟りから遠ざかったとは考えていなかった。一人の仏道修行者として、経典などを通じて「慈父の遺誡」を学ぶことができる貞慶は、「宝聚の山」つまり仏宝の山に入っているのと同じである。また、「受け難くして移り易きは人身」を受け、釈迦の教えを理解することができるはずであるから、「まさに一心を励むべし。実にこのたびにあらずは、始めて企てんこといづれの時ぞや」と、猶予することなく悟りを求めることこそ、貞慶の成すべきことであった。

ところが、いまだに悟りを求められずにいた貞慶は、その原因は自らにあると述べる。

> 視聴の触るるところ、しかしながら発心の便りと雖も、世事に暇なくして、都《すべ》て思ひ棄つること能はず。（中略）この世あに牢固ならんや、衆縁を以て暫く成ぜり。我が身むしろ堅く執せんや。名字を以て人に仮るなり。（中略）
>
> 過去に未だ発心せざるが故に、今生既に常没《じょうもつ》の凡夫たり。今生もし空しく送りなば、後もいよいよ悪趣の異生たらん。（中略）しかのみならず、過去の宿業拙くして、今生已に卑賤孤独の報を感ぜり。今生の所行愚にして、未来もまた地獄鬼畜の生を受けんや。（中略）
>
> 数十余年の日々の所作は悪業実に多く、百千万億の念念の思惟は妄想至って深し。（中略）悲しいかな、名利の毒薬を幻化の身中に服して、空しく二世を殄《ほろぼ》さんこと。愚かなるかな、恩愛の繋縛《けばく》を迷乱の心上に結んで、徒に一期を送らんことを。（中略）是において、たまたま少業を励むと雖も、多くは悪縁のために破られ、ほぼ罪障を悲しむと雖も、還って恩愛のために忘れられぬ。衆罪は霜露のごとしと説けども、恵日隠れて照らすことなく、諸法は影焔に似たりと聞けども、妄情現じて迷ひ易し。滅罪生善の志、心と事と調《ととの》ほらず。発心修行の計《はかりごと》、内と外と共に乖《そむ》けり。（中略）希に一善を勤むと雖も、多くは名聞の思ひに穢る。無常は眼に遮れども、実有《じつう》の執いよいよ深く、不浄は身に湛ふれども、厭離の思い都《すべ》てなし。（中略）自行敢へて勤めず、況んや他人を益するに及ばんや。わが心猶《なお》し憑《たの》み難し、況んや冥の知見においてをや。

眼・耳など感覚器官で捉える世界は「空」である。その無常の理を釈迦の教えによって知ることができたにもかかわらず、衆生は世俗の事に追われ「発心」のきっかけを失っている。世界は「空」であるにもかかわらず、我々はあたかも実体として在るように「牢固」なもの、常住なものとしてとらえている。しかし、すべての現象は「空」であるから、仮和合というあり方をしているはずであるが、衆生は実在している実体ととらえ、「愚かなるかな、恩愛の懸縛を迷乱の心上に結んで、徒に一期を送らんことを」と、物に固執する存在である。それこそが「愚」であり、「常没の凡夫」の我々は、輪廻転生から脱することはできないと自ら猛省する。ここには、あらゆる現象は無常であるという大乗仏教の根本思想と、それを理解することができない「常没の凡夫」というあり方を通して、「空」を理解しようとする貞慶の姿勢が見える。

（三）　貞慶が学んだ唯識

貞慶が興福寺で学んだ唯識の教えでは、我々の心は作用主体によって、眼識・耳識・鼻識・舌識・身識・意識・末那識・阿頼耶識の八識から成り立っているといわれる。眼識から意識までは心の表面的な作用であり、それは対象を前にしているときにだけはたらく。そして、それら心の表面的作用によって我々が実体的に「有る」ととらえるところには、我々が気づかないままに末那識という自己執着のはたらきが有るのだと考える。さらに、これらの識は、阿頼耶識というすべての心のはたらきの根本から生じており、これら八識が我々の心を構成しているととらえる。

つまり、世界のあり方のすべては、心の作用によって引き起こされると考える。あらゆる行為は、善悪どちらかの性質が心の深層にあるという阿頼耶識へと、まるで種のように植え付けられ、再び行為として現れる。そのため衆生の心のはたらきと行為は、輪廻転生を繰り返すなかで永遠に終わらない関係性で結ばれている。「念々の思惟」が乱れてしまえば、すべての行為が乱れてしまい、たとえこの世は無常と理解していたとしても、すぐに「実有」と考える。

そのため、我が身が不浄のあり方をしていると理解しても、厭離する心は起こらない。理解していることと行為が相反するからこそ、「自行」「他人を益する」すなわち自利利他の行為も行うことができない。とくに大乗仏教の根本は、他者を悟りへと導くために利他行という菩薩行を重視する以上、それが不完全になる。

ましてその重要性に気づかないというのは、ますます悟りから遠ざかっていくことを意味する。だからこそ、「わが心猶《なお》し憑《たの》み難」いのであり、我々の心のはたらきに注がれている神仏の「冥の知見」を知ることも不可能であると貞慶は述べている。心が乱雑になればなるほど、世界のあり方は仏が説いたあり方とは遠く隔たっていく。

（四）発心の契機

ところが唯識は、煩悩の世界から離脱したいと願い、悟りを得たならば、「転識得智」という智慧に転換されるという。その煩悩から離脱し悟りを希求する心こそ「発心」であり、その契機となるのが「愚」の自覚であると、貞慶は次のように述べる。

朦朦緩緩として、昨《きのう》も過ぎ、今《きょう》も過ぎぬ。悲しいかな、痛ましいかな、徒に晩《くら》し、徒に曙《あか》す。もし後《ご》を期して勤めざるか、期する日は是れいづれの日ぞや。はた性《しょう》に任せて緩慢なるか、緩慢はそれ何のためぞや。もし愚癡《ぐち》の至りと思はば、速かに愚癡を慎むべし。（中略）悪の上になほ悪を重ねて、徒に春秋を数年に送り、夢よりなほ夢に入りて、空しく日月を三旬に過せり。悲しみても悲しむべきは、我法の妄執、堅く結べること。憂へても憂ふべきは、生法の空理、遙かに隔たること。これによって流転常没の凡夫たり、此に迷ひて出離得脱の要路を失へり。聖者と云い、凡夫と云い、遠く外に尋ぬべからず。浄土と云ひ、穢土と云ひ、遙かに境を隔つべからず。我法を空ずるを聖者と称し、我法に着《じゃく》するを愚夫と名づく。所執の境を穢土と称し、如幻の境を浄土と名づく。（中略）慎むべく察すべきは、

迷なり、愚なり。（中略）
一旦の仮の身を養はんがために、尚し能く無益の身心を費す。況んや二利の行業を成ぜんがために、あに有義の苦悩を痛しとせんや。彼の諸仏菩薩も、本は常没の凡夫なりき、迷心ほとんど我等がごとし。しかれども、昔生死の夢の中に大勇猛を発して、今仏果の覚の前に我等を利益したまふ。彼を見て我を顧みるに、恥づべし、悲しむべし。淪淪《りんりん》たる苦海、出離いづれの時ぞや。
（中略）彼の仏菩薩は、五濁の我等を救はんがため、専らに大慈大慈の誓願を催されて、かの法性の都の中より出て、忝くも穢悪充満のこの土に雑《まじ》る。（中略）
ただし菩薩、我等を念じ、愛したまふこと、骨髄に徹す、常に利益せんと欲したまふこと、猶し一子のごとし。その利益何事ぞ、いはゆる道心是れなり。世間浅近の益は、皆このための方便なり。（中略）彼の二利の要義を思ふに、ただ一念の発心に在り。そもそも仏種は縁より起る、縁は即ち発心薫修の縁なり。覚悟は時を待ちて熟す、時はまた大聖加被の時なり。いかに況んや、仏陀明神の大悲は、偏に群生を度せんと誓ひたまふなり。妄想顛倒の我等、さらに一子の数に入れたまふなり。誓願もし誤りなくは、利益何ぞ疑ひあらんや。仰ぎ願はくは、三宝の神祇、愚意を哀愍して、道心を発せしめたまへ。

「朦朦緩緩」と日々を過ごしてしまい、悟りの世界を求めることをいまだ果たせずにいる。その原因は「愚癡」であり、「我法の妄執」にとらわれ「生法の空理」を理解できずにいることであった。ところが貞慶は、「聖者」と「凡夫」、「浄土」と「穢土」は決して別ではないという見方を述べている。つまり「我法の妄執」の衆生の心は、すべてを実体としてとらえているから、別の実体として認識してしまうが、「我法を空ずる」ことができる「覚者」は、世界を実体としては見ずに「無常」ととらえ、「無常」ととらえられた「穢土」は「浄土」になると理解している。つまり「凡夫」も「聖者」になれることを意味しているが、そのために必要なのは、「愚癡」の自覚であった。

その証拠に、仏・菩薩も悟りを得る前は「常没の凡夫」、「迷心」をもった衆生の一人であった。しかし「大勇猛」を起こし「仏果」を得て、功徳を我々に廻向する利他行を行っている。衆生も「常没の凡夫」であるならば、仏・菩薩と同じように悟りを求め、自利利他行を行うことは不可能なことではない、と認識されているのである。

（五）仏の誓願と「愚」の自覚

貞慶にとって「愚迷」「愚癡」の言葉に代表される「愚」とは、本来は仮和合というあり方をしているにもかかわらず、自らを含む世界の現象すべてを実体としてとらえ、それに執着し、悟りを求めようと思っていても実行できない衆生の心のはたらきを意味していた。しかし貞慶は「愚」というあり方をしているからこそ、それが実は「発心」の契機になるのだと言う。なぜならば、仏は衆生を「一子」として「五濁の我等」を悟りへと導くために、「穢土」を救済する場として選択するという「誓願」を立てたからであり、その方法が、仏・菩薩が「穢悪充満のこの土に雑り」て救済するというものであった。

仏が衆生に現出することについて『欣求霊山講式』には、

釈迦如来は、もとこれ、娑婆世界流転の凡夫なり、昔、釈迦牟尼仏の所にして、初めて菩提心を発し、宝蔵如来に逢ひ、重ねて五百の大願を建ててよりこのかた、僧祇苦行の間、久しくこの界に住し、果満成道の時、還りて本土に出づ。(46)

と記している。

上述したように仏の本願によれば、仏は、舎利に姿を変えてこの世に顕れ、人々はその舎利を供養することによって悟りへと至ることができるという誓願を立てていたことがわかる。つまり、舎利という姿であるがそれは仏そのものであり、舎利供養を行わせるという利他行を衆生に施し、衆生はそれによって悟りを得たいという「菩提心」を起こすのだという。

『愚迷発心集』では、自らを「愚癡」すなわち愚者と自覚することで「発心」が生じ、自利利他行を実践し悟りを目指すのだと述べられる。その悟りへの過程は、娑婆世界の衆生だけの問題ではなく、前世で「常没の凡夫」であった仏がたどった過程と同じものである。仏の「誓願」とは、衆生に「道心」を発せさせることであるが、そのために必要なのが愚者の自覚であった。つまり仏は、自らが「常没の凡夫」であったとき、「衆生に己を愚かな存在と理解させ、それによって菩提心を発させ、悟りを得させる」という誓願を立てたことになる。『愚迷発心集』では、仏の誓願は「衆生に愚を自覚させ悟りへと向かわせる」という誓いが成就しているわけだから、娑婆世界の我々が「一念の発心」により「仏種」を生じ、悟りへと邁進することは最初から決定されていることになる。

貞慶にとって愚者の自覚とは、無明に振り回されていることに気づくことであった。世界は実体として存在しているはずだという愚者の視点は、実体は空であるという仏の視点、すなわち智慧へと転換したことを意味する。衆生は仏の誓願によって、「愚と智慧が異なる別のものだ」と考えていたという己の無明を自覚させられ、それによって、自らの煩悩は智慧へと変化することを知るのである。そして菩提心が生じ、悟りを求め、また他の衆生を自分と同じように悟りに導きたいという利他行へとつながる。

「愚」は貞慶にとって、克服できるものであった。むしろ愚者の自覚から智慧への転換は仏の誓願によって決定されているので、煩悩が生じても失望することはなかった。だからこそ、自ら愚者であることを気づく（仏によって気づかせられる）ことが重要だと考えた。

（六）『舎利講式』の画期性

貞慶の『舎利講式』は、釈迦の誓願に注目した点で鎌倉仏教界に大きな影響を与えた。それまでの滅罪としての舎利や「生身の舎利」という理解を継承しながらも、貞慶は舎利を信仰の問題としてとらえた。つまり、貞慶は舎利とは何かを論理的に説明しようとしたのである。貞慶は、なかでも釈迦は舎利について何と言っているのかを重視した。阿育王の伝承や説話の中でどのように理解されていたのかに注目するのではなく、釈迦の前世から語られる舎利について、経典の言葉を中心に、舎利の本質とは何かを考えたのである。

貞慶は、釈迦はその死後もなお人々を救済したいという願いをもっていたが、その願いは一般には理解されにくいとも考えた。

なぜならば、仏はすべての衆生を救うと経典には書かれているが、衆生側の問題として、その仏の言葉には確信がもてないという煩悩が生じる。それは衆生がもつ疑いである。疑いは衆生を包み込み、菩提心をもつことへの障害となる。衆生の煩悩を破るためには、仏の側からのはたらきが必要であった。ところが、釈迦は衆生の疑いなどすでに了解済みであった。

『悲華経』の「五百の大願」にも「若しくは衆生有り、菩提場に於て疑惑を生ずるものは仏の説法を聞きて即ち、金剛道場に了達するを得む」[47]、「若しくは衆生有り、其の心疑惑あり未だ法忍を生ぜざるものは仏の説法を聞きて即ち諸法の決定三昧を得む」[48]と、たびたび疑惑を生じる衆生を成仏させるための誓いが立てられている。

釈迦は衆生救済を理解させるための方法として、衆生の煩悩に沿う形、つまり衆生に確信をもたせるために衆生が認識できる舎利という形をともなったモノとして現出した。

舎利は、疑いをもつ衆生のために、その疑いを取り除き衆生を救うという釈迦が与えた目に見える慈悲であった。平安時代は、仏に対して衆生がどのような誓いを立て、仏教的作善を行い、往生し成仏するかが最大の関心事であった。しかし、貞慶は反対に仏から衆生側に向けられたはたらきかけとは何かを問題にし、仏は衆生に何を与え語っているのかを追究し続けた。

貞慶の『舎利講式』によって、人々は、隠されている救いを見える形で衆生の前に現出したものが舎利で、それこそが釈迦の慈悲であり、衆生にはたらく仏の本質がそこにあることを、共有していったのである。

貞慶は、仏に信仰を与えられた者が利他行を行うこと、利他行は自らの意思で行うというのが釈迦の本願であると考えた。貞慶にすれば、念仏は称えようと思わなければ称えられない。称えなければならないという気持ちまで導くのは阿弥陀仏であるが、称える行為は自らの力によるものだと考えた。「称える」という行為自体は自分の意思にかかっており、人間の努力が必要になるという理解だった。

自分を愚者であると自覚することは、仏の智恵が明らかになりはたらきかけてくることへとつながる。人間の智恵というものは、善と悪、高と低というように、あらゆるものを分別していくのであるが、しかし、善は善のまま、悪は悪のままでは衆生に救いはない。悪が善に変わらなくては救われないが、その変化は、「愚」を自覚することから生まれてくる。

しかし愚者であると自らの「愚」に気づかされるのは、自分の力ではなく仏の力によってであった。愚者であることを気づかせ、浄土に導き入れることが阿弥陀仏の本願であるのだから、「愚」への理解は大切なことであった。

（1）　鎌田茂雄・田中久夫校注『鎌倉旧仏教』（日本思想大系一五、岩波書店、一九七一年）に収載。

（2）平雅行「末法末代観の歴史的意義」（同『日本中世の社会と仏教』塙書房、一九九二年）、佐藤弘夫「日本における末法思想の展開とその歴史的位置」（歴史学研究編『再生する終末思想』青木書店、二〇〇〇年）。
（3）貞慶の仏教信仰に関しては、『笠置上人大般若理趣分奥日記』の、「凡自去養和二年十一月二十七日至建久三年十一月二十七日。首尾十一箇年間、発深重大願奉書此写経一部六百巻。偏為上生内院、見仏聞法、令法久住、報恩利生也」（平岡定海『日本弥勒浄土思想展開史の研究』大蔵出版、一九七七年、五六九頁）の記事などから、初期は釈迦信仰をもっていたが、やがて釈迦の付属を受けた弥勒菩薩信仰へと移行していったと考えられてきた。
（4）山田昭全「講式——その成立と展開」（伊藤博之・山田昭全他編『唱道の文学』仏教文学講座第八巻、勉誠社、一九九五年）。奈良国立博物館目録『講式——ほとけへの讃嘆』（奈良国立博物館、一九八五年）も参照。
（5）奈良国立博物館図録『仏舎利の荘厳』（奈良国立博物館、一九七四年）、景山春樹『舎利信仰——その研究と史料』（東京美術、一九八六年）、河田貞『仏舎利と経の荘厳』（日本の美術二八〇、至文堂、一九八九年）、橋本初子「大師請来舎利の信仰」（『中世東寺と弘法大師信仰』思文閣出版、一九九〇年）参照。
（6）中国の阿育王塔については、村田治郎「中国の阿育王塔（1）〜（6）」（『仏教芸術』一一四・一一七・一一八・一二〇・一二一・一二三号、一九七七年八月〜一九七九年五月）参照。
（7）森克己「日宋交通と阿育王」「仏舎利相承系図と日宋交通との連関」（『日本文化交流の諸問題』刀江書院、一九五〇年）、追塩千尋「古代日本における阿育王伝説の展開」（『日本中世の説話と仏教』和泉書院、一九九九年）参照。
（8）大正蔵第十九巻、№一〇二二、七一三頁a。
（9）上川通夫「末法思想と中世の「日本国」」（歴史学研究編『再生する終末思想』青木書店、二〇〇〇年）。
（10）大正蔵第五十三巻、五八八頁b〜五八九頁a。
（11）追塩註（7）前掲書参照。
（12）橋本註（5）前掲論文参照。
（13）日延と将来した典籍については、竹内理三「『入呉越僧日延伝』釈」（『日本歴史』八二号、一九五五年四月）、桃裕行「日延の天台教籍の送致」（『暦法の研究（下）』桃裕行著作集第八巻、思文閣出版、一九九〇年）参照。
（14）馬淵和男・小泉弘・今野達校注『三宝絵　注好選』（新日本古典文学大系三一、岩波書店、一九九七年）。

(15)　工藤美和子「空也誄と『三宝絵』の構造と差異」(『平安期の願文と仏教的世界観』思文閣出版、二〇〇八年)。
(16)　大曾根章介・金原理・後藤昭雄校注『本朝文粋』(新日本古典文学大系二七、岩波書店、一九九二年)。
(17)　工藤美和子「現世の栄華の為でなく――藤原道長の願文とその仏教的世界」(註(15)前掲書)。
(18)　『本朝文集』(新訂増補国史大系、吉川弘文館、二〇〇七年)。
(19)　中尾堯「生身仏信仰と舎利信仰」(同『中世の勧進聖と舎利信仰』吉川弘文館、二〇〇一年)。
(20)　引用は、国書刊行会編『玉葉』(名著刊行会、一九七九年)による。また高橋貞一『訓読玉葉』(高科書店、一九八八年)も参考にした。
(21)　引用は、奈良文化財研究所編『俊乗房重源史料集成』(吉川弘文館、二〇一五年)。
(22)　「大仏供養願文」文治元年八月二十三日条(筒井寛秀監修・東大寺続要録研究会校訂『東大寺続要録』供養編、国書刊行会、二〇一三年)。
(23)　註(21)前掲書。
(24)　『玉葉』建久二年五月二十二日条。
(25)　『東大寺続要録』供養編(註(21)前掲書)。
(26)　生駒哲朗「中世の生身信仰と仏像の霊性――重源の仏舎利信仰を中心に」(中尾堯編『中世の寺院体制と社会』吉川弘文館、二〇〇二年)。重源が舎利に注目したのは、入宋が大きく影響を与えたと考えられる。重源が体験した阿育王寺での夢想は、舎利と阿育王信仰や、鑑真がなぜ日本に舎利を請来したのかについて考える契機になったのではないだろうか。
(27)　貞慶の『舎利講式』の解説は、山田昭全・清水宥聖編『貞慶講式集』(山喜房佛書林、二〇〇〇年)の「舎利講式」解説編(ニールス・グュルベルグ担当)に詳しく紹介されている。
(28)　註(27)前掲書より引用。
(29)　坂本幸男・岩本裕訳注『法華経』上(岩波書店、一九七六年、一九八頁)。
(30)　大正蔵第三巻、№一五七、二一二頁c。
(31)　大正蔵第三巻、№一五七、二一一頁b。

(32) 大正蔵第三巻、№一五七、二一二頁a。
(33) 註(27)前掲書より引用。
(34) 註(27)前掲書より引用。
(35) 坂本幸男・岩本裕訳注『法華経』中（岩波文庫、一九七六年、二二〇頁）。
(36) 註(27)前掲書より引用。
(37) 註(27)前掲書より引用。
(38) 註(27)前掲書より引用。
(39) 註(27)前掲書より引用。
(40) 楠淳證「貞慶の浄土観とその信仰――弥勒信仰から観音信仰へ」（『龍谷大学大学院紀要』第六集、一九八五年三月）参照。
(41) 『日本大蔵経』第六十四巻。なお楠氏は貞慶の浄土観について、阿弥陀仏の報土と化土は一体同処であると、「報化一体同処論」を理念化したことを明らかにされている。この考えは、法然が未発心の凡夫である衆生が即得往生する道を示したのに対して、貞慶は、阿弥陀仏の本願は勝れているが、未発心の凡夫が往生するのは無理だと考えた。そのため本願に誓われている化土に往生し、報土へと往生する独自の凡入報土観を確立した（楠淳證「貞慶の弥陀信仰再考――本願念仏臨終来迎論と報化一体同処論による「凡入報土」の展開」（『南都仏教』九三号、二〇〇九年）参照）。
(42) 註(27)前掲書による。
(43) 新倉和文「貞慶著『観世音菩薩感応抄』の翻刻並びに作品の意義について」（『南都仏教』九二号、二〇〇八年）。
(44) 大正蔵七十一巻・№二三一一・五一頁b、「法相宗章疏二」『日本大蔵経』第六十三巻。
(45) 『鎌倉旧仏教』（註(1)前掲書）より引用。『愚迷発心集』については、多川俊英『貞慶『愚迷発心集』を読む――心の闇を見つめる』（春秋社、二〇〇四年）に現代語訳とともに詳細な論究がなされている。
(46) 註(27)前掲書より引用。
(47) 大正蔵第三巻、№一五七、二〇九頁c。
(48) 大正蔵第三巻、№一五七、二一〇頁a。

第二章　法然の語り――愚かであること(二)

第一節　愚癡の法然――念仏往生観

法然と同時代、浄土信仰を信奉した人々が、観想念仏を実践していたのに対し、法然は称名念仏によって往生をとげることができると主張した。また、法然は『選択本願念仏集』で、聖道門と浄土門のうち、末法の世では浄土門こそ人間の時機にかなっていると述べ、中国の道綽（五六二～六四五）が説いた釈迦入滅の後、衆生は深遠な仏の教えを理解する能力が劣っているという説を選択した。

ところで「聖光上人伝説の詞」には、

こゝにわがごときは、すでに戒定慧の三学のうつは物にあらず、この三学のほかにわが心に相応する法門ありや。わが身にたへたる修行あるやと、よろづの智者にもとめ、もろ〳〵の学者にとぶらふしに、おしふる人もなく、しめすともがらもなし。しかるあひだ、なげき〳〵経蔵にいり、かなしみ〳〵聖教にむかひて、てづから身づからひらきて見しに、善導和尚の観経の疏にいはく、一心専念弥陀名号、行住坐臥不問時節久近、念念不捨者、是名正定之業、順彼仏願故といふ文を見えてのち、われらがごとくの無智の身は、ひとへにこの文をあふぎ、もはらこのことはりをたのみて、念念不捨の称名を修して、決定往生の業因にそなふべし。たゞ善導の遺教を信ずるのみにあらず、又あつく弥陀の弘願に順ぜり(1)

と、「戒定慧の三学」を学んだとしても、「わが心に相応する法門」「修行」があるのかと、比叡山内はもちろん南都の大寺社にまで出かけ「智者」「学者」に問い求める。しかし満足のいく答えを得ることができなかった。それは、「智者」「学者」に法然を満足させるほどの学識がなかったということでも、ともに学ぶ相手がいなかったという意味でもない。法然からすれば、どの教えも優れているため、自分ではその可否が決められなかったのである。

しかし法然は、「善導和尚の観経の疏」の「一心専念弥陀名号、行住坐臥不問時節久近、念念不捨者、是名正定之業、順彼仏願故」という一文によって、極楽浄土往生を確信した。

法然に強い影響を与えた、善導（六一三～六八一）『観量寿経疏』（以下、『観経疏』と略記す）の「一心専念弥陀名号」は、煩悩をもつ衆生のために阿弥陀仏が自分の名を称えさせる教えで、衆生が往生できるのは、阿弥陀仏の四十八願の第十八願の誓願が成就されたからであると説かれている。

『観無量寿経』は、阿闍世《あじゃせ》太子が提婆達多に唆されて、父王の頻婆沙羅《びんばしゃら》を幽閉し、王を助けようとした母・韋《い》提希《だいけ》夫人をもとらえた王舎城の悲劇を導入部として、その韋提希への説法として展開する。後半部は十六観とよばれる、十六の段階の観法について説かれる。そのうち前の十三観は、日想観からはじまり、阿弥陀仏と観音菩薩・勢至菩薩を観想するにいたる。十三を観想、後の三観は極楽浄土に往生する衆生の行いと臨終時の来迎の様が上品上生から下品下生の九品段に分けて説かれる。善導は、この九品段を散善義として、前半部に見る韋提希夫人の要請によって釈迦が説いた十三観ではなく、釈迦が自らの意思により出世の本懐を説いたのだと理解した。阿弥陀仏は五濁悪世に生きる衆生救済のため、称名念仏こそが救済の道であると確証したのである。

この善導の解釈によって、法然は、「戒定慧の三学」を学んでも救われる身ではないと考えた我が身が救済されるという確信を抱いたのである。

ところで、後世、『法然上人行状絵図』といった多くの法然に関する伝記において、法然はゆくゆくは天台座主の身となる才智を備えていたと書かれているにもかかわらず、法然自身は自らを「愚」であり「無智の身」であると述べていた。「聖光上人伝説の詞」にも次のように述べられている。

又凡夫の心は物にしたがひてうつりやすし、たとふるにさるのごとし、ま事に散乱してうごきやすく、一心しづまりがたし。無漏の正智なにゝよりてかおこらんや。もし無漏の智剣なくば、いかでか悪業煩悩のきづなをたゝむや。悪業煩悩のきづなをたゝずば、なんぞ生死繫縛の身を解脱する事をえんや。(2)

「凡夫の心」は移りやすく定まらず、「ま事に散乱」して落ち着くことがない。なぜならば「悪業煩悩」にとらわれているからだが、「凡夫の心は物にしたがひてうつりやすし」という状態は、もちろん「無智の身」である愚者を自覚していた法然自身の状況を指す。それゆえに、比叡山で、源光・皇円・叡空という秀れた師三人に学んでも、南都の高僧に弟子入りしても、その教えの一つ一つが、すべて正しく思われ、心は「ま事に散乱」することになった。「無智の身」であるからこそ、法然自ら「三学」「修行」「智者」「学者」の教えのいずれにも当惑していたのだ。

「ま事に散乱」とは、「三学」や「智者」の教えを学び聞いたとしても、その瞬間に心に生ずる不安を意味している。つまり、仏の説いていることは正しいはずが、教えを受ける自分にふさわしいものは一体何かが判別できず、惑い不安になっていくという心のはたらきを意味している。不安は疑蓋（五蓋の一つ）という衆生の根本煩悩であり、仏の教えに対して「疑」が生じることを意味する。そのため、いくら「聖教」を読んでも常に疑念がつきまとい、疑念を抱えたまま自らが正否を選ばなければならないという状況に陥る。それでは、永遠に「心は物にしたがひてうつりやすし」という状況から脱することができない。

そのように自らの「疑」にとらわれた法然は、「三学のほかにわが心に相応する法門ありや。わが身にたへたる修行あるや」と探し求めていたが、『観経疏』の善導の言葉によって、散乱心をもつ衆生である自らが、仏の教えに対して正否を下すことは不可能であることを知るのである。それこそが愚者であるとの気づきであった。またそれは同時に、善導を仲介として阿弥陀仏の誓願に説かれた救済に気づかされたことでもある。

自らの「愚」の気づきによって法然は、愚者とは多くの人々に共通する問題であると考えた。法然はその生涯の中で、浄土信仰の信者の求めに応じて多くの消息（手紙）を残しているが、その消息の中で愚者の問題と阿弥陀仏の本願の関係について説き示している。

たとえば関東の武士、大胡太郎実秀《おおごのたろうさねひで》に宛てた「大胡太郎実秀へつかはす御返事」には、三心（至誠心・深心・廻向発願心）について言及している。その中で「深心」について次のように述べている。

二には深心とは、すなわちふかく信するこころなり。なに事をふかく信するといふに、もろもろの煩悩を具足して、おほくのつみをつくりて、余の善根なからむ凡夫、阿弥陀仏の大悲の願をあふきて、そのほとけの名号をとなえて、もしは百年にても、もしは四五十年にても、もしは十二十年乃至一二年、すへておもひはしめたらむより、臨終の時にいたるまで退せさらむ、もしは七日一日十声一声にても、おほくもすくなくも、称名念仏の人は決定して往生すと信して、乃至一念もうたかふ事なきを深心と也。しかるにもろもろの往生をねかふ人も、本願の名号おはたもちなから、なほ内に妄念のおこるにもおそれ、外に余善のすくなきによりて、ひとへにわかみをかろめて、往生を不定におもふは、すてに仏の本願をうたかふなり。されは善導は、はるかに未来の行者の、このうたかひをのこさむ事をかかみて、うたかひをのそきて、決定心をすすめむかために、煩悩を具してつみをつくりて、善根すくなくさとりなからむ凡夫、一声までの念仏、決定して往生すへきことわりを、こまかに釈してのたまへるなり。(3)

多くの煩悩が生じ善根の少ない凡夫であっても、阿弥陀仏の誓願によって、極楽往生は決定している。しかし、凡夫は「妄念」を起こし、「仏の本願をうたかふ」と疑念を必ずもつと述べる。なぜなら人間は、すべての事象を差異で見てしまい「うたかふ」心が生じる。ここで興味深いのは、善導は「はるかに未来の行者の、このうたかひを」すでに見知していたことである。その「うたかひ」を除くために「一心専念」に念仏の教えを伝えたと述べている。

源頼朝の妻で尼将軍といわれた北条政子（一一五七〜一二二五）も法然へ帰依した一人である。政子は法然に、念仏の功徳について問う手紙を送り、法然より「鎌倉の二位の禅尼へ進ずる御返事」を受け取った。その中でも、

念仏の行はもとより有智無智をえらはす、弥陀のむかしのちかひたまひし大願は、あまねく一切衆生のためめ也。無智のためには念仏を願とし、有智のためには余行を願としたまふ事なし。十方世界の衆生のためなり。有智無智善人悪人持戒破戒貴賤男女もへたてす、もしは仏の在世の衆生、もしは仏の滅後の衆生、もしは釈

迦末法万年ののちに、三宝みなうせての後の衆生まて、たた念仏はかりこそ、現当の祈禱とはなり候へ。善導和尚は弥陀の化身にて、ことに一切の聖教をかかみて、専修の念仏をすすめたまへるも、ひろく一切衆生のため也。(4)

と返答している。

念仏の教えは「有智無智善人悪人持戒破戒貴賤男女」と一切衆生のためのものであり、教養、身分や社会的役割、姓別など、さらには場所、時間などの区別も設けていないという。また三宝が失われたとしても娑婆世界には念仏の教えだけは必ず残る。つまり「有智無智善人悪人持戒破戒貴賤男女」で区別し、往生の可否を衆生側が判断することが、阿弥陀仏の願に対して疑いを生じさせていることになる。

「大胡太郎実秀が妻室のもとへつかはす御返事」にも、

たとひあえりといへとも信せされは、またあはさるかことし。いまふかくこの願を信せしめたまは丶、往生のうたかひおほしめすへからす。(5)

と、阿弥陀仏の「願」に対して「往生のうたかひ」を起こすことがないように再三の注意を促している。

法然の帰依者である津戸三郎為守（一一六三〜一二四三）へ宛てた「津戸三郎へつかはす御返事」には、念仏に対して批判する者たちに対し、次のように記されている。

されはさやうに妄語をたくみて申候覧人は、かへりてあはれむへきものなり。さほとのものの申さむによりて、念仏にうたかひをなし、不審をおこさむものは、いふにたらさるほとの事にてこそ候はめ。おほかた弥陀に縁あさく、往生に時いたらぬものは、きけとも信せす、行するをみては、腹をたて、いかりを含て、さまたけむとすることにて候也。そのこころをえて、いかに人申候とも、御こころはかりはゆるかせたまふへからす。あなかちに信せさらむは、仏なほちからおよひたまふまし。いかにいはむや、凡夫ちからおよふましき事也。かかる不信の衆生のために、慈悲をおこして、利益せむとおもふにつけても、とく極楽へまいりて、さとりひらきて、生死にかへりて、誹謗不信のものをわたして、一切衆生あまねく利益せむとおもふへき事にて候也。このよしを御こころえておはしますへし(6)。

念仏の批判は、仏の教えに対する「妄語」という十悪を犯すことになると指摘しているが、批判を懸念することはない。どのような批判が向けられたとしても、それは批判する側が、「おほかたに弥陀に縁あさく」と阿弥陀仏の本願に対し疑念を生じ「妄語」を犯しているのであって、むしろ阿弥陀仏は、そのような「不信の衆生」のために、悟りを開いたのだと答える。重要なのは、「不信の衆生」に対して、我々は往生して悟りを得たのち、再度「生死」の世界である娑婆世界に転生し「誹謗不信」の衆生を利益させるべきだ、と主張されていることである。

法然の帰依者である正如房（生没年不詳）という女性に宛てた「正如房へつかはす御文」には、

仏ののたまふみことはは一言もあやまたすと申候へは、たたあふきて信すへきにて候。これをうたかはは、仏の御そらことと申にもなりぬへく、かへりてはまたそのつみに候ぬへしとこそおほえ候へ。深く信せさせたまふへく候(7)。

と、やはり「疑」をもつことは、仏に対して罪を犯すことになり、深く信ずる心こそが肝要だと語る。

「疑」は衆生が抱える煩悩のなかでも、注意すべきものである。しかし衆生には「凡夫ちからおよふましき事」(「津戸三郎へつかはす御返事」)と、自らの力ではどうあがいても煩悩を脱することが困難な問題だった。法然はだからこそ、阿弥陀仏のはたらきかけが必要となってくると言う。そのはたらきかけが善導によって伝えられたことを、法然は「大胡太郎実秀へつかはす御返事」に、

善導またたの凡夫にあらす、すなわち阿弥陀仏の化身なり。かの仏わか本願をひろめて、ひろく衆生に往生せさせむれうに、かりに人とむまれて、善導とは申なり。そのおしえ申せは、仏説にてこそ候へ(8)。


と、善導は実は「凡夫」ではなく「阿弥陀仏の化身」であったと告げている。そして善導の教えは、阿弥陀仏そのものの教えとなる。同様のことは「鎌倉の二位の禅尼へ進ずる御返事」にも述べられるが、化身として教えを弘めた理由は、法然をはじめとする娑婆世界の衆生に阿弥陀仏の本願を説き示すため、善導という実体をともなった姿として現世に出現し、極楽往生の教えを説くためだったと述べる。

以上のように、法然が考えていた愚者とは、阿弥陀仏の本願に対する疑いをもった者を意味していた。疑いが生じるのは、自己が不完全であることに気がついたことを意味している。一方、仏は衆生の対極にあって完全で永遠の存在である。衆生は阿弥陀仏に自己の生き方を問うことによって、不完全性な自己すなわち愚者であることを知るのである。

智慧第一と評価されていた法然でさえ、往生への不安と疑いが常に生じていた。愚者であり凡夫である我が身が、善導によって、阿弥陀仏の誓願と称名念仏により救われる方法を明示されたのである。つまり法然が専修念

仏に至る根底には、愚者の自覚があった。

信仰とは、私が何を信仰するかを選ぶのだと考えられているが、そうではなく与えられるものであり、信じるに値するものとは何かを探究することである。人間の不確かさや不完全性が明らかにされ、その上で、選ぶものとは何なのかが自ずと明らかになってくる。

「愚癡の法然房」と法然が自らを許したのは、「私には疑いがあり、私には選ぶ能力がない、私は仏に及ばない」と不完全さを自覚したからである。しかし不完全さに自身で気づくことはできない。そもそも不完全な人間には選ぶ能力が備わっていないのだから、不完全さに気づくこと自体どうしようもなく不可能である。ではどのように気づくのかといえば、仏によって自らが愚者であるという気づきが与えられるのである。法然の場合、それをもたらしたのが阿弥陀仏の化身と認識された善導の「一心専念」の文であり、善導によって導かれた阿弥陀仏の第十八願だった。つまり、衆生が「何を信仰するのか」も、実は仏によって与えられている。法然は、阿弥陀仏には、救いの方法として念仏＝阿弥陀仏が自分の名前を称えさせるという本願があることに気づかされたのである。

阿弥陀仏の選択であるから、法然自身が選んだものではない。法然は、「念仏を称えさせるように仕向けていく」という阿弥陀仏の誓いよって称えているのだという見方に力点を置いた。それは、我々が念仏を称えるのはなぜか、念仏を称えさせているはたらきとは何かという問題であった。そして、悟りを開く方法は阿弥陀仏から教えを受け、その誓願の力を与えてもらわなければ往生はできないというのが答えであった。

鎌倉仏教の新しい時代を切り開いた先駆者の貞慶と法然、一見すると相反する二人には、共通する愚者の自覚があり、永遠不滅の完全なる仏に自己の生き方を問うた。

その問いかけた相手が、貞慶は釈迦、法然は阿弥陀仏という、別の仏であった。そのため、それぞれ違う答えが返ってきた。どの仏に生き方を問うのかは縁によるものであるから、どちらが正しいというわけではない。貞慶は愚者の自覚も舎利も釈迦の本願だと考え、法然は阿弥陀仏の念仏が本願であると考えた。ともに五百の誓願から一つか、四十八願から一つかを選択したという点では、共通しているのである。

自己の愚かさを知ることは宗教の基本である。信心が生まれる根本である。しかし「愚に還る」と言ったからとて貞慶や法然がとくに勝れた宗教者というわけではない。宗教者として探求する問題としては至極当たり前のことではないだろうか。

むしろ、貞慶と法然が宗教の根本に戻って仏教を再考しようとしたことをこそ評価すべきであろう。そういう意味では、両者は同じ出発点に立っていたのである。

第二節　法然の語り――念仏往生の願は男女をきらはず

仏教と女性との関係については、長年社会学・文化人類学・女性学など様々な分野で議論がなされてきた(9)。なかでも、仏教と女性たちとの関係について必ず引用されるのが、『法華経』提婆達多品に説かれる五障をめぐる議論である。これが仏教による女性差別思想だと断じられて以降、女性は罪深い存在であると理解されるようになった。また往生や悟りのためには変成男子が必要であると女性も男性も考えていたはずだという見識が、ほぼ常識とされ、在家社会・仏教界でもそのように認知されていたと理解されてきた。

とくに鎌倉時代の女性と仏教に対する研究状況は、五障のもつ意味を経典等で深く調べることなく、各教団が、女性は五障を備えている存在であることを強調し、なぜそのようなことを説いたのかについての理由を、当時の女性たちが罪深い存在という認識が社会的にあったためと結論づけていく方向にあるのが現状であり、最終的に各々の教団が女性の成仏や往生を認めているのは、五障という女性差別観を利用することで女性を教団へと取り込んできたのだという論が、大部分を占めてきた。しかしこの結論こそ、世の中を「男／女」という二項対立でみるという現代的な思考方法（それは一つの煩悩であるが）が導いた結果であることは言うまでもない[(10)]。

そもそも、過去の女性たちは、仏教と自らをどう理解していたのだろうか。そして何よりも五障という考えを、男性によって女性に課せられた抑圧、もしくは仏教の差別思想だと考えていたのだろうか。

日本に仏教が伝来して最初に出家したのは女性である。また奈良時代には家僧も含め尼の数は増加し、在家社会の女性たちも積極的な仏教活動を行ってきたことは、『日本霊異記』や『日本往生極楽記』などの往生伝、『今昔物語集』等で詳細に語られている[(11)]。

では、なぜ女性たちは現代の我々が男女差別の言葉と決定した文言を積極的に用いたのだろうか。本節では、女性と仏教という問題を考える上で、まず五障が経典等に説かれている意味を考えてみたい。言い換えれば、現代社会に生きる私たちが考えるような意味で女性差別を意味する文言を仏教に用いているのだろうか。

そこで、女性たちが自ら五障の言葉を用いていた史料として、平安末期から鎌倉時代の願文を検討したい。さらに鎌倉時代に女人成仏や往生がどのように理解されていたのかについて、法然（一一三三～一二一二）の消息・絵巻（詞書）などに記された文章から再検討する。それまでの研究の見方のように、教団に入れるための方便として五障を語っていたのか、それとも極楽往生のすばらしさを男女とも差別することなく示すために用いていたのかについて、若干の考察を試みたい。

（一）　仏教経典にみる五障観

近年、五障に関する解釈として、それぞれの経典によって若干意味を異にするものの男女の成仏の差異を表す意味では用いられてはいないこと、反対に、男女ともに具えもっている悟りの妨げ、いわゆる煩悩の意味として記されていることが指摘されている。[12]

たとえば『雑阿含経』巻第二十六は、[13]「五障五蓋」と記し、「貪欲蓋・瞋蓋（怒りと憎悪）・睡眠蓋（心の消沈）・掉蓋（悔恨）・疑蓋（仏への疑）」を五障とする。この「五障五蓋」は仏道修行者すべての問題であり、「五障五蓋」を滅するために「七覚支」（七等覚支のこと。念覚支・択法覚支・精進覚支・喜覚支・軽安《きょうあん》覚支・定覚支・捨覚支）によって智慧が増長され、悟りにいたるのだと説かれている。

初期大乗経典の『大宝積経』巻第三には、[14]在家仏道修行者には三つの修行があり、それにより「六法」を得て「五障」を除くことができると記される。この「五障」は、「離間語（二枚舌）・妄語・意楽（心構えの不成）・嫉妬・耽著諸欲（欲望）」の五事項で、これらによって身口意の三業が十悪を作り出す。

玄奘訳『瑜伽師地論』巻第九十八は、瞑想によって禅定を実践する際に生じる散乱心について「五障礙」を説いている。

ではなぜ五障は、仏教辞典に書かれているような、女性のみを対象とした差別的な言葉として意味づけられていったのだろうか。

その答えが『法華経』提婆達多品の五障の解釈である。『法華経』提婆達多品は前半部と後半部に分かれており、前半部では、提婆達多が釈迦の殺害を試みるものの悪人成仏が可能であることが説かれている。続いて後半部に釈迦の説法の場に八大龍王の娘・龍女が登場する。龍女は文殊菩薩が海の中で説いた『法華経』の教えによって即身成仏を遂げたことを告げるが、それに対して、小乗仏教の修行者である智積菩薩と声聞の代表者である舎利弗が以下のように疑義を投げかけることから五障の解釈が始まる。

われ釈迦如来を見たてまつるに、無量劫において、難行し、苦行し、功を積み、徳を累ねて、菩薩の道を求むることに、未だ曾て止息したまわず。（中略）その時、舎利弗は竜女に語りて言わく、汝は、久しからずして、無上道を得たりと謂えるも、この事端信じ難し。所以はいかん。女身は垢穢にして、これ法器に非ず。云何んぞ能く、無上菩提を得ん。仏道は懸曠にして無量劫を経て、勤苦して行を積み、具に諸度を修して、然して後、乃ち成ずるなり。又、女人の身には、猶、五つの障あり。一には梵天王と作ることを得ず、二には帝釈、三には魔王、四には転輪聖王、五には仏身なり。云何んぞ、女身、速かに成仏することを得ん。(15)

智積菩薩と舎利弗の主張はこうである。いくら修行をしたといっても龍女の即身成仏は絶対あり得ないと反論する。たとえば智積菩薩は、この世界で釈迦以外に悟りを得た者などいないと述べ、舎利弗は「女人の身」は「五つの障り」を具えているから仏になれないと疑義を口にする。

しかし、五障は女性差別だということを、釈迦は一切説いていない。また成仏した龍女が再度龍女の姿として皆の前に出現していることに注目しなければならない。提婆達多品は続けて次のように説かれる。

当時の衆会は、皆、竜女の、忽然の間に変じて男子と成り、菩薩の行を具して、すなわち南方の無垢世界に往き、宝蓮華に坐して、等正覚を成じ、三十二相、八十種好ありて、普く十方の一切衆生のために、妙法を演説するを見たり。その時、娑婆世界の菩薩と声聞と天・竜の八部と人と非人とは、皆、遙かに彼の竜女の、成仏して普く時の会の人、天のために法を説くを見、心、大いに歓喜して悉く遙かに敬礼せり。無量の衆生は、法を聞いて解悟り、不退転を得、無量の衆生は、道の記を受くることを得たり。無垢世界は、六反に震動し、娑婆世界の三千の衆生は、不退の地に住し、三千の衆生は菩提心を発して、記を受くることを得たり。

智積菩薩と及び舎利弗と一切の衆会とは、黙然として信受せり。

龍女は「変じて男子」となり「南方無垢世界」の蓮華坐で悟りを得て仏の相好を具え法を説いた。つまり智積菩薩や舎利弗が集う場の衆生は、一瞬にして変成男子し仏の相好を具えた姿を目撃したことになる。ここで注意しなければならないのは、龍女は単なる女性ではないことであろう。女性であるが八歳の子どもでもある。また龍という畜生でもある。女性・子ども・畜生というと、どのような方法をもってしても成仏にはほど遠い存在であるかのように見える。しかし「娑婆世界」と「無量の衆生」は、一瞬に龍女がその姿のまま成仏した姿を目撃したと説いている。

智積菩薩や舎利弗のいる場では仏であったにもかかわらず、再び女性から変成男子し仏へと、わざわざ変化させて、智積菩薩と舎利弗に慈悲をかけて成仏とは何かを示してくれた姿を、衆生は目撃したことになる。すなわち、龍女が成仏したのか否かではなく、釈迦以外に悟る修行者はいないと頑ななまでに自らの考えに固執した智積菩薩と、「男は仏になれる、女はなれない」という当時の小乗的男女観（男女の差異を実体化する二者択一的な先入観）にとらわれた舎利弗の二人の成仏が問題になる。[16]

智積菩薩や舎利弗自身は、自らが有する執着によって釈迦の説く法に疑いを起こした愚者であり、そのままでは釈迦に対する誹謗罪を犯すことになる。そのため二人の疑を取り除く必要が生じる。龍女の変成は智積菩薩や舎利弗が執着している「愚」こそが煩悩だと気づかせるためであった。つまり、舎利弗や智積菩薩がとらわれている煩悩に沿った形で成仏に差異はないことを説いた。

『法華経』を所依の経典とする天台宗では、天台大師智顗（五三八〜五九七）『法華玄義』巻第五上[17]に、煩悩の自覚が発菩提心につながり等正覚になると論じ、龍女の即身成仏こそ天台宗の目指すべき理想的悟りの姿だと説いている。即身成仏を成し遂げたことから、天台宗は頓教であるという、他宗への優位性を示す論拠ともなる。そして当然のようにこの理解は日本の天台宗へも伝来されていく。

たとえば円珍は『授決集』の中で、提婆達多品を取り上げ、海中で即身成仏したにもかかわらず、衆生の前に、あえて三十二相を具現した仏の姿ではなく、女身の姿で現れ説法したのだと説いている。

真理が現れても、衆生は眼・耳・鼻・舌・身・意の感覚によってしか物事を把握も理解もできない。つまり外界を自分の中に取り込むことになるが、その時、自己中心的にしか物事をとらえられない人間には都合よく解釈する誤ちが生じてしまう。仏はそのことを十分に承知しているから、衆生の理解できる形をとって現れたという仏の慈悲だと解釈される。

そのほかにも、智顗『法華玄義』の注釈書を記した湛然（七一一～七八二）『法華玄義籤』巻第一には、智顗が『法華経』信解品の「汝恒に作す時、欺怠瞋恨怨言有ること無く」の「欺・怠・瞋・恨・怨」を自覚することによって菩提心が生じ、即身成仏が得られると記されている。[18]つまり「欺・怠・瞋・恨・怨」が五障なのである。

最澄の弟子でのちに第一世天台座主になった義真（七八一～八三三）も『天台法華宗義宗』において「嫉妬・覚観・癡・貪・障道」が「五障」であり、「慈停心・数息停心・因縁停心・不浄停心・念仏停心」の「五停心」によって滅することができると記している。

以上のように、五障は女性が成仏できない要因ではなかった。『法華経』を重んじる天台宗が龍女の即身成仏を男女差別ととらえておらず、五障を煩悩や散乱心、執着を意味していると解釈していることが明らかになった。

作成を依頼した願文である。[20]

（二）「五障」を語る女性たち

ところで、女性自身が自らに五障が具わっていると告白した極めて早い史料が、元慶八年（八八四）「式部大輔藤原朝臣室家命婦の為の逆修功徳願文」[19]である。

これは、ある女性が亡き父母のために『法華経』二部を書写・功徳とともに逆修法会を行う際に、菅原道真に作成を依頼した願文である。[20]

弟子重ねて願を発して曰く、生有り、老有り、病有り、死有り、（中略）将に後事を属せんとするに、一も生ずる所無し。道の三塗、身の五障、誠に哀れむべし。是故に我今唯一心を発し、三宝に帰依す。（中略）随喜心に欣ぶは、皆是れ菩提薩埵。[21]

親しい親族もいない願主は、この世は生老病死の世界であることを理解しつつも、自らの死後（「後事」）に供養を依頼する者がいないことを「道の三塗、身の五障」と述べる。しかし、女性が五障をもっているから成仏できないという意味で言っているわけではない。誓願の言葉を向ける対象者は仏のみである。仏に誓願を立てるならば、まず自ら懺悔する必要が生じる。「後事」のような身だからこそ、菩提心を生じ、仏への帰依を自ら誓い、自らの成仏を願うことができる。また自らの成仏だけではなく、法会に参加した人々に『法華経』の講説を聴聞させることにつながり、一切衆生が「菩提薩埵」すなわち菩薩に至れるようにと願う利他行が誓われることにもなる。

寛和元年（九八五）「大納言藤原卿息女女御の為の四十九日の願文」（『本朝文粋』巻第十四）は、花山天皇女御の藤原為光女の四十九日追善法要のために父の為光が願主となり、文人貴族慶滋保胤が作成した願文である。その内容は、あまりにも早すぎる娘の死を悲しむ父親の心情と娘の来世について次のように記されている。

生ずる所の功徳、累業を銷滅せん。努力《ゆめゆめ》人中の雲雨となること莫れ、自愛して天上の快楽を受けざれ。又其れ此の五障を奈何せんと欲す、其れ彼の五衰を奈何せんと欲す。弟子早く幽霊を引き、偏に極楽に在らしめん。弥陀尊の蓮台を設くるや。上品を望み、又下品を仰ぐ。法華経の仏果を説くや、我が女をして龍女に異ならざらしめん。彼は即身なり是は後身なり。(22)

父親の悲しみとともに『法華経』提婆達多品が引用されているが、為光は娘は死後「人中の雲雨」（人道）、「天上の快楽」（天道）に輪廻転生することがないようにと願う。なぜならば、人道や天道は仏の説法を聞くことができるものの、永遠の命を保つことはできず、天には「五衰」、人道には「五障」がともなうからである。ところが為光は、『法華経』提婆達多品を読誦したところ、娘は龍女と同じく即身成仏を遂げていたと気づいた。「五障」は「人中の雲雨」と対句であるから、人間に転生した場合、また五障＝煩悩を生じることを示唆している。為光にとって天道か人道かと気に病む自身の考えこそ煩悩であり、為光の願いを上回り『法華経』提婆達多品によって娘が死後に即身成仏を遂げたと理解した喜びが明かされる。

さらに時代が下ると、女性願主によって「自分は五障があるから即身成仏が可能なのだ」と自らの後世に強い確信を述べる願文に五障が積極的に記される。

天永元年（一一一〇）「顕季卿室の千日講の結願の願文(23)」は、願主自らが『法華経』『阿弥陀経』を書写したことを「婦女の堪えざるの性を以て、究竟難解の文を書す」と、女性にとっては大変な作業だったと告白している。しかし経典書写をする理由について次のように述べる。

夫れ化他の道還りて我に資す。自業の果将に誰に属せんとす。一切衆生の貪愛を除いて、我れ秋胡陰氏の廉潔を得ん。一切衆生の瞋恚を除いて、我れ荘姜嫄大任の慈忍を得ん。一切衆生の愚痴を罷めて、我れ龍女釈女の智恵を得ん。一切衆生の輪廻を罷めて、我れ妙覚等覚の極位を得ん。（中略）弟子五障の雲重しと雖も、証入を無垢界の正覚に望む。三業の塵深しと雖も、払拭を有頂天の成道に期す。(24)

「顕季卿室」にとって経典書写は「一切衆生」の貪愛といった煩悩（三毒）を消滅させるための利他行であり、衆生は輪廻転生から脱することが可能となり、「龍女釈女の智恵」すなわち即身成仏を遂げる理由を明かす。「五障の雲」「三業の塵」の「雲」と「塵」は先が見えない、つまり煩悩を意味する。だが、その自覚をもつことが「無垢界の正覚」「有頂天の成道」につながると述べられる。

鎌倉時代には、元久二年（一二〇五）「逆修功徳の願文」で、浄意という尼僧が出家の志を固め念仏を唱えるようになったことと、「順次往生」のために「阿弥陀如来像」と「浄土三部経」を書写することを、次のように誓う。

彼の末法万年の利益は、弥陀一教の功徳なり。我れ若し此の教えの流布に遇ずば、豈に偏増の益を蒙らんや。極楽教主の悲願甚だ深し。袂を反して自ら勝《た》へず。善知識の方便尤も苦し、心に銘じて暫く忘れん。（中略）然れば則ち五障の雲晴れ、六根の露潔し、光明無量の月常に照らす、来迎引摂の蓮遂□。(25)

造像や経典書写など仏教的作善によって「五障の雲」が滅し、「光明無量の月」と、阿弥陀仏の「引接」によって往生が果たされると述べるが、ここでも「五障」は「雲」という悟りを遮る煩悩の意味を有している。それは、極楽に往生したいという願いを叶えるために仏教的作善によって煩悩が消滅するという意味で用いられている。

（三）　女性たちに語りかける法然

鎌倉時代の仏教界に目を向けてみると、専修念仏の法然、その弟子親鸞（一一七三～一二六二）、遊行僧侶として念仏往生を説いた一遍（一二三九～八九）、臨済宗の栄西（一一四一～一二一五）、曹洞宗の道元（一二〇〇～五三）、法華信仰の重視を訴えた日蓮（一二二二～八二）、戒律復興の叡尊（一二〇一～九〇）、東大寺再興に尽力した重源（一一二一～一二〇六）、解脱房貞慶（一一五五～一二一三）、唱導の祖・澄憲（一一二六～一二〇三）とその子息でのちに法然の弟子となる聖覚（一一六七～一二三五）などの多くの高僧が登場し、仏教界に大きな変革をもたらした。[26]

法然や親鸞は、積極的に女性往生や成仏について語ることはなかった。それは、阿弥陀仏が一切衆生を往生させるという四十八願が成就されたことによって、すべての衆生が極楽往生できると確信していたためである。

一方、道元も、『正法眼蔵』で女人禁制について強烈に批判し、悟りに男女の差異はないと訴えた。日蓮も『法華経』提婆達多品による積極的な女人成仏を説いた。

南都仏教でも女性と仏教に変化が見られた。南都寺院全体が再興を目指していた当時、西大寺律宗を再興した叡尊は、男女不問の一切衆生救済のため光明真言会を行っている。

鎌倉時代なると、尼寺の創建が増加し尼になる女性も増えていった。鎌倉幕府は南宋の制度に倣い禅宗寺院を五山・十刹・諸山に分類したが、尼寺にも五山の制度が適用された。『蔭凉軒日録』によると、京都の尼五山は景愛寺・通玄寺・檀林寺・護念寺・恵林寺、鎌倉の尼五山は太平寺・東慶寺・国恩寺・護法寺・禅明寺と定められた。

尼僧の活躍も、天寿国繡帳を発見した中宮寺の信如尼（一二一一～没年未詳）、禅僧無外如大（一二二三～九八）

らが目を引く。(27)

ところで鎌倉仏教の先駆者の一人である法然は、女性の極楽浄土往生の可否について積極的には発言していないことは上述したが、数々の絵巻や消息などを見ると、女性側からの不信に対する問いに積極的に語りかけている。

たとえば、『法然上人行状絵図』では、東大寺における『阿弥陀経』『無量寿経』『観無量寿経』の「浄土三部経」講説において女性の往生について問答している。

法然の消息は、送り先がはっきりしており、返答も男女に何ら分け隔てはなかった。消息の相手は熊谷直実や大胡太郎実秀、津戸三郎、正如房、北条政子など著名な人物から無名の人物まで、約三〇名の消息を見ることができる。

また法然の死後、信空・証空・弁長・源智・親鸞といった多くの弟子たちが、法然の語りを自らにも問い、人々へとその教えを説き続けていた。

◆絵巻の中の法然

多くの信者に慕われた法然の死後、その生涯を描いた多くの絵巻が制作された。

現在最も古いとされているのが『伝法絵流通』（善導寺本）である。その後『源空上人私日記』・『法然上人伝記』（醍醐本）・『知恩講式』・『本朝祖師伝記絵詞』（四巻伝）・『黒谷上人伝』（信瑞本）・『源空上人伝』（知恩伝）・『法然聖人絵伝』（弘願本）・『法然上人秘伝』（秘伝）・『黒谷源空上人伝』（十六門記）・『法然上人伝絵詞』（琳阿本）・『拾遺古徳伝絵』（古徳伝）・『法然上人伝記』（九巻伝）・『法然上人行状絵図』（『法然上人絵伝』『勅修御伝』）等が制作された。(28)

なかでも『法然上人行状絵図』は詞書と絵を交互に配し、阿弥陀仏の四十八願と同じ数の四十八巻で成立している。全二三五段に分けられ、詞書の間には二三二枚の絵が挿入されている。その全長は五四八メートルにも及ぶ大作で、正本は知恩院に、副本は当麻寺奥の院に所蔵されている。

『法然上人行状絵巻』（以下、『法然上人絵伝』と記す）には、庵に多くの人々が訪れ、法然が法を説く場面がたびたび登場する。またどのようなことを説いていたのか、詳細も記されているが、それは、ただひたすらに阿弥陀仏の第十八願による称名念仏の教えであった。

日本でも奈良時代の行基や「阿弥陀聖」と称された空也のように市中にあって人々に仏教の教えを説いた僧侶は何人もいた。また『阿弥陀経』の書写供養や、阿弥陀堂（浄土堂）の建立供養会も数多く行われていたことは、一〇世紀末の源為憲『三宝絵』下巻に、都や大和国の寺院で月ごとに行われる仏事法会について記されていることなどから確認できる。しかし、行基や空也が、法会でどのような教えを人々に説いていたのかについては、明確ではない。

法会で僧侶を介して述べられる仏の教えを聴聞する人々は、釈迦が私たちに何を語ろうとしているのか、何をもって救おうと述べているのか、言葉を正確にとらえる努力を要した。僧侶は、正しい言葉で何度も何度も人々に法を説くとともに、それは難解であってはならない。人々がその教えに共鳴することが重要であり、そのためには、説く側が衆生の身になって仏の言葉を聞き取る必要もあった。

これは法然だけの問題ではない。親鸞・日蓮・一遍といった高僧たちもこの問題にぶつかってきた。『一遍上人伝』には、極楽浄土への往生を確定する賦算を配布する一遍の前に阿弥陀仏が熊野権現となって現れ、「信不信を選ばず、浄不浄を選ばず」と極楽浄土往生に関して一遍が決定することではないと諫める場面が描かれている。一遍の一切衆生に対する往生への願いが賦算に込められていたわけだが、一遍はこの賦算を配布することが正しいか否か迷っていた。阿弥陀仏はその一遍の迷いを否定する。一遍が決めようとするのは愚かなことで、阿弥陀仏が何を語ろうとしていたのかが一遍には通じていなかったことになる。それゆえに、阿弥陀仏は熊野権現として現れ、一遍に賦算を配ることは阿弥陀仏の誓願にかなっている行為だと諭すのである。

法然の場合、次のようなパターンが絵巻の中で繰り返される。それは人々の疑問に対し、その人が理解できるように言葉を選びながら直接答えるというものである。たとえば談義の様子、弟子たちへの説法、配流先の人々への説法、室津の遊女への説法、女性たちだけに往生を説いている場面などである。

◆女性は往生できるのか

ところで『法然上人絵伝』巻十八段には、女性たちだけに教えを説く場面が次のように記されている。女性たちは法然の庵を訪ね、自分たちが往生できるかと質問していた。

上人、大教を尺給とき、四十八願の中の第卅五の女人往生の願の意《こころ》をのべての給はく、上の念仏往生の願は男女をきらばず、今別にこの願ある、そのこゝろいかん。つら〳〵この事を案ずるに、女人はさはりおもし。別して女人に約せずば、すなはち疑心を生ずべし。そのゆへは、女人はとがおもし。大梵高台の閣にもへだてられて、梵衆梵輔《ぼんほ》の雲をのぞむことなく、帝釈柔軟の床にもくだされて、三十三天の花をもてあそぶ事なし。六天魔王の位、四種輪王の跡、のぞみながくたえてかげをさゝず(29)。

法然は女性たちの疑問に対して『無量寿経』に説かれる阿弥陀仏の四十八願の第三十五願を引用し、答えている。

『無量寿経』第三十五願は「女人往生の願」といわれており、阿弥陀仏がまだ法蔵菩薩という仏道修行者であったときに、「あまねく無量・無数・不可思議・無比・無現量の諸仏国土にいる女人たちがわたくしの名を聞いて、きよく澄んだ心を生じ、覚りに向かう心をおこし、女人の身を厭うたとして、生を脱してからふたたび女人の身をうけるようなことがあったならば、その間わたくしはこの上ない正しい覚りを現に覚ることがありませんように」と世自在王仏に立てた誓願である。ここで注目されるのは、「無量・無数・不可思議・無比・無現量の諸仏国土」の「女人」が阿弥陀仏の名を聞いて往生したいと発心し、女人の身を嫌ったにもかかわらず再び「女人」に生まれたならば、法蔵菩薩は仏にはならないと誓われていることである。この「女人」は、煩悩をもつ衆生の意であるから、男でも同じことである。諸仏の国土に見捨てられた「女人」たちが極楽浄土の阿弥陀仏によって浄土往生することは確実だが、それ以外の仏国土は一切衆生が成仏できるか否かといった区別を設けているいると示唆している。

上述したように、法然は、

女人はとがおもし。大梵高台の閣にもへだてられて、梵衆梵輔の雲をのぞむことなく、帝釈柔軟の床にもくだされて、三十三天の花をもてあそぶ事なし。六天魔王の位、四種輪王の跡、のぞみながくたえてかげをさ さず。

と、『法華経』提婆達多品で舎利弗が疑問を釈迦に呈した五障の言葉を引用しつつも、決して仏になれないとは言っていない。つまり「梵天・帝釈・魔王・輪王」の四つの位にはなれないだけで、仏になれないとは述べていない。なぜならば、「梵天・帝釈・魔王・輪王」は、偉大ではあるものの仏ではないから煩悩が生じてしまう存在であり、衆生と同じく輪廻転生を繰り返す。それに対し、仏は煩悩も生ぜず輪廻転生もすることはない。さらに「女人はさはりおもし。別して女人に約せずば、すなはち疑心を生ずべし」と、問題は女性たちの「疑心」にあると述べる。そのことについて善導の言葉を借りながら、次のように語る。

善導和尚この願を尺しての給はく、「弥陀の大願力によるがゆへに、女人仏の名号を称すれば、命終のとき女身を転じ男子となる事を得。弥陀御手をさづけ、菩薩身をたすけて、宝花のうへに坐し、仏にしたがひて往生し、仏の大会《だいえ》にいりて無生を証悟す。一切の女人、もし弥陀の名願力によらずば、千劫・万劫・恒沙等の劫にも、つゐに女身を転ずることを得べからず」といへり。是則ち女人の苦を抜き女人の楽をあたふる、慈悲の誓願利生なり。〈已上大経尺に見ゆ。要を取りて、これを抄す。〉

これだけを見ると、やはり女性は男性の身に転じなければ浄土往生は不可能だという解釈もできる。しかし、法然は『選択本願念仏集』において、仏教には聖道門と浄土門があることを説いている。法然は聖道門を決して否定しているわけではないが、それを誰もができるわけではないことを明らかにした。一方で、阿弥陀仏はすべての衆生を救済するために四十八願を立てられ、また誰でも可能な称名念仏を本願とされ浄土門の重要性を説いた。その法然の教えに倣うならば、第三十五願は浄土門の視点から考えなければならない。

◆仏の本願を疑うという大罪

では、法然が『法華経』提婆達多品の言葉を借りて第三十五願について語る理由はどこにあるのだろうか。法然の言葉として直接記されてはいないものの、源智が記したとされる醍醐本『法然上人伝記』には「善人なほもつて往生す、いかにいはんや悪人をや」(30)とある。また、本願寺三世覚如（一二七一～一三五一）『口伝鈔』には、

本願寺の聖人、黒谷の先徳より御相承とて、如信上人仰せられていはく、世のひとつねにおもへらく、悪人

なほもつて往生す、いはんや善人をやと。この事とほくは弥陀の本願にそむき、ちかくは釈尊出世の金言に違せり。そのゆゑは五劫思惟の苦労、六度満行の堪忍、しかしながら凡夫出要のためなり。まつたく聖人のためにあらず。しかれば凡夫、本願に乗じて報土に往生すべき正機なり。（中略）しかれば御釈にも、一切善悪凡夫得生者と等のたまへり。これも悪凡夫を本として、善凡夫をかたはらにかねたり。かるがゆゑに傍機たる善凡夫、なほ往生せば、もつぱら正機たる悪凡夫、いかでか往生せざらん。しかれば善人なほもつて往生す、いかにいはんや悪人をやといふべし、と仰せごとありき。(31)

と記され、「善人なほもつて往生す、いかにいはんや悪人をや」という言葉は、そもそも法然の言葉であり、それを親鸞をはじめとした門弟たちが継承しているとする。(32)この法然の言葉に記される「善人」とは、善き行いをした人という意味ではない。自分は往生できると思っている人を意味する。「悪人」も悪い行いをした人のことを指すのではない。自分は往生はできないと思い込んでいる人が悪人なのである。その善人悪人の考えは、法然の弟子たち、とくに親鸞に継承された。

そもそも悪人正機の解釈は、①悪人が往生できるのだから善人が往生できないはずはない、②善人が往生できるのだから悪人が往生できないはずはない、という二種類の解釈が成立すると考えられている。ところが、①は聖道門の見方であって、②は浄土門の見方であると考えるならばどうであろうか。

善導大師は『観経疏』で深心には二種類あると説いている。一つは機の深心、二つ目は法の深心である。機の深心は自己の凡夫性をよく反省することであり、本願に救われるという法の深心が生じてくる。これが浄土門である。

上述した「大胡太郎実秀へつかはす御返事」(33)では、この深心について法然上人が阿弥陀仏の誓願が成就し凡夫の心は決定しているにもかかわらず、衆生は「仏の本願をうたかふ」、すなわち疑を起こすと語っていた。しかし善導大師は、その衆生がもつ疑をすでに予見していて、疑を除くために念仏の教えを伝えたのだと言う。至誠心・深心・廻向発願心の三心が必ず具わっていなければ往生できないと固執するということは、法然が説く念仏を称えれば自然に三心具足すること、さらには女人往生に対しても疑心をもつことになる。

『法然上人絵伝』には、女性たちが法然に問いかける場面がある。

ある時、尋常《よのつね》なる尼女房ども、吉水の御坊へまいりて、「罪ふかき女人も、念仏だにも申せば、極楽へまいり候なるはまことにて候やらん」と申しければ、上人大経の尺の心をねむごろに申しのべられて、「第十八願のうへにうたがひをたゝむがために、とりわき女人往生の願をたて給へる事まことにたのもし、かたじけなき」よし仰せられければ、歓喜の涙をながし、みな念仏門にいりにけるとなむ。

「第十八願のうへにうたがひをたゝむがために、とりわけ女人往生の願をたて給へる事まことにたのもし、かたじけなき」という言葉こそ、法然が自らも含め阿弥陀仏への帰依を求めるしかない「愚」すなわち煩悩であろう。誰もが作り上げてしまいながらも自分で消去することが容易ではない「うたがひ」を女性に理解させることで、阿弥陀仏による「うたかひ」すなわち「愚」の消滅と往生の現実を、充分に理解させたのである。

また、「正如房へつかはす御文」にも、正如房の問いに対して、

仏ののたまふことは一言もあやまたすと申候へは、たたあふきて信すへきにて候。これをうたかはは、仏の御そらごとと申すにもなるむへく、かへりはまたそのつみに候ぬへしとこそおほえ候へ、深く信せさせたま

ふへく候。(34)

と疑念をもつことは仏への大罪であり、深く信じることが肝要であると答えている。

法然は東大寺で講説した『無量寿経釈』の講義で、「女性がなれない五位」として五障という言葉を用いているが、天台宗の僧侶として『法華経』提婆達多品の解釈を学んでいた法然は、それが女性差別を示す意味ではないことは熟知していたであろう。阿弥陀仏の誓願による往生しか悟りへの道はないという教えを社会に向けて語るなかで、提婆達多品で女人成仏は不可能という疑いから逃れられないでいる二人の仏弟子智積菩薩と舎利弗を例にとり、五障は決して女性差別として用いられた言葉ではないことを説いたのである。

聖道門の南都仏教側が主張する「信ずる女人は障りあり」に対して、まるで龍女が舎利弗が執着していた疑いに対し疑いに沿った形で打破したように、南都仏教が用いた言葉によって、「信ずる女人は障りあり」と考えることが阿弥陀仏に対する疑いであると説き、阿弥陀仏の第三十五願「諸国仏土にいる女人」が、他の仏国土から見放された衆生だと思うからこそ、阿弥陀仏は女人救済をすると誓われたのだと反論する。そして、阿弥陀仏は老若男女有智無智の凡夫救済を誓願としていること、その誓願はすでに成就していることを正如房に語った。だから、女性だからといって往生の可否を自ら決めるのはまさに悪人のなすことであった。

善導『観経疏』は、『観無量寿経』の解釈書だが、その前半は、韋提希夫人の悲嘆と苦悶の問いに対して釈迦が答える形で、苦と悲歎は実は煩悩であることを説いている。そして後半は、釈迦が自ら韋提希夫人に法を説く内容になっている。釈迦が自ら韋提希夫人に真理の教えを語り、韋提希夫人は、阿弥陀仏の慈悲と誓願と極楽浄土の有様を釈迦から知らされることによって、阿弥陀仏の誓願を疑うことなく凡夫のまま無生忍を得たのである。

自分の力を信じ、阿弥陀仏の本願を信じない聖道門の人は、往生できない。反対に自己の罪障を深く反省している人は、本願に対する疑心が生じないので、自然に阿弥陀仏への信心が具わり往生できるのだと法然は語っている。

法然は、聖道門側が説く「女性は煩悩が深いので、成仏の機会は閉ざされている」という考えに対し、機会が閉ざされているどころか反対に煩悩は女性が機の深心を自覚するきっかけになるものであり、聖道門は浄土門に入るための方便であると理解した。

男女を区別しないで同じ人間として扱う現代社会では、男女の生物学的な身体の差異だけを認める。そのため科学的に女性はさまざまな能力で男性に劣ることが証明されたかのように感じ、男女の間に差別を生産し続けている。

そもそも、現代社会は人間が中心にあり皆が同じような文化と社会性をもっているはずだということを前提としている。その反面、この社会には男と女しかいないと当たり前のように考えている。同じような社会性をもっていると考えている一方で、なぜか差異化することに異常なまでにこだわっている。その考えが、ジェンダーの歴史を正確に理解できなくしているのではないだろうか。

舎利弗が女は五障があって仏になれないと語るのは、『法華経』が編纂された紀元後一～二世紀当時のインド社会の慣習、男女間の役割分担を反映しているからであろう。それは単なる役割分担にすぎない。たしかに、それは差別だととらえられるかもしれない。しかし現代社会の、主に先進国が勝手に作り出した、男女は同じ事ができなければならないという考えに染まっているだけのことである。

それに対して『法華経』は、世俗的な男女の役割分担は、仏教の世界では全く無関係だと説く。つまり、前近代は「男の領域」「女の領域」というものがあり、それぞれ考え方も言葉も異なっていた。あるいは自ら卑下するような言葉を女性自身が語るのは「女の領域」独特の言葉なのかもしれない[35]。仏の真理の視点からは、すべては無差別の世界であって、「男の領域」「女の領域」といった単純な二項対立などは存在しない。そこにいるのは往生や成仏への「疑心」をもった一切衆生だけである。その疑いを除去するためには、疑いをもっている衆生、たとえば女性たちが信じてしまった煩悩に沿った言葉で往生や成仏を説くことで、女性の往生や成仏は約束されることになる。

上述したように、法然が述べたといわれる悪人正機の悪人とは、日常的に悪い行為を犯している人物を意味しているのではない。悪人とは、男女の別なく「念仏を称えても往生できない」と、疑いをもってしまった衆生を意味する。そのため、法然は、老若男女に関わらず、それぞれの立場に立って法を説き続けたのではないだろうか。そして、人々と直接対面し、問われたことに対して理解できるように語り続けた。もしくは消息で語ることを選んだ。

その教えは、法然の弟子が継承していくことになる。やがて弟子は、阿弥陀仏の化身といわれた善導大師と対面した法然を、阿弥陀仏の化身（もしくは勢至菩薩の化身）と理解した。

弟子たち各々は、法然＝阿弥陀仏の言葉を直接に見仏法聞するという、またとない機会を得たことへの報恩も兼ね、法然の語りを継承し、法然が説いた浄土信仰の教えを正しく伝える努力を重ねていくのである。

（1）石井教道編『昭和新修法然上人全集』（平樂寺書店、一九九一年）四六〇頁。なお、読みやすいように片仮名は平仮名表記にした。以下引用文はこれによる。
（2）『昭和新修法然上人全集』四五九～四六〇頁。
（3）『昭和新修法然上人全集』五一六～五一七頁。

（4）『昭和新修法然上人全集』五二七～八頁。
（5）『昭和新修法然上人全集』五一〇頁。
（6）『昭和新修法然上人全集』五〇三頁。
（7）『昭和新修法然上人全集』五四二頁。
（8）『昭和新修法然上人全集』五一八頁。
（9）笠原一男『女人往生思想の系譜』（吉川弘文館、一九七五年）、岩本裕『仏教と女性』（第三文明社、一九八〇年）、大隅和雄・西口順子編『シリーズ　女性と仏教』1～4（平凡社、一九八九年）、西口順子『女の力――古代の女性と仏教』（平凡社、一九九〇年）、大越愛子『性差別する仏教――フェミニズムからの告発』（法藏館、一九九〇年）、日本仏教学会編『仏教と女性』（平樂寺書店、一九九一年）、平雅行『日本中世の社会と仏教』（塙書房、一九九二年）、田上太秀『仏教と性差別』（東京書籍、一九九二年）、大越愛子・源淳子『解体する仏教――そのセクシュアリティ観と自然観』（大東出版社、一九九四年）、吉田一彦・勝浦令子・西口順子著、光華女子大学・短期大学真宗文化研究所編『日本史の中の女性と仏教』（法藏館、一九九九年）、吉原浩人「王朝貴族の信仰生活――『江都督納言願文集』にみる女性の願い」（『国文学　解釈と鑑賞』五七巻一二号、一九九二年一二月）、植木雅俊『仏教のなかの男女観』（岩波書店、二〇〇四年）など多岐にわたる。
（10）ジェーン・W・スコット『ジェンダーと歴史学』（荻原美穂訳、平凡社、一九九二年）。そのほかにもジェンダーについて言及した書として、イヴァン・イリイチ『ジェンダー女と男の世界』（岩波書店、一九八四年）、同『シャドウ・ワーク　生活のあり方を問う』（岩波書店、一九八二年）、荻野美穂『ジェンダー化される社会』（勁草書房、二〇〇二年）なども参考になる。
（11）勝浦註（9）前掲書。
（12）植木註（9）前掲書、工藤美和子『平安期の願文と仏教的世界観』（思文閣出版、二〇〇八年）参照。
（13）大正蔵第二巻・一八九頁、c。
（14）大正蔵第十一巻・一六頁、a。
（15）引用は、坂本幸男・岩本裕訳注『法華経』中（岩波文庫）による。

(16) 植木註(9)前掲書。
(17) 大正蔵第三十三巻・七三四頁、b。
(18) 大正蔵第三十三巻・八一九頁、a。
(19) 川口久雄校註『菅家文草　菅家後集』(日本古典文学大系七二、岩波書店、一九六六年）所収。
(20) 菅原道真の願文については『菅家後集』に収録されている。また、渡辺秀夫「『法華経』と願文――『菅家文草』『本朝文粋』所収の願文について」(『国文学　解釈と鑑賞』六一巻一二号、一九九六年一二月）、藤原克己『菅原道真と平安朝文学』(東京大学出版会、二〇〇一年）、所功『菅原道真の実像』(臨川書店、二〇〇二年）、桑原朝子『平安朝の漢詩と「法」――文人貴族の貴族制構想の成立と挫折』(東京大学出版会、二〇〇五年）、今井正『摂関政治と菅原道真』(敗者の日本史3、吉川弘文館、二〇一三年）参照。
(21) 註(19)『菅家文草　菅家後集』前掲書。
(22) 大曾根章介・金原理・後藤昭雄校注『本朝文粋』(新日本古典文学大系七二、岩波書店、一九九二年）による。
(23) 引用は六地蔵寺善本叢刊第三巻『江都督納言願文集』(汲古書院、一九八四年）によるが、平泉澄校勘『江都督納言願文集』(至文堂、一九二九年）、山崎誠『江都督納言願文集注解』(塙書房、二〇一〇年）を適宜参照した。以下、引用はこれに準ず。訓読は底本に従った。明らかな誤字は訂正したが、推測できない字は元のままに表記した。
(24) 同前。
(25)『本朝文集』巻第六十四（新訂増補国史大系、吉川弘文館、二〇〇七年）。
(26) 鎌倉時代の仏教や僧侶については、大隅和雄編『鎌倉時代文化の伝播』(吉川弘文館、一九九三年）、末木文美士『日本仏教史――思想史としてのアプローチ』(新潮文庫、一九九六年）、大隅和雄・中尾堯編『日本仏教史　中世』(吉川弘文館、一九九八年）、末木文美士編『躍動する中世仏教』(新アジア仏教史12、佼成出版社、二〇一〇年）、菊地大樹『鎌倉仏教への道――実践と修学・信心の系譜』(講談社選書メチエ、二〇一一年）、佐藤弘夫『鎌倉仏教』(ちくま学芸文庫、二〇一四年）。
　法然については、田村圓澄『法然』(人物叢書、吉川弘文館、一九五九年）、大橋俊雄校注『法然・一遍』(日本思想大系一〇、岩波書店、一九七一年）、玉山成元編『法然』(日本名僧論集6、吉川弘文館、一九八二年）、梯実圓『法然

教学の研究』（永田文昌堂、一九八六年）、浅井成海『浄土教入門――法然上人とその門下の教学』（本願寺出版社、一九八九年）、浅井成海編『法然と親鸞――その教義の継承と展開』（永田文昌堂、二〇〇三年）、中井真孝編『念仏の聖者法然』（吉川弘文館、二〇〇四年）、中野正明『増補改訂法然遺文の基礎的研究』（法藏館、二〇一〇年）、佛教大学編『法然仏教とその可能性』（佛教大学、二〇一二年）。親鸞については、石田瑞麿編・訳『親鸞』（日本の名著6、中央公論社、一九六九年）、星野元豊・石田充之・家永三郎『親鸞』（日本思想大系一一、岩波書店、一九七一年）、平雅行『親鸞とその時代』（法藏館、二〇〇一年）、草野顕之編『信の念仏者親鸞』（日本の名僧8、吉川弘文館、二〇〇四年）。貞慶については、奈良国立博物館図録『解脱上人貞慶――鎌倉仏教の本流　御遠忌八〇〇年記念特別展』（奈良国立博物館、二〇一二年）。日蓮については、中尾堯・渡辺宝陽編『日蓮』（日本名僧論集9、吉川弘文館、一九八二年）、大野達之助『日蓮』（人物叢書、吉川弘文館、一九八五年）、中尾堯『日蓮』（歴史文化ライブラリー130、吉川弘文館、二〇〇一年）、佐々木馨『日蓮とその思想』（平樂寺書店、二〇〇四年）。栄西については、多賀宗隼『栄西』（人物叢書、吉川弘文館、一九六五年）。道元は、玉城康四郎編『道元』（日本の名著7、中央公論社、一九七四年）、河村孝道・石川力山編『道元』（日本名僧論集8、吉川弘文館、一九八三年）。南都仏教の高僧は、中尾堯・今井雅晴編『重源・叡尊・忍性』（日本名僧論集5、吉川弘文館、一九八三年）、和島芳男『叡尊・忍性』（人物叢書、吉川弘文館、一九八八年）を参照。そのほかにも多く見られるが、紙幅の都合上割愛させていただく。

(27) 信如尼や無外大如の活躍については、奈良国立博物館図録『女性と仏教――いのりとほほえみ』（奈良国立博物館、二〇〇三年）参照。

(28) 法然の伝記については、三田全信『成立史的法然上人諸伝の研究』（平樂寺書店、一九七六年）、小松茂美編『法然上人絵伝』上・中・下巻（中央公論社、一九九〇年）、法然上人伝研究会編『法然上人伝の成立史的研究』（臨川書店、一九九一年）。

(29) 大橋俊雄『法然上人絵伝』上（岩波文庫、二〇〇二年）。

(30) 『昭和新修法然上人全集』四五四頁。

(31) 親鸞述・石田瑞磨訳『歎異抄・執持鈔・口伝鈔・改邪鈔』（平凡社、一九六五年）、梯實圓『聖典セミナー口伝鈔』（本願寺出版、二〇一〇年）、また浄土真宗本願寺派総合研究所『浄土真宗聖典全書』第四巻（本願寺出版、二〇一五年）参照。

（32）法然門下については、菊地勇次郎『源空とその門下』（法藏館、一九八五年）、同『浄土信仰の展開』（勉誠出版、二〇一四年）参照。

（33）『昭和新修法然上人全集』五一六頁。

（34）同前。

（35）現代人の我々は、あらゆる宗教の教祖や宗教指導者が信者に直接説法するという方法をとるのは、当たり前の光景だと思うであろう。しかし、法を説くというのは、釈迦が悟りを得た時に、人々に対して語るのを一度躊躇したように、自分が語る言葉に疑いをもたれるのではないかと迷う行為である。それは、男だから理解できる、女だから理解できないということではない。仏の言葉は聞く者の疑心が晴れるものでなければならない。しかし仏の言葉を、疑いなくそして正確に伝えることができるのだろうか。この問題は、実は過去から現代まで続いている、宗教全般の抱える問題である。仏の言葉を記した経典、神の言葉を記した『聖書』（旧・新）や『コーラン』など、神仏の言葉を正確に語ることについて、フランスの哲学者ミシェル・アンリは、神の言葉はどのような意味で語られているのかを、キリストの言葉を例にとって次のように論じている。

人間としてのキリストの言葉。人々に人間的言葉で語りかけ、彼らについて語っている言葉。人間としてのキリストの言葉、人々に人間的な言葉で語りかけるが、彼らについてではなく、キリスト自身について語っている言葉。言としての、つまりは神の言葉としてのキリストの言葉は、人間的言語一般と何がどう違うのか。その言葉はいかに語り、また何を語っているのか。その本質的性格は一体何か。いかにして人間は、自分たちの言葉ではなく、神の言葉であるキリストの言葉を聞き取り、理解することができるのか。（ミシェル・アンリ『キリストの言葉』白水社、二〇一二年）

彼が述べたように、宗教的指導者は神仏の言葉を正確に伝えなければならない。しかもその言葉は、人間でもある宗教者が救済される者たちと同じ言葉をもってしか、語ることはできない。

第三章　法然の継承者たち

第一節　殺生と念仏――『法然上人行状絵図』にみる蓮生の念仏往生

法然には百名を超える多くの弟子がいた。代表的な弟子として、信空（一一四六～一二二八）、証空（西山浄土宗の祖、一一七七～一二四七）、弁長（鎮西派二祖、一一六二～一二三八）、感西（一一五三～一二〇〇）、源智（一一八三～一二三九）、親鸞（一一七三～一二六三）があげられる。彼らを含む弟子たちは、法然の生涯やその教えを説き続け、それらは後世、絵巻や詞書として残されていった。

なかでも、『法然上人行状絵図』（以下、『行状絵図』と略記す）は、四十八巻と巻数も多く、その数は阿弥陀仏の四十八願と同じであることから、阿弥陀仏の誓願と巻数が関連しているといえる。

たとえば、『行状絵図』巻十八は、九条兼実（一一四九～一二〇七）の求めに応じて『選択本願念仏集』の口述筆記について描かれているが、巻十九から巻三十までは、法然の弟子、天皇や貴族、武家、庶民など様々な階層の多くの念仏信仰者の姿が男女区別なく次々と描かれている。それは『選択本願念仏集』で示された専修念仏の教えが、貴賤性別に関係なく様々な人々に継承されていったことを示唆しており、それこそが『行状絵図』を貫く大きなテーマだといえる。その中に在家者の身分、とくに武家から法然の弟子になった者がいる。それが蓮生（一一四一～一二〇八）である。

蓮生が法然の弟子であることは、『行状絵図』巻二十七の第二・三・四段に引用される法然と証空が蓮生に宛てた二通の消息（清涼寺蔵）、「蓮生自筆誓願状」（清涼寺蔵）にも記されている。また、第五段の蓮生臨終の絵図が法然より譲られた「迎接曼荼羅」（清涼寺蔵）と酷似しており、法然が念仏の弾圧を受けた際に提出した「七箇条制誡」にも蓮生の署名が残されている。

蓮生の出家以前の名前は熊谷直実である。(1) 熊谷直実といえば、『平家物語』源平合戦における一の谷の戦いで、我が子直家と同歳で平清盛の甥・平敦盛（一一六九～八四）を討ち取ったことで有名である。その時の様子は、

あはれ、弓矢取る身ほど口惜しかりけるものはなし。武芸の家に生まれずは、何とてかかる憂き目をば見るべき。情けなうも討ち奉るものかなとかきくどき、袖を顔に押し当ててさめざめとぞ泣きゐたる。(2)

と、『平家物語』「敦盛最期」に語られ、平敦盛を殺めたことがきっかけとなり、直実は殺生を犯さねばならぬ武家の身を嘆き、発心出家したとある。

一方、『行状絵図』巻二十七には、蓮生が法然の弟子となって人々に専修念仏を説き、自らの往生を予言する、といった内容が記されている。そこには『平家物語』とは異なる蓮生の姿が描かれている。

注目すべきは、蓮生の願文（「蓮生自筆誓願状」）が『行状絵図』に収載されていることである。願文には蓮生が自身の極楽往生をどのような形で実現したいのかという強い願意が見て取れる。そこには、「武芸の家に生まれずは、何とてかかる憂き目をば見るべき。」と悲嘆にくれた蓮生ではなく、阿弥陀仏に与えられた力がどのよう

に及んでいるのか、それを蓮生はどのように活かすのかという強い決意が立てられていた。

では、蓮生は阿弥陀仏に何を誓ったのだろうか、その点について考察を試みたい。

（一）　法然との出会い

『吾妻鏡』建久三年（一一九二）十一月二十五日条には、

早旦、熊谷次郎直実と久下権守直光と、御前において一決を遂ぐ、これ武蔵国熊谷、久下境相論事也、直実武勇においては、一人当千の名を馳せるといへども、対決に至りては、再往知十の才に足らず、頗《すこぶ》る御不審を貽《のこ》す、将軍家度々尋問せしめ給ふ事有り。時に直実申して云はく、この事、梶原平三景時、直光を引級するの間、兼日道理の由を申し入れるか、仍《よ》って今直実頻りに下問に預かるもの也、御成敗の処、直光定めて眉を開くべし、その上は、理運の文書要無し、左右にあたはずと称し、縡《こと》未だ終わらざるに、調度の文書等を巻き、御壺中に投げ入れ座を立つ、なお忿怒《ふんぬ》に堪えず、西侍において自ら刀を取りて髻《もとどり》を除き、詞を吐きて云はく、殿の御侍へ登りはてと云々、則ち南門を走り出て、私宅に帰るに及ばず逐電す。(3)

と、源平合戦後、熊谷直実と伯父の久下直光との間で直光所有の久下郷と熊谷郷の境界相論が起こり、評定が開かれた。ところが直実は、戦の場では「一人当千」の大活躍を見せながらも、弁論は不慣れであったようで、将軍源頼朝からも詰問されることとなった。そのため、直実は、梶原景時が久下に肩入れし有利な裁決にいたるように仕組んだと訴え、証拠文書があっても何も意味をなさないと言い放ち、証拠文書を頼朝の前に投げつけて座を立ってしまった。激昂した直実は髻をすぐに切り落とし出奔したと書かれている。この行動にはさすがの源頼

朝も驚愕したようで、

則ち雑色等を相模、伊豆の所々並びに箱根、走湯山《そうとうさん》等に馳せ遣わし、直実の前途を遮り、遁世の儀を止むべきの由、御家人及び衆徒等の中に仰せ遣わさると云々。

と、直実のもとへ直ちに使者を遣わし出家を思い留まるように説得を試みた。しかし直実は全く耳を貸さず、もはや武家社会とは縁を切ったと言い放つ始末であった。このいきさつは、『行状絵図』巻二十七冒頭にも「幕下将軍をうらみ申事ありて、心をゝこし出家して蓮生と申しけるが」(4)と記されている。

蓮生は、出家後すぐに法然の弟子になったわけではなかったが、元久元年（一二〇四）に記された「蓮生置文」（清涼寺蔵）には法然の教導を受け一一年になるとあることから、建久四年（一一九三）には法然の弟子となっていたようである。

では、文治元年から建久四年までの五年間、蓮生は何をしていたのだろうか。

『吾妻鏡』建久三年十二月十一日条に、源頼朝の命を受け蓮生を探していた走湯山の専光房良暹《りょうせん》が、頼朝に対し蓮生に関する報告をしている。

走湯山住侶専光房、使者を進《まい》らせ申して云く、直実の事、御旨を承るにつき、則ち海道に走り向かうの処、上洛を企てるの間、忽然として行き逢いおはんぬ、既に法体たる也。而るにその性殊に異様、ただ仰せの趣を称し、抑留せしむるの条、かって承引すべからず、仍って先ず出家の功徳を讃嘆し、次いで相い構へて草庵に誘い来る、同法等を聚め、浄土宗の法門を談ず、漸く彼の鬱憤を和順をせしむるの後、一通の書札を造り、遁世、逐電の事を諫諍《かんそう》す。これにより上洛においては猶予の気出来せむか、てへれば。その状案文送進すと云々、将軍家はなはだ感ぜしめ給ふ、なほ秘計を廻らせ上洛の事を留むるべきの由、仰せらるると云々。

同年十二月二十九日条にも、

今日走湯山の専光房、歳末の巻数を献ず。その次いでを以て、申して云はく、直実法師上洛の事は、ひとへに羊僧の諷詞に就き思い止まりおはんぬ。但し左右無く営中に還り参るべからず。暫し武州に隠居すべきの由これを申すと云々。

と記されている。伊豆走湯山近くで専光房が出会った蓮生は、法体（僧侶の姿）で「その性殊に異様」とただならぬ興奮状態にあったと語っている。良暹は何とか武家の身を捨てぬよう説得するため蓮生を自らの草庵に招きようやく落ち着きを取り戻させた。遁世したこと、逐電したことを諫められ、蓮生は京都に行くことはあきらめたものの、専光房の申し出を断り鎌倉幕府に復帰することを拒否し、武蔵国熊谷郷へと戻っていった。

その後、法然のもとを訪れようと決意した蓮生は、まず比叡山東塔北谷竹林院の里坊の安居院に住む聖覚（一一六七〜一二三五）のもとを訪問した。聖覚の弟子には走湯山の僧源延がいるが、法然は源延のために『浄土宗略要文』を記すなど走湯山の僧侶たちと交流があったと考えられる。

『行状絵図』巻二十七には、聖覚のもとを訪れた蓮生について次のように記されている。

しかるに宿善のうちにもよをしけるにや、幕下将軍をうらみ申事ありて、心を、こして出家して蓮生と申けるが、聖覚法印の房にたづねゆきて、後生菩提の事をたづね申しけるに、さやうの事は、法然上人にたづね申べしと申されければ、上人御庵室に参じにけり。

『法然上人伝記』（『九巻伝』）には、

初めは伊豆国走湯山に参籠しけるが、（中略）やがて上洛して、先澄憲法印のもとへ向ひて、見参に入べき由を申入て、（中略）対面を相待ほどの手ずさみに、刀をとぎけるを、「なに事の料ぞ」と人申ければ、「これへ参るは、後生の事を尋申さん為也。若腹もきり命を捨て、後世は助からんずると承らば、やがて腹をも切らん料也。(5)

と、聖覚の父澄憲（一一二六〜一二〇三）を訪れたと記されている。『行状絵図』の聖覚、『九巻伝』の澄憲ともに、後生のことについては法然のもとを訪問せよと述べている。

法然の庵を訪れた蓮生は、後生菩提のことを問うた。『行状絵図』巻二十七にみられる法然と蓮生のやりとりは次のようなものである。

罪の軽重をいはず、たゞ念仏だにも申せば往生するなり、別の様なしとの給をきゝて、さめ〳〵と泣ければ、けしからずと思《おぼし》たまひてものもの給はず。しばらくありて、なに事に泣給ぞと仰せあれければ、手足をもきり命をもすてゝぞ、後生はたすからむずるとぞ、うけ給はらむずらんと存ずるところに、たゞ念仏だにも申せば往生はするぞと、やす〳〵と仰をかふり侍れば、あまりにうれしくてなかれ侍るよしをぞ申ける。まことに後世を恐たるものと見えければ、無智の罪人の念仏申て往生する事、本願の正意《しょうい》なりとて、念仏の安心こまかにさづけ給ければ、ふた心なき専修の行者にて、ひさしく上人につかへたてまつりけり。

蓮生が、自分は武家であったために殺生罪を犯した極悪非道の身であるが、それでも往生は可能なのかと問うたところ、法然は「罪の軽重をいはず、たゞ念仏だにも申せば往生するなり、別の様なし」、「無智の罪人の念仏申て往生する事、本願の正意なり」と明確に説いた。その答えに感銘を受けた蓮生は、法然の弟子となって「専修の行者」として生きる決意を固めたのである。ここでは、「手足もきり命をもすてゝぞ、後生はたすからむずるとぞ」と、命と引き換えでなければ極楽往生も成仏も実現しないと思い込んでいた、愚者としての蓮生の姿がうかがえる。

法然の弟子になったのちの蓮生のエピソードが『行状絵図』巻二十七に記されている。それは、法然が談義のため九条兼実の邸宅を訪れた時のことである。法然の後を勝手についてくる蓮生に、法然は止めることなく兼実のもとに到着したが、もちろん蓮生は同席することはできずにいた。しかし法然と兼実の会話がもれ聞こえるなか、蓮生は、

くつぬぎに候《こう》して、縁に手うちかけ、よりかゝりて侍けるが、御談義のこゑのかすかにきこえければ、この入道申けるは、あはれ、穢土ほどに口おしき所あらじ、極楽にはかゝる差別《しゃべつ》はあるまじきものを、談儀の御こゑもきこえばこそと、しかりこゑに高声に申けるを、禅定殿下きこしめして、こはなにものぞと仰せられければ、熊谷の入道とて、武蔵国よりまかりのぼりたるくせもの、候が、推参に共をして候と覚候と上人申給ければ、やさしくたゞめせとて、御使を出されてめされけるに、一言《いちごん》の式代《しきたい》にも及ばず、やがてめしにし

たがひて、ちかくおほゆかに祇候《しこう》して聴聞仕けり。

と記している。

蓮生は、兼実に談義をしていた法然の声がわずかにしか聞こえないことを嘆き、「穢土ほどに口おしき所あらじ、極楽にはかゝる差別はあるまじきものを」と叫んだ。

これを耳にして、法然より蓮生の詳しいいきさつを聞いた兼実は、室内に入れるようにと命じ、蓮生はあいさつもせず法然の近くに座り法然の説法に聞き入ったという。また、弟子入りしたのち、蓮生は源頼朝に面会する機会を得た。その時のことを『吾妻鏡』建久六年（一一九五）八月十日条は、

熊谷二郎直実法師、京都より参向す。往日の武道を辞し、来世の仏縁を求めて以降、偏へに心を西刹《せいさつ》に繋ぐ。終に跡を東山に晦《くら》ます。この度将軍御在京の間、所存有るに依りて参らず。追いて「千程之嶮難《けんなん》」を凌ぎ、泣きて「五内之蓄懐《ごだいのちくかい》」を述べる。仍って御前に召す。先ず厭離穢土欣求浄土《おんりえどごんぐじょうど》の旨趣を申し、次《つ》いで兵法の用意、干戈《かんか》の故実等を談じ奉る。身は今法体といへども、心は猶真俗を兼ねる。聞く者感歎せざるはなし。今日即ち武蔵国に下向すと云々。頻りにこれを留めしめられ給ふといへども、後日参るべきの由を称し、退出すと云々。

と記している。頼朝に面会した蓮生は、法然の教え「厭離穢土欣求浄土」について語り、聞く者は感歎し涙を流したという。

（二）　蓮生の願文にみる上品上生観

『行状絵図』巻二十七に出家後の蓮生について描かれていることは上述したが、元久元年（一二〇四）五月一三日、蓮生は願文をしたためた。法然の弟子となって一〇年以上の時が過ぎ、その教えを受けた上での願文であるが、その内容は、意外なものであった。便宜上、願文をA～Eの段落に分けた。

（A）蓮生、念仏往生の信心決定往生してのちは、ひとへに上品上生の往生をのぞみ、われ、もし上品上生の往生を遂まじくば、下八品にはむかへられまいらせじといふ、かたき願をおこして、発願の旨趣をのべ偈をむすびて、みづからこれをかきつく。かの状云、

（B）元久元年五月十三日、鳥羽なる所にて、上品上生の来迎の阿弥陀ほとけの御まへにて、蓮生、願をおこして申さく、極楽にうまれたらんには、身の楽《たのしみ》の程は下品下生なりとも限なし。然而《しかれども》天台の御尺に、下の八品は来生すべからず（下之八品不可来生）と仰せられたり。おなじくは一切の有縁の衆生、一人ものこさず来迎せん。無縁の衆生までも、おもひをかけてとぶらはむがために、蓮生、上品上生にうまれん。さらぬ程ならば下八品にはうまるまじ。

（C）かく願をおこして後に、又云、恵心の僧都すら下品の上生をねがひ給たり。何況《いかにいわんや》末代の衆生、上品上生する者は一人もあらじと、ひじりの御房の仰せごとあるをきゝながら、かゝる願をおこしはてゝいはく、末代に上品上生する者あるまじきに、しかもよろづ不当なる蓮生、いかで上品上生にうまるべきぞ。さなくば下八品にはむまれまじとぐわんじたればとて、あみだほとけもし迎給はずば、第一に弥陀の本願やぶれ給《たまい》なんず。次に弥陀の慈悲かけ給なんず、次に弥陀の願成就の文やぶれなんず。次に釈迦の観無量寿経の、十悪の一念往生、五逆の十念往生、又阿弥陀経の、もしは一日もしは七日の念仏往生、又六方恒沙の諸仏の

証誠、又善導和尚の下至十声一声等定得往生の尺、又なによりも観経の上品上生の三心具足の往生、それを善導の尺の三心を具足せば必ず往生を得るなり。もし一心をも少《か》けぬれば、即ち生ずることを得ず（具足三心必得往生也、若少一心即不得生）、又専修のものは千は千ながらの尺、こと〳〵くこれら仏の願といひ仏の言《ことば》といひ、善導の尺といひ、もしれんせいを迎給はずば、みなやぶれておの〳〵妄語のつみ得たまひなんず。いかでか大聖《たいしょう》の金言むなしかるべきや。

（D）又光明は遍く十方世界を照らす（光明遍照十方世界）の文、またこの界に一人ありて仏名を念ずれば（又此界一人念仏名）の文、この金言ともむなしからじ。いよ〳〵これらの文をもて、疑なき也とおもふ。一切の有縁の輩《ともがら》、即たちかへりてむかへんとて、願をおこして上品上生にならずば、むかへられまいらせじといふかたき願をおこしたるか、よくひが事ならんぢやう、五逆の者ばかりはあらじ。しかれば、いかなりとも迎給はぬことあらじ、これを疑はぬ心は三心具足したり。上品上生にむまるべき決定心をおこしたり、その疑煩悩断じたり、そのさとりをひらいたり。善導又天台、この事を見るものは上品上生にむまる。又、衆生の苦をぬく事を得、又、無生忍をさとる、又、極楽に所願したがひてむまる、との給へり。

（E）下八品の往生、われすて丶しかもねがはず。かの国土にいたりをはて、すなはちかへり来事あたはざれば也。かさねてこふ、我願において、或は信じ或は信ぜざらんもの、ねがはくは信と謗とを因として、みなまさに浄土にむまるべし。

于時《ときに》元久元年五月十三日午時に、偈の文をむすびて蓮生いま願をおこす。熊谷の入道としは六十七也。京の鳥羽にて上品上生のむかへの曼陀羅の御まへにてこれをかく。

◆上品上生の往生

「上品上生の往生をのぞみ」とは、『観無量寿経』の、

仏、阿難および韋提希《いだいけ》に告げたもう、上品上生とは、もし衆生ありて、かの国に生まれんと願う者、三種の心を発さば、すなわち往生す。なにらか三となす。一には、至誠心、二には、深心、三には、廻向発願心なり。三心をそのうれば、必ずかの国に生まる。また、三種の衆生ありて、まさに往生することをうべし。なにらか三となす。一には、慈心にして殺さず、もろもろの戒行をそのう。二には、大乗の方等経典を読誦す。三には、六念を修行す。廻向発願して、かの国に生まれんと願い、この功徳をそのうること、一日乃至七日ならんに、すなわち往生することをう。かの国に生まるる時、この人、精進勇猛なるがゆえに、阿弥陀如来は、観世音、大勢至、無数の化仏、百千の比丘声聞の大衆、無数の諸天、七宝の宮殿とともに現前す。観世音菩薩は、金剛の台を執りて、大勢至菩薩とともに、行者の前に至る。阿弥陀仏は、大光明を放ちて、行者の身を照らし、諸々の菩薩とともに、手を授けて迎接したもう。観世音、大勢至、無数の菩薩とともに、行者を讃歎して、その心を勧進す(6)。

を示している。『観無量寿経』では、極楽往生には上品上生から下品下生までの九種があると説かれている。蓮生は、そのなかでも念仏による往生を固く信じるがその往生は必ず上品上生であること、上品上生以外の下八品往生は望まないと、阿弥陀仏に誓う。

(B)は、京都の鳥羽で阿弥陀仏を前に誓願したことで、なぜ上品上生を望むのかについて蓮生は、「極楽にうまれたらんには、身の楽の程は下品下生なりとも限なし」と、『往生要集』大文第二「欣求浄土」で説かれる下

品下生の往生でも極楽の十楽は与えられ蓮生一人の往生の問題としては十分であるが、「天台の御尺に、下の八品は来生すべからず」(7)と、「下の八品」は、他の衆生を浄土に迎え取ることができないからだと述べる。

さらに「一切の有縁の衆生、一人ものこさず来迎せん。無縁の衆生までもおもひをかけてとぶらはむがために蓮生、上品上生にうまれん。さらぬ程ならば下八品にはうまるまじ」と、蓮生に縁がある者か、そうでない者かに関係なく往生させたいと強く述べている。つまり一切衆生を往生させるために自らの上品上生を望み、その他の往生は決して望まないという、蓮生の強い願意が読み取れる。

(C)では、恵心僧都源信でさえ下品上生を願われた、まして末代の時代である今は、上品上生する者は一人もいない、すべての衆生には下品下生が保証されているという法然の言葉は承知している、しかし阿弥陀仏の本願・浄土三部経・善導『観無量寿経疏』(以下、『観経疏』と略記す)に説かれるように、阿弥陀仏は末代の衆生をすべて極楽浄土に導くと述べられている。

注目されるのは、「観経の上品上生の三心具足の往生、それを善導の尺の三心を具足せば必ず往生を得るなり。もし一心をも少けぬれば、即ち生ずることを得ず」である。

三心具足とは、『観無量寿経』散善義上輩観に、至誠心・深心・廻向発願心の三心を具足して、戒律を守り、大乗経典を読誦し、六念を行じ、極楽への往生を願う機根のすぐれた修行者だとある。

上品上生の往生を望んだのは蓮生が初めてというわけではない。一〇世紀末の天台浄土教では、天台宗の学僧千観(九一八〜九八三)『十願発心記』第一願・第二願や、静照(生年未詳〜一〇〇三)『極楽遊意』第十四「上輩生想」でも上品上生を願っている。とくに千観『十願発心記』第二願には、千観自ら上品上生を目指すのは、不退転の菩薩になり速やかに現世(娑婆世界)に還り、衆生を極楽浄土に導くためであると述べている。(8)

在家社会(貴族社会)で上品上生が願われるようになるのは院政期の頃である。文人官僚大江匡房の『続本朝往生伝』や貴族の願文に上品上生の往生が願われ、それに必要な仏教的作善を行うことが頻繁に誓われる。ただし、上品上生を実現したいと述べるだけであって還相廻向が目的とは書かれていない[9]。

また貴族社会では、上品上生の仏教的作善は、天皇や皇族、上流貴族など特定の身分の者しか行うことができなかった。寺院建立や仏像造立、写経等の仏教的作善が行えるのは、地位や財力がある階級に限られるからである。その一方で、彼らは多くの結縁者を募り、仏教的作善を行うことによって一切衆生が上品上生できるようにとも願っていた。しかし、結縁できるのは彼らの周辺による一部の者に限られることになり、その他の貴族や武家、庶民などの多くの人々には、上品上生に必要な仏教的作善の実現は困難であった。

◆願意成就を確信する根拠

蓮生自身も、出家前は武家として、主君に従い武勲を立てることが重要と考えてきたため、仏教的作善とは程遠い生き方をしてきた。武勲を立てるとは戦にて勝つこと、敵の大将を討ち取ることが生き様とされた。しかし仏教では殺生を犯した十悪・五逆の人間でしかない。その事情を鑑みるならば、蓮生にとって上品上生は最も実現不可能なことと思われる。しかし蓮生は、上品上生の誓願は必ず成就すると確信していた。その理由が、願文にも引用された善導『観経疏』の三心の解釈である。

『観経疏』「散善義上輩観上品上生釈至誠釈」には、「経にのたまはく、一に至誠心と。至とは真なり、誠とは実なり。一切衆生の身口意業所修の解行、かならずすべからく真実心のなすべきことを明かさんと欲す。外に賢善精進の相を現じ、内に虚仮を懐くことを得ざれ」とある[10]。

これは、外見は賢く真面目そうなふりをしながら虚偽の心をもっていてはならないと注意する、至誠心の基本的な教えである。蓮生は武家であるから、つねに争いのなかにあり賢く真面目なふりはできない生き方をしてきた。その証拠に、久下直光との所領争いでの裁許の場でも、すぐに逆上して出奔してしまうという向こう見ずなところもある。他方、戦によって自ら手を下した武士たちの後世菩提について懺悔もする。その蓮生の行動は『観経疏』が説くところの外面と内面が全くずれていない、つまりうわべを取り繕わない正直さであると解釈できる。二面性のない人間性は、愚かな行為を招くものの、その嘘偽りない生き方が至誠心をともなっていることを示している。

同じく『観経疏』深心釈は、「一には決定して深く、自身は現にこれ罪悪生死の凡夫、曠劫よりこのかたつねに没しつねに流転して、出離の縁あることなしと信ず。二には、決定して深く、かの阿弥陀仏の四十八願は衆生を摂受したまふこと、疑なく慮りなくかの願力に乗じさだめて往生を得と信ず。（中略）仏意に随順すと名づけ、これを仏願に随順すと名づく。これを真の仏弟子と名づく」と説かれる。

殺生を犯した蓮生は「罪悪生死の凡夫」すなわち愚者である。法然と初めて対面した時も、後生菩提は望めないし、望んだとしても、自分の身体を犠牲にしなければならないのでは、と考えてきた。つまり、蓮生は自分の力で往生できる方法を考えていたことになる。自分で決めようとする態度は、まさに「愚」の行為である。ところが、法然は念仏を称えるだけで往生できると説いたことから、往生は阿弥陀仏によってのみ可能だと気づく。また「仏意に随順すと名づけ、これを仏願に随順すと名づく。これを真の仏弟子と名づく」というのは、釈迦は阿弥陀仏に代わって罪悪深い凡夫を救済するために浄土三部経を説いたのだから、その教えに随うのが真の仏弟子だと蓮生は理解した。

さらに『観経疏』廻向発願心釈は、「また廻向といふは、かの国に生じをはりて、還りて大悲を起して生死に回入して衆生を教化するをまた廻向と名づく」と説かれ、極楽往生後直ちに娑婆世界に戻り、衆生を教化し極楽へ往生させることだと説かれる。

願文では、蓮生自身「三心具足」をしていると確信していることが強調されている。その確信は、『観無量寿経』と『観経疏』に依っているところが大きく、願文は再三にわたって上品上生の必要性を強調するのである。

◆蓮生の決意

（D）は、蓮生が阿弥陀仏の本願による自らの往生は間違いないと考えながら、再び「これを疑はぬ心は三心具足したり。上品上生にむまるべき決定心をおこしたり。その疑煩悩断じたり、そのさとりをひらいたり。善導又天台、この事を見るものは上品上生にむまる。」と述べる。ここでも三心を具足したからこそ上品上生の決定心が生じたと阿弥陀仏へ誓う。

（E）は、「下八品の往生、われすて、しかもねがはず」と上品中生から下品下生を捨てて願うことはしないという強い誓願を立て、上品上生だけが往生なのだと述べる。その目的は「かの国土にいたりをはて、すなはちかへり来事」のためであった。この蓮生の誓願を信じる者も信じない者もいるであろうが、それは衆生の愚＝煩悩によるものであって、救済する側である阿弥陀仏や蓮生にとってその衆生の煩悩は全く問題にならない。なぜならば、衆生の方が往生の可否を決めるのではなく、阿弥陀仏によって往生が決定しているのだから、まだ往生できると思っている人も、往生はできないと思っている人も、皆凡夫すなわち愚者であるから、蓮生が不退転の菩薩となって直ちに娑婆世界に還相廻向し一切衆生を往生させる決意を再度誓う。

蓮生から数えて五代目の熊谷直勝の「熊谷直勝譲状」には、蓮生が不可思議の大願を立てたのち、奇瑞を得ることが何回かあったこと、そのことを知らされた法然が、浄土の様子や上品上生の時の阿弥陀仏の来迎の様を、自ら筆をもって描いた「迎接曼陀羅」を蓮生に譲ったことが記されている。[11] この曼荼羅をめぐっては、蓮生が数多く体験した夢がからんでいる。

蓮生自筆の「蓮生夢記」（清涼寺蔵）は、次のように述べている。

元久三年十月一日よ、ゆめにみる、蓮生、四十よはかりなるそうの、往生のほうをゆいやふらんとて、蓮生とろんするに、むかうていふやうそ、往生こくらくハ、みたのほんくわんにしく事ハなし。たゝみたのほんくわんもんてすといふ、はなしての事ハなしといはれて、□のろんするそう、ことハもせす、ものいハすしてゐたりとみるニ、あまれほんくわんそとゆいつめられて、めをひしきて、みもひらかすして、うつふりしてあるとみるほとに、たゝうせにうせて、人にてもならてきえ〳〵とたゝうせたる、けおとなくなるとみつ、ほかへゆきうするとハみえす、たゝきえうするとみえつる也(12)（以下略）。

夢の中にあらわれた「往生のほうをゆいやふらん」、つまり言い破ろうとした僧と論争し、逆に言い負かしたという内容である。『行状絵図』巻二十七にも、

又蓮生自筆の夢の伝記、上品上生にむまるべしといふ夢、たび〳〵見たり、そばの人もみて告たり。

と、蓮生の上品上生を予告する夢を、蓮生だけではなく第三者も見たこと、さらに阿弥陀仏に蓮生の願が疑いないという証しがほしいと願ったところ、次のような夢を見たという。

金色《こんじき》の蓮の花の、くきはながくてゑだもなくて、そろ〳〵としてたゞ一本たちたるに、そのめぐりに人十人ばかり居まはりてあるに、蓮生申すことぞ、こと人は一人もあれが上にはのぼりえじ。蓮生一人は一定《いちじょう》のぼるべき也といひはつれば、いかにしてのぼりたりともおぼえずして、その蓮の花の上にのぼりて、端坐して居たりと見はつれば夢さめ畢ぬ。

　このように上品上生の夢を見るたびに法然に報告していた蓮生に対し、同門の証空から次のような書状が届いた。『行状絵図』巻二十七には、

　死期しりて往生する人〴〵は、入道殿にかぎらず多候。かやうに耳目おどろかす事は、末代にはよも候はじ。むかし道綽禅師ばかりこそ、おはしまし候へ。返〻も申ばかりなく候。但何事につけても、仏道には魔事と申事のゆ〻しき、大事にて候也。よく〳〵御用心候べき也。加様に不思議をしめすにつけても、たよりを伺事も候べき也。目出《めでたく》候にしたがひて、いたはしく覚させ給て、加様に申候也。よく〳〵御つ〻しみ候て、仏にもいのりまいらせさせ給べく候。いつか御のぼり候べき。かまへて〳〵のぼらせおはしませかし。京の人〳〵おほやうは、みな信じて念仏をもいますこしいさみあひて候。これにつけてもいよ〳〵す〻ませ給べく候。
　あしさまに思食《おぼしめす》べからず、なを〳〵目出候　あなかしこ〳〵
四月三日(13)　源空

と記されている。これは法然の言葉を証空が蓮生に伝えたと考えられる。自分の死期を悟り往生する人はこれまでもいたが、これだけ多くの人びとを驚かすような出来事を起こした人はいない。かの道綽がおられたぐらいである。ただ仏道修行中は魔事がつきものであるから用心すること。(蓮生が体験した)不思議な経験をすると魔事も生じやすくなる。不思議な経験はめでたいことだが、あまり心配であるから、このように言うのだと、上品上生に固執しているのではないかという法然の心配が見て取れる。

　ところが、法然自ら蓮生往生の夢告を見ることになる。「迎接曼荼羅由来記」(清涼寺蔵)には、

極楽の東門を開き、観音勢至を先として、無数の仏菩薩、廿五の菩薩、舞楽を整へて、光明天にかがやきひかり、熊谷の入道の家へさして、（中略）紫雲家の上へ懸り、花降り異香薫じて、上品に大往生遂げぬ。観音蓮台に載せて、悦の管絃ありて、引接し給ふと御覧ぜられて、その様を詳しく、上人御自筆に絵に遊ばされて、これを本尊としていよ〳〵念仏申べしとて、熊谷の入道の許へ送らる。(14)

とある。この夢によって、法然は蓮生が主張してやまなかった上品上生の願いを認め、夢の様子を描き蓮生のもとに送ったという。「迎接曼荼羅」を贈られた蓮生は、

入道いよ〳〵他事を忘れて一向に念仏す。そののち五年をへてのち九月五日、この曼荼羅の気色に少しも違はず、庭の草木、木すゑの色、初紅葉、秋の草にいたるまで、いさゝかもたがう事なし。この本尊を懸け参らせて、西に向い端坐合掌して、念仏幾千万と申事もなく久しく申て、息と念仏とゝもにこと切れぬ。

と、念願の上品上生を遂げた。これによって、蓮生は、願文に記したように菩薩となって再び娑婆世界へと還り、人々を往生へと導くことになる。

ところで師である法然は、上品上生についてどのように考えていたのだろうか。

◆法然と上品上生往生

法然は比叡山で修行中に源信『往生要集』に出会い、善導『観経疏』の「一心専念」の文に導かれ三昧発得を経て、称名念仏こそ本当に仏が説きたかった教えだと気づかされたことは、知られている通りである。その法然は、承安五年（一一七五）、『三部経大意』で九品の階位のことを、「上品をねがふこと、わがみのためにあらず、

かのくに、むまれおはりて、とく衆生を化せむがためなり。これ仏の御心にかなはざらむや」と、上品上生を願うのは自分自身の往生のためではなく、衆生救済のためであると上品上生の意義について語っている。

法然は、極楽往生を願う人々にも上品上生について説いている。たとえば「鎌倉の二位の禅尼へ進する御返事」には、

極楽の上品上生にまいりてさとりをひらき。すみやかに生死にかへりいりて、誹謗不信の人をも、むかへんとおほしめすへき事にて候なり。此由を御意得候へきなり。


と、念仏を称えて上品上生往生を遂げ、速やかに、娑婆世界の念仏を誹謗し信じない人を浄土に導くことを志すように伝えている(15)。

つまり、上品上生を誓願することや結縁者による仏教的作善が還相廻向であるという考えは、蓮生独自の考えではなく、当時の専修念仏観であったと考えられるだろう。

また法然は『行状絵図』巻二十一で、

たとひ三心の名をだにもしらぬ無智の者なれども、弥陀のちかひをたのみたてまつりて、すこしもうたがふ心なくして、この名号を唱れば、この心が即《すなわち》三心具足の心にてあるなり。されば只ひらに信じてだにも念仏すれば、三心はをのづから具する也。

と、南無阿弥陀仏の名号を称えれば、それで三心具足すると説いている。

『行状絵図』巻二十七には、法然は自分より先に死去した蓮生について次のように述べたと記されている。

蓮生、行住坐臥、不背西方の文をふかく信じけるにや、あからさまにも西をうしろにせざりければ、京より関東へ下ける時も、鞍をさかさまにをかせて、馬にもさかさまにのりて、口をひかせけるとなん、されば蓮生、

浄土にも　がうのものとや沙汰すらん　西にむかひてうしろみせねば

とぞ詠じける。上人も信心堅固なる念仏の行者のためしには、常におもひいで給て、「坂東の阿みだほとけ」とぞ仰せられける。

蓮生は、阿弥陀仏の極楽浄土の方角にあたる西方には、決して背を向けることがなかったが、関東に下向するには西に背を向けることになる。そのため馬に騎乗するとき、前後反対になったという。これは蓮生の逆さ馬の話として『九巻伝』にも伝わっている。そのような浄土信仰をもつ蓮生を法然は「坂東の阿みだほとけ」と呼んで追慕したという。その蓮生の往生観は、蓮生自身の信仰の問題に支えられてはいたが、その根底には、法然から学んだ「罪の軽重をいはず、たゞ念仏だにも申せば往生するなり」があった。

第二節　嵯峨念仏房の念仏往生観

嵯峨念仏房（一一五七～一二五一）は、『行状絵図』巻四十八によると、比叡山天台宗の学僧であり、下山後に法然の教えを受け浄土信仰者となって、永延元年（九八七）、奝然（九三八～一〇一六）が宋より将来した生身の釈

迦如来像が安置された嵯峨清涼寺近くの往生院に住み、人々に称名念仏の教えを説きながら極楽往生を遂げた。また、文治二年（一一八六）の大原問答や、元久元年（一二〇四）の「七箇条制誡」に署名していることから、法然との結びつきの深い僧侶として、さらに焼失した清涼寺の再建に尽力した勧進僧としても知られている[16]。

その念仏房が願主となって作成された願文が次の三篇である。

①建久二年（一一九一）九月三〇日「嵯峨念仏房往生院に於ける修善文」
②貞応三年（一二二四）二月「嵯峨念仏房五種行十種を誂え供養するの願文」
③文暦二年（一二三五）二月「嵯峨念仏房多宝塔を供養するの願文」

本章では、これらのうち①③の願文を取り上げ、念仏房が法然から受けた教えや、他の教理と極楽浄土往生の関係をどう理解していたのかについて考察してみたい。

（一）「嵯峨念仏房往生院に於ける修善文」について

①「嵯峨念仏房往生院に於ける修善文」は、建久二年九月三〇日に、往生院で行われた仏像造立供養の法要の際に作成された願文である。

（A）夫れ釈迦如来は、久遠劫の成覚を尋ね、則ち五百塵点の先までも在せり。娑婆界の結縁を思ひ、亦、十六沙弥の昔より、常に垂光在り秋月霊鷲の嶺に懸ると雖も、必滅の理を示し春煙仮に白鶴の林に聳ゆ。遺身の舎利永く留め、供養の者は皆神変に驚く。散迹の流布を区分し、受持の者必ず仏智を萌す。是れ則ち末世の衆生、化導の方便なり。

（B）弟子、遺弟に列して以て比丘と為り、小齢を以て台岳に攀る。夜は是の嗜みを学び、蛍雪の功を励むと雖も、天性素より愚、鶖露の智に及び難し。何況や練行の徳を顕して、尊卑の帰心に遇ふを願はず、綱位の班を極めて三千の貫首に登るを思はず。名利は出家の日に皆棄つる所なり。何ぞ今世を顧みん。菩提は臨終の後、尤も期する所なり。須く当来を営み、念仏の一門に入り、託生を九品に求むべし。十方の浄刹多しと雖も、宿望は只だ西を先とし、六趣の群類を将に救はむとす。善心偏へに己を後にし、三業相応の称念を勧め、門心得益の因縁と為さむ。

（C）加之《しかのみならず》、多載の素願を果たさむが為、如来の金容を造り奉る。一尺六寸の製を以て、一丈六尺の像に凝す。御身の中に蔵す所の者多し。五百の浄侶をして五百の大願を書き、当に其の一願の下に其の一口の名を注す。其の旧願を納むるは、其の仏意を備ふなり。又、生身に凝さむが為に舎利を奉納し、又、法花経寿量品を手づから書す。宝篋印陀羅尼経は人これを書し、皆一字を写す毎に必ず三礼を致す。是れ又、諸人の名を注し、此像の内に籠め奉る。

（D）書写し奉る金泥観無量寿経一巻

墨字無量寿経二巻

阿弥陀経一巻

阿弥陀鼓音声王陀羅尼経一巻

称讃浄土経

仏摂受経

アミタ仏国十往生経一巻

般舟三昧経三巻
無量寿経論
優婆提舎願生偈一巻
曇鸞法師註解二巻
安楽集二帖
観経疏四帖
観念法門一帖
法事讃二帖
天台十疑一帖
西方要決一帖
往生礼讃
群疑論
往生要集三帖

（E）□西土の依正に依り、練勝の中府を抽て以て書写す。末法万年、余経悉く滅し、弥陀一教の利物偏に増す。専ら此の事を信じ、我が願を発す所なり。秋窮り已に尽るの朝、吉曜相応の天、近く栖霞寺にて之を修す。功徳は隣りに有り、臥雲の侶を喝して之を啓す。弁舌湧くが如く、月已に九月と為る。三長月の□善殊に勝れり。日又卅日と為し、六斎日の修因他に異なれり。弟子の企つ所、諸仏其の諸を捨つるか。然ば則ち宿善に答へて幸に難徳の教門に値ふ。先に釈尊の大恩に報ひ、誠言を信じて易往の浄土に往くを欲ふ。蓋し弥陀の本誓に叶ひ、夢後若し証果の縁者を思ふが如きこと有らば、必ず与善の群輩を漏さず済度す可し。斯の中に若し我に先じて得脱の人有らば、必づ他を勧めるの素意を忘れず引導せしめよ。顕す所の尊、写す所の教、留りて南浮に在りて、宜しく後の人を利すべし。此の尊を礼する輩、此の文を披く類、本願の増進を祈り、他生の値遇を思うべし。抑も胎卵湿化の中、生死流転の間、誰れ人か生々の父母にあらずや、何の処か世々の形骸無からむや。一物も遺さず、皆余薫に預からむ。敬で白す。

建久二年九月日　　仏子□□敬白(17)

(A)冒頭の「久遠劫の成覚」「五百塵点」は、『法華経』如来寿量品に説かれる言葉で、久遠実成を意味している。如来寿量品を見ると、成仏後に短期間で多くの菩薩を教化した仏は釈迦以外に見当たらないが、という弥勒の問いに、釈迦が「我実に成仏してよりこのかた無量無辺百千万億那由他劫なり(18)」と答えている。釈迦は遠い昔に成仏しているが、釈迦が永遠に存在していたのでは、衆生の中に菩提心を起こさない者が生じてしまう。そこで、あたかも娑婆世界に人間として誕生し成道後に亡くなったかのように振る舞うことで、「釈迦はこの世にはもういないのだ」という思いを抱かせ、その結果、菩提心を生じさせるのだという。

願文は、久遠実成とともに釈迦が衆生のために「十六沙弥」（十六羅漢）を残したと記す。『大阿羅漢難提密多羅所説法住記』によると、十六羅漢は釈迦より滅後の法の護持を委嘱された仏弟子であるから、願文は、久遠実成の釈迦が十六羅漢を娑婆世界に遣わすことで、永遠に法が説かれ続けていると述べている。

さらに、「遺身の舎利」が「永く留」まり、それを「受持する者」は「仏智」を得るとされ、それこそが釈迦の「末世の衆生、化導の方便」であることも明らかにされる。

(B)では、念仏房がなぜ極楽浄土往生を希求するようになったのかについて理由が語られている。念仏房は若くして出家の志があったこと、「三千の貫主」（天台座主）に就きたいという煩悩を捨て去り、ただ「善心偏へに己を後とし、三業相応の称念を勧め」、「九品」「宿望」のために「念仏の一門」へと入ったという。[19]それは自らの往生と他者を念仏によって浄土往生へと導きたいという誓願によるものであった。

では、具体的な仏教的作善はどのようにすべきだと念仏房は考えたのだろうか。その点について(C)には、自他の浄土往生の「素願」を果たすために「一尺六寸」の仏像を造立したこと、仏像の内部には「蔵する所の者多し」と納入品が籠められたことが明らかにされる。

注目されるのは、「五百の浄侶をして五百の大願を書き」と、五百人の僧侶の名前と誓願が納入されたことである。「五百の大願」は、北涼曇無讖訳『悲華経』巻第七「諸菩薩本授記品」に記された、釈迦が前世で立てた「広大無量にして五百の誓願を作し已《おわ》りぬ[20]」の引用である。それは、念仏房や僧侶たちの誓願が「其の旧願を納むるは、其の仏意を備ふなり」と、釈迦の誓願と全く同じだと理解されている。

続けて、「生身に擬さむが為に舎利を奉納し、又、法花経寿量品手づから書し、宝篋印陀羅尼経は人に書かしめ」と、仏像に舎利が納入されることで清涼寺の釈迦如来像と同じく生身の仏となること、念仏房が『法華経』如来寿量品を自ら書写し、『宝篋印陀羅尼経』は結縁者が書写し「諸人の名を注し」像内に「籠め奉」ったという。

『法華経』如来寿量品は、釈迦の永遠性が説かれた経典だが、『宝篋印陀羅尼経』は法舎利について説かれている。つまり、書写した経典を仏像内に納入することで、仏像は生身の仏となって永遠に法を説き続けると理解された。

舎利や交名帳を仏像内へ納入する作善の方法は、平安末期より盛んになっていく。また、奥健夫氏は、鎌倉期より増加していく願文や交名帳、骨、髪など身体の一部の像内納入という方法に、仏像内を清浄な空間とみなし、全人格を象徴する名前や身体の一部を籠めることで浄土往生を願ったという北宋式作善の影響が見て取れると指摘されている。[21]

（D）は、念仏房によって供養された経典等が列記されているが、注目すべきは極楽浄土往生と称名念仏の重要性を記した経典が大半を占めていることである。

そもそも平安期の浄土信仰の特色は臨終来迎にあったため、観想念仏が重要視されていた。[22]また、法会で供養される浄土経典も『阿弥陀経』と『法華経』との併用が主であり、平安末期になって、ようやく『無量寿経』『観無量寿経』単独での書写供養が行われ、やがて鎌倉初期に浄土三部経として書写供養されるようになる。

ではなぜ念仏房は、称名念仏を説く浄土経典等を中心に書写供養をしたのだろうか。

（E）は、その理由を「末法万年、余経悉く滅し、弥陀一教の利物偏に増す」と述べている。つまり「末法」の時代には「余経」はすべて滅し、「弥陀一教」だけが残され、衆生済度が行われるという。仏も、仏による法も、それを伝える僧もいない末世で、人々にとっては、欲望が生じつづける愚者としか扱われないその「弥陀一教」が書写供養された浄土経典等であり、その阿弥陀仏の教えこそが、「釈尊の大恩に報ひ、誠言を信じて易往の浄土に往くを欲ふ」と、釈迦が本当に説きたかった教え（「誠言」）であるという。その釈迦に対する「大恩」に報いるために、釈迦が説き示した称名念仏による浄土往生の教えを継承する「我が願を発」した。

（二）「嵯峨念仏房多宝塔を供養するの願文」について

念仏と釈迦との関係については、③「嵯峨念仏房多宝塔を供養するの願文」にも述べられる。

（A）敬で白す。

多宝塔一基を建立し、仏舎利□粒を安置し奉る。右弟子は念仏を以て名と為し、念仏を以て字と為す。修する所は念仏三昧、入る所は念仏一門なり。鷲路子の智恵を隔つと雖も、幸に烏曇花の教法に値《あ》ふ。法花経に云く、今、此の三界は是れ我が有、其の中の衆生は悉く是れ吾が子なり。倩《つらつ》ら此の文を思ふに、専ら其の憑み有り。如来自ら衆生の父と称さば、小僧何ぞ如来の子にあらずや。人の父為《た》るは、慈愛の意甚だ深く、人の子為るは、孝行の道惟れ大なり。然れば則ち、如来弟子の為に定めて慈愛を垂れ、弟子如来の為に孝行を抽すべし。釈尊生身第三伝の像を拝す。（中略）

（B）春の第二月、月の十五日、八十の化縁忽ちに尽き、四八の妙相永く蔵る。殊に今日を卜し又当寺に就て、此の二会を開くに即ち二つの意有り。一は尤も当に慈父の遠忌衆生の追報を修すべし。一は年来思ふ所の老後の期す所、宜しく二月十五日如来の忌を以て、必ず一期百廿年臨終の期と為すべし。而今、今年を知らず、明年を知らず、余生憑み難し。仏の忌辰を我が忌辰と為し両箇相応す。（中略）七宝合成の社厳、従地涌出の旧勢を見るが如し。錦繍の甍高く、仰ぎ視れば則ち楚鳥雲に入る。瑠璃の扉浄く、亦呉牛の喘月を瞻礼す。砂を聚むる団土の戯、童子猶ほ成仏道の縁を結び、一紙半銭の勤、施主重ねて無尽蔵の移を獲む。念仏は如来の使なり、請ふらくは各我命に住まるを。念仏は諸衆の師なり。願はくは此の言を共に証せむ。当時往詣聴聞の人、当来を解脱の友に離るるなり。親疎を嫌はず。併て□済度せむ。
敬んで白す。

文暦二年二月日　佛子敬んで白す(23)

「多宝塔願文」によれば、念仏房の名前は「念仏三昧」や「念仏一門」に入ることに由来するという。また願文で、注目されるのは『法華経』の言葉が多く引用されている点である。

たとえば「其の中の衆生は悉く是れ吾が子なり」とは『法華経』譬喩品、「七宝合成の社厳、従地涌出の旧勢を見るが如し」は『法華経』見宝塔品、「砂を聚むる団土の戯、童子猶ほ成仏道の縁を結び」は『法華経』方便品からの引用である。

「念仏は如来の使なり」「念仏は諸衆の師なり」も、『法華経』法師品に「我が滅度の後に能く竊かに、一人のためにも、法華経の乃至一句を説かば、当に知るべし、この人は則ち如来の使にして、如来に遣され、如来の事を行ずる」人が「如来の使」と理解されている。願文では、その主語を「念仏」とすることで、釈迦が説いた教えの真髄が実は念仏往生にあり、阿弥陀如来の本願こそが真の救済となると解釈している。

念仏と『法華経』との関係について言及した願文はほかにも記されている。

たとえば、貞永元年（一二三二）九月二〇日「亡男某五旬忌修冥福の為の願文」（『本朝文集』巻第六十五）は、石清水八幡宮の別当田中宗清（一一九〇～一二三七）が弟の田中章清の五十日忌日法要の願主となり作成された。願文には、「深く弥陀尊の願を仰ぎ、面を西方界に向け、南無仏と口称す、十念を以て決定往生の業と為す」と章清が十念を称えながら臨終した様子を、「決定往生」だったとしている。この願文には「浄土三部経」という言葉が記されている。それまで、『法華経』や『阿弥陀経』といった別の経典ととらえられていたが初めて、『阿弥陀経』『無量寿経』『観無量寿経』が浄土三部経として提示された。この願文には、「旁《かたがた》夢想の告□、浄蔵浄眼を知らず、仮に我が家に来たりて善友と為す。又知らず薬王薬上、忝く忍力に乗て菩提を勧め」という宗清が見た夢告が記されている。

「浄蔵浄眼」「薬王薬上」とは、『法華経』妙荘厳王事品に説かれる「妙荘厳」王の二人の王子「浄蔵」「浄眼」菩薩と、その二人が転生した「薬王」「薬上」菩薩のことである。二人の王子は、衆生救済のために出家し利他行を励行した菩薩として『法華経』に登場する。しかし願文では、章清が実は「浄蔵」「浄眼」菩薩もしくは「薬王」「薬上」菩薩の化身であり、宗清の「善友」として菩提心を起こすことを勧めるために娑婆世界に出現したと記す。章清が菩薩の化身ならば、彼が宗清に勧めたのは念仏の教え、とくに臨終念仏の十念と決定往生だった。

「決定往生」は浄土往生が約束されることであり、称名念仏こそ阿弥陀仏の本願であると法然が定めた言葉である。願文は「仰ぎ願はくは本尊界会、弥陀種覚、伏して乞うらくは大乗究竟、妙法華経、精誠を知見し、白善を納受したまへ。」と記される。極楽往生のためには、十念の念仏を称えることによってのみ「決定往生」が遂げられるという往生方法を示した章清が、『法華経』の菩薩になぞらえられることで、「決定往生」への仲介を『法華経』が果たすことを示唆している。

以上のように、念仏房が関係する願文では、釈迦の誓願を説いた『悲華経』『法華経』が念仏往生を支えると理解されていた。その考えについて念仏房は法然の教えを外れているとは考えていなかった。念仏房は天台宗の僧侶であったから、『法華経』『涅槃経』はともに天台根本経典であった。そのため、『法華経』に説かれている内容こそが法然の説いた念仏往生を支える教えだと解釈したと考えられる。

その考えは、平安期の願文で『法華経』妙音菩薩品の妙音菩薩や観世音菩薩普門品に説かれているように観音菩薩が三十三の姿に化身して娑婆世界に出現し、念仏を称え『法華経』を読誦する姿を人々に示し極楽往生へ導いた思想にすでに見られていたが、『法華経』と念仏往生の考えに沿った形で、念仏による極楽往生の思想を唱えたことになるだろう。

「嵯峨念仏房往生院に於ける修善文」には、死後（「夢後」）必ず衆生済度を行うこと、もし自分より先に「得脱」の者がいたならば、その者は必ず他者を引導しなければならないと記される。この考えは、蓮生の「上品上生」往生の考えと同じである。その衆生済度の範囲は、「生死流転の間、誰人か生々の父母にあらず」と、血縁関係等の限定的な人間の枠組みを超えた、時間的空間的に制限されない広範囲な衆生に対する報恩であり、すべての存在が極楽浄土往生の対象となると考えられていた。

念仏房は、念仏の教えへの深い帰依を述べつつも、当時の在家社会の中ですでに慣れ親しまれていた『法華経』の教えもまた、念仏往生を助けてくれる教えであることを、『法華経』如来寿量品に説かれる釈迦の永遠性によって説明しようとした。つまり、久遠実成である釈迦がなぜ娑婆世界に現れ、舎利という姿になってまで娑婆世界に留まっているのか、その理由こそが、釈迦が真に説きたかったこと、すなわち念仏による極楽浄土への往生だったからだと理解したのである。

念仏房は、『法華経』が実は久遠の昔から釈迦が説いていた阿弥陀仏の教えを助けてくれる教えであり、念仏を称えることの重要性を書写供養した経典等で明かしながら、その教えを説くことが釈迦出世の本懐だと考えた。念仏房は生身の釈迦如来像が安置された清涼寺や嵯峨往生院が、浄土往生を説き続けている中心地であることを明らかにしようとしたのである。

第三節　姓名を捧ぐ——勢観房源智「阿弥陀如来像造立願文」にみる来迎する法然

滋賀県甲賀市の玉桂寺に安置されていた阿弥陀如来像（現・浄土宗蔵）は、法然の弟子勢観房源智（一一八三～一二三八）が願主となり作成された。調査の結果、像内から約四万六〇〇〇人もの名前が記された交名と、建暦二年（一二一二）一二月二四日と年月日が記された源智自筆の願文（以下、「阿弥陀如来像造立願文」と記す）が発見された。願文は、源智自身が作成した可能性が高く、源智を取り巻く縁戚関係や、法然の思想や法然に対する報恩の具体例などが記されている。(24)

（一）九世紀から一二世紀の浄土信仰関係願文

源智の「阿弥陀如来像造立願文」を検討する前に、日本で作成された願文では、浄土信仰がどのように理解されていたのかについて、第Ⅰ部との重複もあるが必要な範囲で触れてみたい。

願文のなかで浄土信仰について触れているのは、第一部第一章で取り上げた菅原道真（八四五〜九〇三）である。しかし、極楽浄土が弥勒菩薩の兜率天と並列的に扱われるなど、特定の仏・菩薩の浄土には限定されていなかった。やがて時代が下るにつれ、死者が生前に阿弥陀仏に帰依していたこと、遺族が死者に代わり仏教的作善を行うことで阿弥陀仏の浄土往生を願うという内容が記されるようになる。

一〇世紀後半、貴族社会の中で浄土信仰、とくに臨終来迎に対する注目が高まりを見せ、浄土信仰の意義について積極的に学ぶ機会が設けられた。たとえば、康保元年（九六四）結成の念仏結社勧学会は、仏教の基本的教理の習得や中国・日本の天台浄土教についての研鑽を深める場となった。仏教界では、在家社会の浄土信仰に対する理論的要請に応える形で、良源『極楽浄土九品往生義』、千観『十願発心記』、源信『往生要集』など主に天台宗を中心とした浄土往生の意義を説く書が次々と著された。

勧学会の創始者の一人慶滋保胤（生年未詳〜一〇〇二）が作成した寛和元年（九八五）「二品長公主の為の四十九日御願文」（『本朝文粋』巻第十四）には、供養すべき死者である「二品長公主」（花山天皇の実姉・尊子内親王）が実は『法華経』妙音菩薩品や観世音菩薩普門品に由来する妙音菩薩か観音菩薩の化身であって、人々の前で日常的に念仏を唱え『法華経』を読誦するという往生行を実践し臨終に際して極楽浄土に往生する姿を表したと記される。この願文を耳にした法会の参集者は、この世に菩薩の化身が現れ我々に極楽浄土往生の意義を教えているのだと理解することになる。[25]

院政期には、貴族の浄土信仰は一層の深まりを見せ、阿弥陀堂建立、往生伝の作成、聖の活動、南都仏教や真言宗による浄土教研究が盛行を呈した[26]。

この頃に作成された浄土信仰関係の願文には、東アジアの仏教国に共通して見られる仏教的帝王観の影響を受けた天皇像が、積極的に描かれるようになる。天皇が仏教的救済者、すなわち転輪聖王（金輪聖王）としての役割を有する存在であるという理解は、七世紀頃からその兆しが見られるのだが[27]、院政期に入ると天皇＝金輪聖王という考えにも変化が生じるようになる。院政期の天皇であった後冷泉・後三条・白河・堀河・鳥羽・崇徳などは、在位中は高徳な仏教的帝王＝「金輪聖王」と認識されていたが、退位後や死後は極楽浄土の仏や法身仏として理解され、天皇在位中は行えなかった幅広い衆生済度を行っていると願文に述べられるようになった[28]。

その特色として『観無量寿経』書写と講説ならびに九品往生の重要性、さらには唯心浄土説など宋代天台浄土教の影響が強く見られる内容の願文が作成され、貴族社会に広く知られた[29]。院政時代の浄土信仰は、天皇という救済者が一方的に衆生済度を行い極楽往生へと教導するという方法を選ばずに、衆生を極楽浄土へと導きたいという天皇の誓願に人々が結縁することで、結縁者自身による積極的な利他行が行われることを目指した。

その考えを具体的に示した願文が、久安五年（一一四九）一一月一二日「天王寺念仏三昧院供養の御願文」（『本朝文集』巻第六十）と仁平二年（一一五二）一二月一八日「鳥羽天皇千体阿弥陀仏を刻する御願文」（『本朝文集』巻第六十一）である。

「天王寺念仏三昧院供養の御願文」は、鳥羽が天王寺で行った阿弥陀如来像と百万遍念仏会の供養に多くの人々が結縁し、その利他行によって一切衆生が極楽浄土に上品上生ができるとある。

一方、「鳥羽天皇千体阿弥陀仏を刻する御願文」には、千体阿弥陀如来像を鳥羽一人の力で造像しても利益がないこと、結縁者によって千体の阿弥陀如来像が制作されるべき必要性が述べられている[30]。

このような考えは、宋代浄土教の唯心浄土的思想の影響と考えられている[31]。

つまり、人々が願主の誓願に結縁する重要性と、衆生の心にも誓願が生じること、それは衆生に菩提心が起こることを意味し、それによって衆生は清浄化され、一人一人が誓願を立てた願主として利他行に邁進し極楽浄土を目指すという、新たな浄土信仰の具体的実践方法が示されたのである。

以上のように、院政期の浄土信仰関係願文は、以前の願文に記された仏教的救済者の存在による衆生済度という過程は継承しつつも、誓願が衆生の心に生じることで衆生側も菩提心を起こし、それぞれが利他行を行うという仏道修行のあり方が提示された。それは極楽往生の実現が、単独の救済者によるものから集団的なものへと変化していく社会のあり方が提唱されたことを示す。

源智の願文も、集団的誓願の継承と実現について記されているが、法然がなぜ念仏往生を説いたのか、その真意について語る点で、大きく異なる内容が記されている。

(二)　源智「阿弥陀如来像造立願文」について

源智は、平重盛（一一三八～七九）の五男にあたる師盛（生年未詳～一一八四）の子とされている。ということは平清盛（一一一八～八一）の直系ということになる。『行状絵図』巻四十五によれば、源平の争乱後に平家一門の残党狩りから源智を守るため母が密かに隠し育て、建久六年（一一九五）源智一三歳の時に法然のもとに預けたという。法然は源智を、当時天台座主であった慈円（一一五五～一二二五）に預けて出家させた。出家後、源智は法然のもとに帰り、法然が亡くなるまでの一八年間、傍らにいて給仕を勤め、法然臨終二日前に「一枚起請文」を授けられた。『行状絵図』では、法然没後の源智が賀茂社の近くに居住していたこと、隠遁を好み頼まれて説法に赴いても、所化の数が多くなればこれを止めたことを伝えている。さらに源智は、法然二十三回忌の文暦元年（一二三四）に廟堂を修理し、堂舎を営んだことが知恩院に伝わっている。(32)

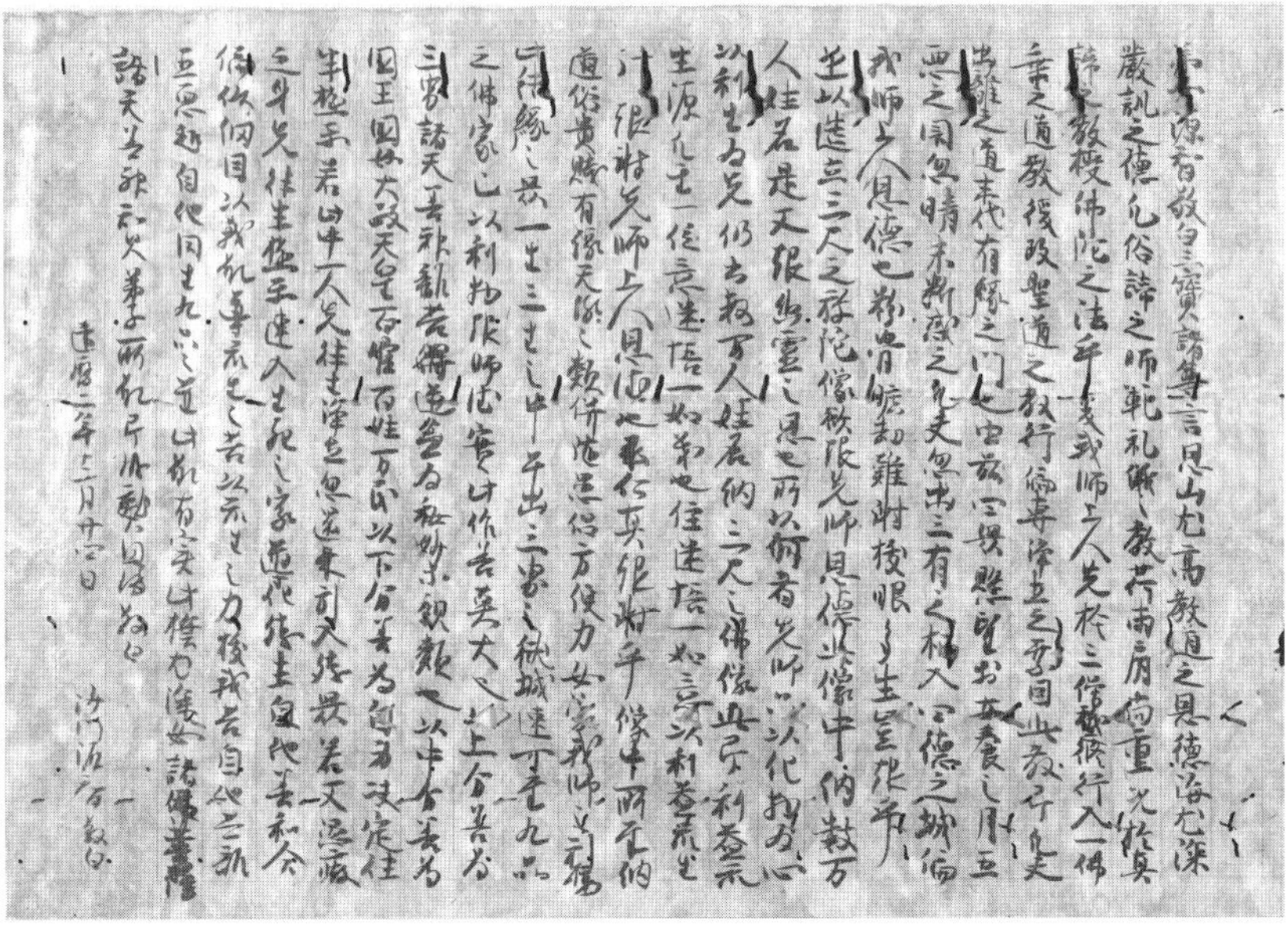

写真　源智上人阿弥陀如来造立願文（重要文化財、浄土宗蔵）

玉桂寺に安置されていた阿弥陀如来像の像内からは願文のほかに、結縁者の名前を細字で書き込んだ写経料紙、名号紙札、結縁供養紙札、百万遍念仏の数取り帳など多数の交名が、願文を芯にして巻かれた状態で発見された。

交名には、源智自筆の継紙が二紙あり、そこには法然をはじめ感西、安楽房遵西（生年未詳～一二〇七）、住蓮（生年未詳～一二〇七）、証空、信空など法然の弟子や慈円、源智の母もしくは妹と推察される「比丘尼秘妙」、「祐清」「幸清」といった石清水八幡宮の祠官でもあった紀氏一族など源智の縁戚の名前が書かれていた。そのほかにも、自筆ではないものの、源智の出自である平家一門、源頼朝をはじめとする源氏一門といった武家の名前が記されていた。また、「越中国百万遍勧修人名」「一万返の念仏人士」「百万人々数之事」「念仏勧進」「百万人衆」と記された交名も納められていた。その数約四万六〇〇〇名にのぼり、阿弥陀如来像の制作は実に多くの結縁者の協力によって成し遂げられたことがわかる。(33)

「阿弥陀如来像造立願文」は次の通りである。便宜上（A）から（D）に段落を分け書き下し文に改めた。

（A）弟子源智敬で三宝諸尊に白して言く、恩山の尤も高きは、教道の恩、徳海の尤も深きは、厳訓の徳なり、凡そ俗諦の師範たる礼儀の教、両肩に荷ふに尚重し、況んや真諦の教授仏陀の法に於てをや。

（B）爰に我師上人、先に三僧祇の修行に於て一仏乗の道教に入り、後に聖道の教行を改めて偏に浄土の乗因を専らにせむ、此の教即ち凡夫出離の道、末代有縁の門なり、茲《ここ》に由りて四衆望を安養の月に懸けて、五悪の闇忽ち晴れ、未断惑の凡夫、忽ち三有の栖を出でて、四徳の城に入るは、偏に我師上人の恩徳なり、粉骨曠劫にも謝し難し、抜眼多生にも豈に報ぜんや。

（C）是を以て三尺の弥陀像を造立し、先師の恩徳に報ぜんと欲し、此の像中に数万人の姓名を納む、是れ又幽霊の恩に報ずるなり。所以何となれば、先師は只化物を以て心と為し、利生を以て先と為せばなり。仍て数万人の姓名を書して三尺の仏像に納む。此れ即ち衆生を利益するの源、凡聖一位の意、迷悟一如の義なり。迷悟一如の意に住し、衆生を利益する計《はかりごと》を以て、先師上人の恩徳に報謝するなり。何ぞ真の報謝にあらざらんや。

（D）像中に納め奉る所の道俗貴賤有縁無縁の類、併愚侶方便力の随ひ、必ず我師の引接を蒙らん。此の結縁の衆は、一生三生の中、早く三界の獄城を出で、速かに九品の仏家に生ずるべし。已に利物を以て師徳に報ず、実に此の作善莫大なり。上分の善を以て、三界の諸天善神の離苦得道が為に、兼て秘妙等親類が為なり。中分の善を以て、国王国母大政天皇百官百姓万民が為に、下分の善を以て、自身の極楽に決定往生せんが為なり。若し此中の一人先に浄土往生せば、忽ち還来して残衆を引入せん。若し又愚癡の身先に極楽に往生せば、速かに生死の家に入りて残生を導化せん。自他の善和合すること偏に網目に似たり。我が願を以て衆生の苦を導き、衆生の力を以て我が苦を抜かん。自他共に五趣悪を離れ、自他同じく九品の道に生ぜん。此の願実雄り、此の誓尤も深し。必ず諸仏菩薩諸天善神、弟子が願う所を知見したまひて、即ち成熟円満せしめたまはんことを、敬で白す。

建暦二年十二月廿四日　　沙門源智敬白(34)

（A）では、「恩山の尤も高きは、教道の恩、徳海の尤も深きは、厳訓の徳なり」と述べ、「凡そ俗諦の師範たる礼儀の教、両肩に荷ふに尚重し、況んや真諦の教授仏陀の法に於てをや」と、恩・徳といった儒教の教え、すなわち俗世間での礼儀の教えでさえ尊いのであるから、「真諦の教授仏陀の法」である仏の教えはさらに尊く、その恩も莫大であると述べられる。

（B）は、「我師上人」すなわち法然が、「三僧祇」という無限の時間の中で、天台の教え（「一仏乗」）を修行し、「聖道の教行」から「浄土の乗因」へと転じたことが述べられる。つまり聖道門から浄土門への転換であるが、その教えが真の「凡夫出離の道」であり、「末代有縁の門」となるのだと述べる。その浄土門の教えによって、すべての衆生（「四衆」）が浄土往生を遂げ、「未断惑の凡夫」もまた迷いの世界である「三有」を脱して悟り（「四徳の城」）へ至ることが願われる。それこそが「我師上人の恩徳」だと理解される。

つまり、願文には法然こそが、無間に近い時間を費やして衆生のために「聖道の教行」から「浄土の乗因」へ、さらに「凡夫出離の道」「末代有縁の門」を教示した人物であるとの理解が示されている。

その法然の「恩徳」に対し、「どのような報恩ができるのか」という問題がある。恩を受けたならば必ず返さなければならないが、その方法は「粉骨曠劫にも謝し難し、抜眼多生にも豈に報ぜんや」と述べられている。

この一文は、呉支謙訳『菩薩本縁経』巻上第十二話「一切持王子」が典拠と考えられる。「一切持王子」には、釈迦が前世で盲目のバラモン僧に自らの眼球を施したという話が語られているが、この話を引用しながら、自らの骨を砕き、眼を施すという壮絶な布施行を行っても、法然が我々に教え示してくれた「凡夫出離の道」「末代有縁の門」の教えに対する報恩にはならないと記す。

では法然に対する真の報恩とは何であるのか。その問いに対し源智は、結縁者による利他行だと考えた。それが(C)の阿弥陀如来像造立と、仏像の像内への「数万人の姓名」納入であり、真の「幽霊の恩に報ずる」ことになると考えた。

ところで、なぜ多くの人々の姓名を像内に納入することが「衆生利益するの源」となるのだろうか。そして「数万人の姓名」を仏像内に納入することが、なぜ法然が衆生に明らかにした「凡聖一位」「迷悟一如」の実現になると考えられたのだろうか。

(三)「姓名を捧ぐ」ことの意味について

仏像や高僧像の胎内に仏具や願主もしくは僧侶の遺愛の品や骨、髪などを納入することは平安時代末期からはじまり、鎌倉時代に隆盛を迎えその後も続けられた。やがて像内納入品のなかには、発願者や弟子たちの名前を記した交名も納入されるようになった[35]。

たとえば、建久五年(一一九四)頃に制作された、遣迎院(京都市北区)伝来の阿弥陀如来像の像内からは、約一万二〇〇〇人の姓名と印仏、造立願文の納入品が発見された。また、鎌倉時代前期の作とされる奈良の興善寺蔵阿弥陀如来立像の像内からも、約一五〇〇名の結縁交名が発見されている。さらに興正菩薩と称された西大寺叡尊(一二〇一～一二九〇)を刻した叡尊像内からも、「授菩薩戒弟子交名」が発見されている。

いずれの場合も、「阿弥陀如来像造立願文」と同様に、阿弥陀仏や叡尊に対する報恩の意味で納入されたと考えられるが、なぜ仏像や高僧像の内部に結縁者の姓名を納入することが報恩になるのだろうか。

名前を捧げる行為の意味について中田薫氏は、自分の名前や官位を記した名札である「名簿」を捧げること（名《みょう》簿《ぶ》捧呈《ほうてい》）は、弟子や従者になることを意味するが、それとともに、自分の人格のすべてを相手に捧げるという意味があるという重要な指摘をされている。さらに、名前を捧げるという行為自体、平安時代初期にはじまった慣習であるが、公家社会の名簿捧呈が、貴族たちにとって昇殿ができるか否かのかかった問題であったのに対し、武家社会に名簿捧呈が浸透すると、それは完全な主従関係を結ぶという意味へと変貌していったことを指摘された[36]。

たとえば、鎌倉時代初期の説話集『古事談』は、藤原師氏（九一三～九七〇）が、病によって死期が迫ったことを知った時に、日本浄土教の祖といわれる空也（九〇三～九七二）に自分の「名籍」を捧げたことを伝えている。師氏は、自分は生前に仏教的善行を行わなかったことを懺悔し「名籍」を空也に捧げ師弟関係を結び、空也は師氏の死後を案じて閻魔王に牒を送り、その牒によって師氏は堕地獄を免れることができた。

空也と師氏の話を伝える初期の史料は、空也没後一年を経ずして文人貴族源為憲（生年未詳～一〇一一）によって著された「空也誄」である。「空也誄」の中で、空也は日本中を廻って仏教的作善に努め、平安京に戻ったのちには人々に念仏を勧めた人物として描かれている。しかし空也の死後、人々は、実は空也は菩薩の化身であって自分たちを極楽往生へと導くために娑婆世界に出現したのだと理解した。

「空也誄」では、師氏と空也のエピソードは後半に記されていて、師氏が空也に帰依したことや、閻魔王に牒が送られ師氏が堕地獄を免れた話が記されているが、「名籍」が捧げられた逸話は記されていない。ほぼ時を同じくして文人貴族の慶滋保胤が編纂した『日本往生極楽記』の空也の往生伝には、空也は在家者の姿をした菩薩の化身であるという認識が描かれているが師氏と空也の話自体が収められていない[37]。つまり、「名籍」を捧げるという行為は、鎌倉期に成立した『古事談』の中で初めて記されたものであり、それは、名前を捧げる重要性を示していると考えられる。

「空也誄」や『日本往生極楽記』で提唱された空也＝菩薩の化身という理解が、『古事談』が成立した鎌倉期に知られていたならば、師氏と空也との関係は、単に人間同士として師弟関係を結ぶためではなく、往生へと導く菩薩＝空也に対して師氏は仏弟子になるという目的のため「名籍」を捧げたと理解できる。

さらに、仏に自分の名前を捧げることの重要な意味が「西琳寺文永注記」に記されている。

「西琳寺文永注記」とは、叡尊の甥とされる惣持が、文永八年（一二七一）に、律宗西琳寺（大阪羽曳野市）伝来の旧記を編纂した寺誌である。その中で、弘長三年（一二六三）に、西琳寺の二人の別当と五人の庄官が一味同心して、「名字を三宝に寄進す。管領を停止し、未来際を尽くして、戒律弘通の栖と為し、永く衆僧止住の砌と為す」[38]と記している。

「名字を三宝に寄進す」とは、文字通り別当と庄官とが自らの名前を仏に捧げる行為を示すが、それは同時に大和国西大寺に西琳寺を寄進しその末寺となることを意味する。そこには、当時より興正菩薩として崇敬されていた叡尊に「名字」を捧げるという意味が含まれる。つまり、単に本寺と末寺との関係を結ぶだけではなく、「名字」を寄進することで、西琳寺は西大寺と同様に、正しい仏教の教え＝戒律を説く仏界となることを意味する[39]。

阿弥陀如来像の像内に交名が納入された意味が、中田氏が指摘する名簿捧呈と同意であると結論づけることには慎重を期さねばならないが、願文が草された当時、仏教界にも武家社会の名簿捧呈の思想が浸透し、仏と仏弟子との関係を結ぶ際に用いられていったとも考えられる。

ところで、仏教では、自分が輪廻転生する間、前世で受けた恩は何代にもわたると考え、血縁という限定された範囲を越えている。たとえ人間ではなくても、何かに生まれ変わっていくなかでは必ず父母が存在する。その父母も生まれ変わっている。つまり恩を与えてくれた者は、数え切れないほどの膨大な数になる。そのように説かれる仏教では、報恩の相手が一切衆生に及びそれは救済の対象ともなる。

願文の基本は、供養をする側が、四恩が実践していた利他行を継承することを誓うというものであり、それこそが真の報恩と考えられていたから、共通して供養されるべき者＝四恩（父母・一切衆生・国王・三宝）は、衆生救済の誓願を立て利他行を実践している者と理解されていた。(40) その利他行は、限定された人間関係の枠組みを超えた、時間的空間的に制限されない、より広範囲な衆生に対して及ぶものでなければならなかった。

「数万人の姓名」が納入されるのは、もちろん源智の勧進僧としてのネットワークの広さをも意味しているが、中田氏の指摘や『古事談』「西琳寺文永注記」に記されているように、何万人もの人々が、名前を捧げることで全人格を布施し、法然に帰依したことを意味しているのではないだろうか。それこそが、法然に対する「粉骨曠劫」「抜眼多生」といった布施行を超える最高の報恩へとつながっていく。

（四）　法然とは何者なのか

（D）では、「姓名」を法然に捧げた「道俗貴賤有縁無縁の類」が、「愚侶方便力」という源智の導きによって「我師の引接」を蒙るとされる。ここでは、衆生と法然をつなぐ仲介者の源智の役割が見て取れるが、伊藤唯真氏が指摘されたように、法然を仏もしくは菩薩とみなす考えが、当時の人々の中で広がりはじめていたと考えられる。

また、「若し此中の一人先に浄土往生せば、忽ち還来して残衆を引入せん。若し又愚癡の身先に極楽に往生せば、速かに生死の家に入りて残生を導化せん」と記されるが、これは、平安時代に作成された願文でもたびたび用いられてきた浄土信仰観を継承したものである。

上述したように、一〇世紀半ばの園城寺学僧千観は、自らの誓願を『十願発心記』にまとめた。その第一願・第二願に、往生後に見仏聞法して無生忍を得て、不退転の菩薩として再び娑婆世界に戻り、衆生救済を行いたいと述べる。(41)この考えは、当時の貴族社会の浄土信仰観に大きな影響を与え、極楽往生したのち、不退転の菩薩となった往生者が姿を変えて娑婆世界に出現し、人々を往生させるという理解がなされた。在家社会では、この新たな浄教思想によって、極楽に往生するだけで終わるのではなく、還相廻向ののちに一切衆生を極楽往生に導いてこそ真の救済になると考えた。

また願文の「我が願を以て衆生の苦を導き、衆生の力を以て我が苦を抜」くとは、貞観一一年（八六九）九月「安氏諸大夫先妣の為の法華会を修する願文」（『菅家文草』巻第十二）の、「我汝に因て以て我が心を遂げむ。汝我に因て以て汝が志を言へと」(42)にある、願主の誓願によって衆生の苦は除かれるが、願主もまた衆生が行う利他行によって自らの苦を除くことが可能になるとの考えと同じである。この場合の「我が苦」とは、単に煩悩という意味ではなく、「衆生を極楽往生へと導きたい」という願いを意味している。それは「衆生の苦」も同様であり、源智は、自らの力だけでは「衆生の苦」を消すことはできないし、悟りを得ることはできないと考えていた。

さらに願文では、「愚癡の身先に極楽に往生せば」と源智自身も往生して「還来して残衆を引入」するために、「衆生の力」すなわち利他行が重要と考えた。それによって源智自身の「苦」＝「一切衆生を極楽往生させせたい」という誓願が成就される。それは源智の往生の可否を問題にするだけではなく、他の結縁者もまた源智と同様に「還来して残衆」を導き、自らの「苦」＝「一切衆生の極楽往生させせたい」という願いを成就させると理解したのである。

ところで源智の「阿弥陀仏像造立願文」と嵯峨念仏房の願文に共通することがある。それは聖道門の教えをもつ衆生を浄土門へと導いた法然の姿を表していることでる。

念仏房は、称名念仏の教えへの深い帰依を述べつつも、当時の在家社会の中ですでに慣れ親しまれていた『法華経』の教えは、実は法然の説き示した念仏往生を補助するのだと記した。『法華経』を阿弥陀仏の誓願や念仏往生を否定するものではなく、念仏往生の教えを支えるために説かれた教え、すなわち天台と念仏の習合として考えた。それは当時、称名念仏での極楽往生を選択する流れの一方で、他の経典との関係性（とくに『法華経』と併存）の中で、法然の教えがとらえ直されていった状況を示していると考えられる。阿弥陀仏の本願や念仏往生を強調しつつも、他の経典を否定するのではなく、他の経典や仏教教理が念仏往生の教理へと導く教えであることが、天台系の僧侶やその檀越の中で広まりを見せ受容されていたと考えられる。

「阿弥陀如来像造立願文」には、法然が「三僧祇」という無限ともいえる長大な時間を費やし、「一仏乗の道教」（聖道門）に入った後に「浄土の乗因」（浄土門）へ、そして「凡夫出離の道」「末代有縁の門」の教えに至った思想過程が記されていた。その姿はあたかも法蔵菩薩が末代の衆生のために四十八願を立て、五劫思惟し、誓願が成就され阿弥陀仏となって極楽浄土の教えを説いた姿と重なっている。つまり、源智や結縁者たちは、「我師上人」の法然は、衆生を浄土往生に導きたいという誓願をもって娑婆世界の中に「還り来た」菩薩もしくは阿弥陀仏そのものと理解していた。その法然の姿はのちに「弥陀化身」「勢至垂迹綽道」「来現」「善導再誕」[43]と評される法然像へと結びついていった。

同様に源智の阿弥陀如来像は、法然の死から一年も経たないうちに制作されて多くの結縁がなされていたことから、法然生前より造像の準備がはじまっていたのではないかとみられ、結果的に法然は亡くなったため仏像造立供養法会は一周忌法会の追善になった。しかし報恩という意味で制作されていたと考えるならば、法然在世中から阿弥陀仏の化身と理解されていたと考えられる。

また願文には、法然の死を悼む言葉は記されていない。とくに追善願文は死者を悼む目的では作成されない。追善とは残された衆生がどのように仏教的作善を継承していくのかということが重要とされる。その理由は、悲嘆といった喜怒哀楽は人間の煩悩にすぎず、それを願文で述べたところで何の益にもならず、かえって悟りの妨げと理解されていたからである。(44)この考えは、すでに平安時代から願文において語られているため周知のことであった。そのため源智も、法然に対する追善は法然の生前の行為を継承することにあると考えていた。

源智にとって重要な関心事は、法然の誓願を継承することとともに、「法然への真の報恩とは一体何であるのか」という問題であった。源智はその問題を、多くの結縁者が属していた在家社会の中で理解されてきた仏教思想や習慣に沿う形で理解できるように努めていった。結縁とともに「姓名」を仏に捧げることが最高の布施になるが、それによって、阿弥陀如来像の造立に結縁した衆生は、阿弥陀仏である法然の弟子、すなわち菩薩として、念仏による極楽往生という法然の誓願を継承し、利他行を実践することを目指した。

源智は極楽往生を勧め、ともに念仏を称えることこそ、四恩で結ばれてきた一切衆生に対する報恩が法然への真の報恩になると考えたのである。

源智は念仏を法然より与えられたと考えた。法然が浄土門の教えこそ凡夫である愚者の救済になると説いたのは、法然自らの往生のためではない。源智を含めた弟子、念仏者、そして念仏往生にまだ気づいていない人々をも含む一切衆生のために、称名念仏による浄土の教えを説き示したと願文で明らかにしたのだ。

そのような教えを説く人は単なる人ではない。源智の願文には、正しい教えは仏・菩薩の化身によって与えられるという、それまでの天台的な浄土思想の考えを踏襲しながらも、自ら愚者であると述べていた法然その人こそが、阿弥陀仏そのものであること、真の愚者とは何かを説き示してくれた聖であったとの確信が記されている。その教えによって源智は、「愚癡の身先に極楽に往生せば、速かに生死の家に入りて残生を導化せん」と、自らも愚者であることを知り、愚者でなければ果たせない救済の道を他の人々に示す責任があること、それこそが法然への真の報恩となることを確信したのである。

（1）熊谷直実については、赤松俊秀「熊谷直実の上品上生立願について」（同『続鎌倉仏教の研究』平樂寺書店、一九六六年）、斎木一馬「清流伯父所蔵源空自筆書状について」（『高僧伝の研究』山喜房佛書林、一九七三年）、福田行慈「熊谷直実の吉水入門をめぐって」（『日本仏教史学』一五、一九七九年）、同「吉水入門後の熊谷直実について」（『大正大学大学院研究論集』七、一九八三年）、中村生雄「熊谷直実の来迎観念――『法然上人行状絵図』と『迎接曼荼羅由来記』を中心にして」（『駒澤國文』二四号、一九八七年二月）、梶村昇『熊谷直実』（東方出版、一九九一年）、林譲「熊谷直実の出家と往生とに関する史料について」（『東京大学史料編纂所研究紀要』一五、二〇〇五年）、高橋修『熊谷直実――中世武士の生き方』（吉川弘文館、二〇一四年）などの先行研究がある。
（2）梶原正昭・山下宏明校注『平家物語』上（岩波書店、一九九一年）。
（3）黒板勝美編『新訂増補國史大系』（吉川弘文館、一九八七年）。
（4）大橋俊雄『法然上人絵伝』上（岩波書店、二〇〇二年）。
（5）浄土宗宗典刊行会編『浄土宗全書』第十七巻（山喜房佛書林、一九七一年）。
（6）中村元・紀野一義・早島鏡正訳注『浄土三部経』下（岩波文庫、一九六四年）。
（7）「下の八品は来生すべからず」の文は、湛然『維摩経疏記』（『新纂大日本続蔵経』第十八巻・八七四a）にもある。
（8）佐藤哲英『叡山浄土教の研究』（百華苑、一九七九年）、二葉憲香「空也浄土教について――千観との共通性を通じて」（藤島達朗・宮崎圓遵編『日本浄土教史の研究』平樂寺書店、一九六九年）、岩田茂樹「上品上生来迎図の成立――その思想と性格」（『文化学年報』三六、一九八七年三月）。
（9）工藤美和子「安養の院と観史の宮と」（同『平安期の願文と仏教的世界観』第Ⅱ部第三章、思文閣出版、二〇〇八年）。
（10）『行状絵図』巻十八、二十、二十一、二十二は、三心具足について法然が帰依者や弟子たちに詳細に語っている。
（11）迎接曼陀羅が法然より譲渡されたことについては、『熊谷家文書』建久六年（一一九五）二月九日付「熊谷蓮生直実

置文写」参照。『熊谷家文書』は『大日本古文書』家わけ第十四、『熊谷家文書』（埼玉県立図書館編、一九八二年）に収録。

(12) 本文は、註(1)前掲書所収の翻刻による。

(13) 「四月三日付書状」（清涼寺蔵）にも同様に記されている。

(14) 引用は、註(1)前掲赤松論文に翻刻されたものによる。なお仮名は漢字に改めた。

(15) 法然の帰依者で上品上生を願っていた者は、平基親がいる。また法然に上品上生を願うように勧められた者に大胡太郎実秀、津戸三郎為守が知られる。

(16) 塚本善隆「嵯峨清涼寺史平安朝篇――棲霞、清涼二寺盛衰考」（『塚本善隆著作集』第七巻、大東出版社、一九七五年、初出は『佛教文化研究』五、一九五五年一一月）、三田全信「嵯峨念仏房と清涼寺」（『鷹陵史学』一、一九七五年三月）、伊藤唯真『浄土宗の成立と展開』（吉川弘文館、一九八一年）、中野正明「嵯峨往生院念仏房について」（『法然遺文の基礎的研究』法藏館、一九九四年、初出は『佛教論叢』二八、一九八四年三月）。

(17) 引用は、『続群書類従』第二十八輯上「願文集」による。ただし誤字は改めた。

(18) 坂本幸男・岩本裕校注『法華経』下（岩波文庫、一九七六年）。

(19) 「嵯峨念仏房多宝塔を供養する願文」にも、念仏房は自らの名前の由来を「念を以て名と為し、仏を以て字と為す」「修する所は念仏三昧、入る所は念仏一門なり」と述べている。

(20) 大正蔵第三巻、№一五七、二一二頁c。

(21) 奥健夫「銘文と納入品」（『清涼寺釈迦如来像』〈日本の美術〉五一三、至文堂、二〇〇九年）。

(22) 梯信暁『奈良・平安期浄土教展開論』（法藏館、二〇〇八年）。

(23) 引用は、註(17)前掲書。

(24) 伊藤唯真「勢観房源智の勧進と念仏衆――玉桂寺阿弥陀仏像胎内文書をめぐって」（同『浄土宗の成立と展開』吉川弘文館、一九八一年）、同「源智と法然教団」（『佛教文化研究』二八号、一九八三年三月）、野村恒道「勢観房源智と親類紀氏について」（『三康文化研究所年報』一六・一七号、一九八三年四月）、同「勢観房源智の勧進」（『佛教論叢』三一号、一九八七年九月）。

(25)工藤美和子「安養の院と覲史の宮と——平安期の願文にみる浄土信仰」(註(9)前掲書所収)。
(26)井上光貞『新訂日本浄土教成立史の研究』(山川出版社、一九七五年)、速水侑『浄土信仰論』(雄山閣出版、一九七八年)。
(27)アントニーノ・フォルテ「『大雲経疏』をめぐって」(牧田諦亮他編『敦煌と中国仏教』講座敦煌七、大東出版社、一九八四年)、大内文雄「国家による仏教統制の過程——中国を中心に」(高崎直道・木村清孝編『東アジア社会と仏教文化』シリーズ東アジア仏教第五巻、春秋社、一九九六年)、金岡秀友『仏教の国家観』(佼成出版社、一九八九年)。
(28)工藤美和子「未だ欲を離れざれば——『江都督納言願文集』にみる転輪聖王観」(註(9)前掲書所収)。
(29)梯註(21)前掲書。
(30)本書第I部第二章。
(31)福島光哉『宋代天台浄土教の研究』文栄堂書店、一九九五年)。
(32)『総本山知恩院旧記採要録』(『大日本仏教全書』巻八十三、寺誌部一、九一頁)。
(33)註(24)前掲参照。
(34)引用は、玉桂寺阿弥陀如来像胎内文書調査団編『玉桂寺阿弥陀如来像胎内文書調査報告書』(玉桂寺、一九八一年)による。なお翻刻文の誤字は改めた。
(35)『像内納入品』〈日本の美術八六〉(至文堂、一九七三年)。
(36)中田薫「コムメンダチオと名簿捧呈の式」(同『法制史論集』第二巻、岩波書店、一九三八年)。
(37)工藤美和子「「空也誄」と『三宝絵』の構造と差異——「スエノヨ」の仏教とは何か」(註(9)前掲書所収)。
(38)『続群書類従』第二七輯下。
(39)「西琳寺文永注記」には、西琳寺の氏人が自分の息子を興福寺一乗院の信房僧正に布施したことも述べられる。それに対し僧正は「子を布施にする事、世の為に有り難し。七珍百宝にも勝るべし」という記述がある。
(40)ブライアン・小野坂・ルパート「恩をめぐる語りと変遷——中世前期の日本仏教再考のために」(『文学』岩波書店、二〇〇七年一二・一月号)。
(41)佐藤哲英『叡山浄土教の研究』研究篇・資料篇(百華苑、一九七九年)。

（42）川口久雄校注『菅家文草　菅家後集』（日本古典文学大系七二、岩波書店、一九六六年）。
（43）『知恩講私記』第二讃（『法然上人伝全集』一〇三六頁）。
（44）菅原道真が安倍宗行に依頼され作成した、貞観十一年（八六九）「安氏諸大夫先妣の為の法華会を修する願文」（『菅家文草』）には、母親の死去に対して子どもが「五情主無し、天の蓋有ることを知らず、地の輿有ることを覚えず」と悲しみを述べるが、直後に「荼を飡ふは福を追うの道に非ず、血の泣は豈魂を反すの声ならめや」と、悲嘆に暮れることとは何の益もないことであると述べている。工藤註（25）前掲論文を参照。

あとがき

おまへがたべるこのふたわんのゆきに
わたくしはいまこころからいのる
どうかこれが兜率の天の食に変って
やがてはおまへとみんなとに
聖い資糧をもたらすことを
わたくしのすべてのさいはひをかけてねがふ

（「永訣の朝」宮澤家本より）

妹トシの死は、宮澤賢治に深い悲しみをもたらした。しかし賢治は、ただトシの兄思いの妹という姿を描いたわけではない。「ふたわんのゆき」は「兜率の天の食」に変化し、すべての人々に捧げられることが祈られる。「兜率の天」とは、弥勒菩薩の浄土・兜率天を意味する。弥勒菩薩は釈迦滅後の五十六億七千万年後に浄土より娑婆世界に下生し、第二の釈迦となって衆生に法を説き救済し仏になる菩薩である。

賢治が熱心な法華信仰者であったことは知られているが、賢治には、この世界は世俗のフィルターを取り除いた仏教を通し描かれている。その地点から眺めた世界は単なる俗世ではなく、時として仏土に見えた。たとえばトシに頼まれた「ふたわんのゆき」は白く汚れのない欲望に染められていない清らかなものの象徴である。仏教では清浄は仏を意味する。「ふたわんのゆき」が「兜率の天の食」に変わるとき、この世界も「聖い資糧」すなわち悟りの世界へと転じる。それが「おまへとみんな」へもたらされることを、賢治は「わたくしのすべてのさいはひをかけてねがふ」と、あらゆる者が救済されることを願うが、この願はまさに誓願といえる。

賢治にとってトシは弥勒菩薩の化身であり、トシに請われ「ふたわんのゆき」をとり、それが「聖い資糧」になることに賢治は気づかされた。トシの死は一人の若い女性が亡くなったというだけではなく、賢治に仏の教えと真の救済は何かを教示した弥勒菩薩が、この世界にいる「誰か」を救済するために転生していくと見えたのではないだろうか。


身近な者の死は悲嘆で受け止めるのが当たり前だと教えられた、社会に生きる私たちには、死にゆく者を仏ととらえることは難しいか奇妙なものに思えるだろう。だが近しい存在の死を悲しみだけで受け入れるべきだと考えるだけならば、悲しみ自体が欲望だから、そこに「私」の救いは見当たらず仏の教えも届かない。

死にゆく者はこれから仏になっていくという感覚は、仏から与えられた生きる力へと変わっていく。賢治はそれをトシから与えられた力と感じた。与えられた力＝恩には返済の義務が生じる。それは物質であってはならない。「永訣の朝」には、その返済があらゆる生きとし生けるものの「さいはひをかけてねがふ」という報恩で表されている。すなわち賢治は利他行の願意をトシ＝弥勒菩薩に誓ったのだ。


過去に生きた人々は、あらゆる場所に仏のはたらきを見いだし、森羅万象は人間の力を超えると知っていた。その人の地位・財産・家族、すべてが「与えられたもの」である感覚の前では、絶対的な権力・地位・財産など存在しない。

「与えられたもの」であるから、それを使って他人を支配することは不可能である。そもそも、そのような権限が人間にあるという考え自体を再考しなければならないだろう。

たとえ莫大な土地を有し、大きな権力をもっていたとしても、個人で使ってはならないという感覚が常に存していた時代が過去にはあったのだ。「賢者」たちは、それを知っていた。

一方、「愚者」たちは、「愚に還る」こと自体が、仏から「与えられたもの」だと考えた。自らは「愚者」であると仏に気づかされること自体が「与えられた力」であった。「与えられた力」によって愚であることに気づき、それはやがて仏はなぜ私を愚ならしめたのだろうかという疑問へと変わる。その疑問も実は仏の力によって生じるのであるが、疑問の答えさえ自らの力では見つけることができない。極楽浄土という場所のみが「私」の居場所となっていく。

それは「賢者」とは異なる新たな救済の形である。そこには「極楽浄土に往生したとしても何かを達成したと思うな、辿り着いたと思うな」という考えが見て取れる。もちろん法然の浄土教が興隆したからといって、「賢者」に対する社会的評価が失われたわけではない。儒教的政治思想は、朱子学や王陽明の新しい儒学が流入し、日本でも貴族だけではなく禅僧たちによって多くの研究がなされていった。それが近世の幕府を支える礎となっていった。また平安時代以来の伝統的利他行や菩薩行を行うことを目指す願文も、江戸末期まで貴族や幕府が主催する仏事のために作成され続けていった。

現代に生きる私たちにも、当然「与えられた力」は及んでいるはずだ。しかし、自分や周囲を見渡しても、そこには理想的社会の構築を目指す姿はなかなか見当たらない。むしろ自己の欲望に陥っていることや、それに気がつく機会が与えられているにもかかわらず、私たちは自ら「賢者」でも「愚者」でもない、全く別の「個人」であるという主張を繰り返しているばかりである。

「個人」の前では、宗教も財産も権力も何もかもが「個人」を彩る装飾品となっている。

その「個人」が徒党を組むと集団となるのだが、個人の欲望の寄せ集めでしかない集団では、単に我執の奪い合いが繰り広げられるだけである。

それこそ、仏教で説くところの驕慢で貪欲な世界である六道を抜け出すことなどできない負の連鎖に陥っている愚かなあり方ではないだろうか。過去の人々が残してくれた数多くのテクストが、未来永劫にわたってそのことを語り続けていくのである。

二〇〇八年、『平安期の願文と仏教的世界観』の出版という機会に恵まれた。その当時、大学院を出て間もない時期で、右も左もわからないなかで執筆し完成した本を手に取ったことを今でもはっきりと覚えている。願文という難解な史料を前に、それを読み解くことで精一杯であった一方、仏へ誓願を立て仏教社会を構築していった過去の人々の声が遠くからかすかに聞こえたような気がした。

それから一〇年過ぎた。出版後の喜びの一方で力が抜けたように次の研究がはかどらなくなった。あのとき遠くから聞こえたかすかな声は消えつつあった。いや消えていなかったはずだが、私がその声を聞こうとしなかった。どこをどう歩いていいのかわからない状態が続いていた。

ある時、佛教大学の安達俊英先生より、源智の願文について発表をしてみないかという話をいただいた。僧侶が作成した願文といえば空海のものが有名だが、密教用語に彩られた願文が、その後他の願文に影響を与えた痕跡はほぼないといってよい。僧侶が記した願文は珍しい、と……好奇心が久しぶりに心に火をつけ、源智の願文に取り組むことになった。

するとどうだろう、文人貴族の願文のように装飾豊かな文章ではないものの、平安時代とは異なる仏と願主の関係性が浮かび上がってきた。それが私と「愚者」との初めての出会いだった。その後、徹底的に僧侶が記した願文を読んでみると、法然の関係者が残した願文が多いことに気がついた。彼らの願文から与えられたことは、この本に書いた通りである。

仏という人間ではないものが中心となる世界。私たちはそれがどのような世界かまだわからないでいる。しかし「愚者」たちは気がついていた。「愚者」と知ることも仏に「与えられた」はたらきであることを。そのはたらきを与えてくれる仏や菩薩が我々の周りを取り囲んでいる。私は法然以後の「愚者」の背中をすぐにでも追わなければならない。

本書は多くの人に支えられ完成した。佛教大学大学院在学中より、視野を広げ考え続けるよう叱咤し続けてくださった稲城正己先生、佛教大学の田中典彦先生、今堀太逸先生、仏教学部の先生方には深く感謝を申し上げる。武庫川女子大学の遠藤純先生からは、折りにふれ研究を続けていくことの大切さを教えていただいた。お礼を申し上げるとともにその教えを支えに今後も前を向いて歩み進んでいきたい。京都華頂大学・華頂短期大学の山中信子先生、小川隆昭先生からは励ましの言葉をいつもかけていただいた。また、歴史学科の市川友紀さん、大和実紗さんには忙しい時間を割き校正を手伝ってもらった。改めてお礼を述べたい。

二〇一二年四月、華頂短期大学歴史文化学科（現在の歴史学科）に着任した。この間、めぐり会うことができた学生の学問に対するひたむきな姿勢とその笑顔にどれだけ救われただろうかと感謝の気持ちでいっぱいになる。

そして、本書の完成を直接対面して報告することができなかったことを、恩師である桜井好朗先生に深くお詫びしたい。

前著を出版したとき珍しく褒めてくださったが、正直なところ違和感を覚えた。先生が褒めくださっても素直に喜んではいけないと思うのは、院生時代から植えつけられた習慣といってもいい。案の定、先生は微笑みながら、「君は、ある程度まではいくだろうが、さて化けることはできるかなあ……」と謎めいた言葉をかけられた。

当時、「化ける」の意味がさっぱりわからずにいた。
今回、様々な史料に目を通したが、読み込んで考えていくと、それまで気がつかなかった意味が見えてくる。そして、今まで誰も考えもしなかったようなアイデアが突然、浮かんでくる。しかし影のようであり、形をつかめない時が多く、考えることを投げ出したくもなる。その時聞こえるのが「化けることはできるか」の声だ。自分だけの世界を発見し、その境地に達するまで考え続けるということ、それが「化ける」という意味であったのだ。

前著に引き続き、本書の出版を引き受けていただいた思文閣出版と同社新刊事業部の田中峰人さんのご支援に心より感謝し、篤く御礼を申し上げる。
そして、初めて本を書く私に「次に出版されるときも私が担当しますよ」と、心強い言葉をかけてくださった立入明子さんに、この本を捧げたい。

二〇一九年四月　　　　工藤美和子

■初出一覧

＊本書に収録するにあたり、それぞれ大幅に加筆・修正を施した

第Ⅰ部　賢者の王国

第一章　「菅原道真のめざした世界――詩にみる仏教国家の実現」（『日本宗教文化史研究』第一八巻第一号、二〇一四年六月）

第二章　「慶滋保胤・その他の作品」（平成一七年（二〇〇五）三月一四日　佛教大学提出博士論文『平安期における文人貴族と仏教』より、「勧学会結衆の仏教関係の詩文について」を加筆、成稿化した）

第三章　「仏界の荘厳――法勝寺とは何のために建てられたのか」（佛教大学総合研究所紀要別冊『洛中周辺地域の歴史的変容に関する総合的研究』佛教大学総合研究所、二〇一三年三月）

「平安期の願文にみる浄土信仰の変遷」（『鷹陵史学』第三五号、二〇〇九年三月）

「院政期の浄土信仰――鳥羽上皇関連の願文を中心に」（『日本宗教文化史研究』第一四巻第一号、二〇一〇年五月）

第Ⅱ部　愚者の浄土

第一章　「日本中世の釈迦と舎利――隠されているものの宗教史」（池見澄隆編『冥顕論――日本人の精神史』法藏館、二〇一二年）

「「愚」であること――法然と貞慶」（法然上人八〇〇年遠忌記念『法然仏教とその可能性』法藏館、二〇一二年）

第二章　「「愚」であること――法然と貞慶」（同前）

「法然上人の語り――念仏往生の願は男女をきらはず」（『佛教文化研究』第六〇号、二〇一六年三月）

第三章　「『法然上人行状絵図』にみる蓮生の念仏往生」（『佛教論叢』第六一号、二〇一八年三月）

「日本中世の願文・表白と浄土三部経」（『佛教論叢』第五三号、二〇〇九年三月）

「法然上人の継承者たち――嵯峨念仏房の場合」（『佛教論叢』第五七号、二〇一三年三月）

「勢観房源智「阿弥陀如来像造立願文」の中の法然」（『佛教文化研究』第五六号、二〇一二年三月）

索　　引

あ

阿育王　90, 131, 133, 135, 145, 158
『阿育王経』　131
阿育王寺　132, 134, 135
『阿育王伝』　131
阿育王塔　132
愛別離苦　12〜14
悪人　187
阿闍世　103
熱田神宮　21
『吾妻鏡』　198, 203
安倍晴明　4
安倍宗行　14
『阿弥陀経』　45, 58, 103, 110, 111, 182, 183, 221, 223
阿弥陀堂　102
阿弥陀如来像造立願文　225, 226, 232
阿弥陀仏　12, 18, 101, 105, 113, 116, 117, 140, 145, 167, 170〜172, 181, 184〜189, 191, 197, 198, 207
粟田左相府尚歯会詩　47
安徳天皇　134
安和の変　28
『安養集』　106, 118

い

出雲上人　111
韋提希夫人　103
一条天皇　22, 49, 50, 52, 53, 79, 88, 100
一枚起請文　228
『一切如来心秘密全身舎利宝篋印陀羅尼経』　131
一心三観　96, 102〜107, 112
一遍　181, 183
『一遍上人伝』　183
『因明明要抄』　129
『蔭凉軒日録』　181

う

宇佐八幡宮　97
宇多天皇　22〜26
優塡王(優塡国王)　66, 68
雲林院　23〜25, 58

え

『栄花物語』　76, 77, 79
永観　102
叡尊　181, 232, 234
永明延寿　117
慧遠　104
恵林寺　181
円教寺　62, 63
円宗寺　80, 93, 94
円勝寺　80
延勝寺　80
円珍　177
円仁　105, 132, 134

お

往生院　216, 225
『往生拾因』　102
『往生浄土決疑行願二門』　117
『往生要集』　101, 106, 107, 206, 213, 226
応神天皇　97
応制奉和　7
淡海三船　10
大江匡衡　21, 22, 46, 50, 52, 53, 60, 64, 68, 88
大江匡房　6, 17, 81, 102, 107, 112, 207

大江以言　46, 53～58, 60, 68
大胡太郎実秀が妻室のもとへつかはす御返事　168
大胡太郎実秀へつかはす御返事　166, 170, 187
大原問答　216

か

カーラヴェーラ王　90
懐寿　58
海住山寺　129
覚運　58～60
覚憲　129
覚如　186
覚鑁　102
『勘解由相公集』　47
迦才　111
笠置寺　129, 150
花山天皇　4, 34, 62, 63
『春日権現講式』　129
兼明親王　27, 28, 55
鎌倉の二位の禅尼へ進ずる御返事　170
賀茂社　98
賀茂忠行　4
賀茂保章　35, 46
勧学院　40
勧学会　21, 30, 34, 35, 37～41, 45～47, 50, 53～56, 60～64, 68, 69, 101, 102, 226
勧学会記　35, 36, 46
歓喜光院　80
『菅家後集』　4, 6, 27, 29
『菅家文草』　6
感西　196, 229
鑑真　132, 136, 137
『観心為清浄円明事』　149
『観世音菩薩感応抄』　149
観世音菩薩普門品　224, 226
観想行　113
観想念仏　58, 221
『観無量寿経』　34, 58, 102～106, 109～111, 113, 117, 118, 164, 182, 189, 206, 207, 209, 221, 223, 227
『観無量寿経疏』　103, 104, 164, 166, 187, 189, 207～210, 213
『観無量寿経疏妙宗鈔』　117

き

祇園女御　84
義真　132, 177
『北野天神縁起絵巻』　4
紀斉名　46, 60, 68
紀長谷雄　6, 48
行基　41, 42, 49, 183
行教　97
狂言綺語　56, 58
『行状絵図』→『法然上人行状絵図』
行信　87
交名　225
交名帳　220
『玉葉』　135, 136
玉桂寺　225, 229
銀輪　86, 89

く

空海(弘法大師)　52, 53, 87, 91, 100, 132, 136
空諦　136
空也　39, 65, 66, 183, 233
空也誄　65
『九巻伝』→『法然上人伝記』
供花会　38～41, 45
久下直光　198, 208
九条兼実　135, 136, 196, 202, 203
『口伝鈔』　186
九品往生　106, 109, 112
熊谷直勝譲状　210
熊谷直実→蓮生
『愚迷発心集』　127, 149, 150, 157
『黒谷源空上人伝』　182
『黒谷上人伝』　182

け

景愛寺　181
慶雲　36
慶円　36

恵果　132
『経国集』　7
『華厳経』　89, 117
下品下生　206
下品上生　207
源延　200
『源空上人伝』　182
『源空上人私日記』　182
遣迎院　232
兼済独善　27
源信　101, 106, 117, 207, 213, 226
還相廻向　214, 236
源智　186, 196, 225, 226, 229, 235, 236, 238
見宝塔品　223

こ

『孝経』　14
康尚　67
迎接曼荼羅由来記　212
興善寺　232
『江談抄』　60
光仁天皇　87
興福寺　52, 153
『興福寺奏状』　128, 149
孝文帝　50
光明真言会　181
高野山　108
皇龍寺　90
『後漢書』　44
『古今和歌集』　48
国恩寺　181
極楽会　39
極楽寺　43～45
『極楽浄土九品往生義』　101, 105, 106, 226
『極楽遊意』　207
後三条天皇　80, 81, 88, 93, 94, 102, 227
『古事談』　84, 233～235
五障五蓋　174
後白河法皇　136
五壇法　93
五智如来　108
護念寺　181
五念門　106
近衛天皇　80
木幡　78
五部大乗会　80
護法寺　181
後冷泉天皇　88, 102, 227
『欣求霊山講式』　142, 146, 156
金剛界曼荼羅　80
金剛勝院　80
『金光明最勝王経』　17
権者　77, 79
『今昔物語集』　173
金輪聖王（金輪聖主）　22, 52, 53, 86, 88, 89, 91～95, 98～100, 102, 108, 113, 117, 227

さ

西光寺　39
西寺　99
最勝寺　80
西大寺　181, 234
最澄　9, 10, 105
西琳寺　234
西琳寺文永注記　234, 235
嵯峨天皇　7, 9, 13
前藤総州　36
『三国遺事』　90
『三千仏名経』　20
『参天台五台山記』　107
『三部経大意』　213
『三宝絵』　20, 38, 46, 57～59, 63, 132, 133, 137, 183
三昧行　56
三昧発得　213

し

慈雲遵式　117
慈円　228, 229
『史記』　56
『四十八願釈』　106
慈蔵　90
七箇条制誡　197, 216
『十訓抄』　61
七宝　89

四天王寺（天王寺） 111, 227
司馬達多 131
島田忠臣 11
島田良臣 11, 12
『四明尊者行教録』 117
四明知礼 117
寂照 106, 117
積善寺 50〜52, 64
舎利 79, 130〜137, 141, 143, 145〜148, 157〜159, 225
舎利会 43
『舎利講式』 129, 130, 137, 138, 142, 143, 158, 159
舎利弗 174〜176, 185, 189, 190
『十願発心記』 67, 101, 113, 207, 226, 236
『拾遺古徳伝絵』 182
『十住毘婆沙論』 89, 91
住蓮 229
『十六相観讃』 34, 58
『十六仏名経』 20
粛宗 90
『授決集』 177
寿命経読経会 43
遵西 229
遵式 117
淳和天皇 23, 87, 91
定額寺 43
証空 196, 197, 212, 229
性空 62, 63
貞慶 128〜130, 137, 141, 148, 149, 151, 153〜159, 171, 172, 181
貞公 56, 57
聖光上人伝説の詞 163, 165
勝算 36
『尚書』 48
静照 207
成勝寺 80
成尋 106, 107
常啼菩薩 22
聖道門 189, 190, 231
聖徳太子 100
称徳天皇 87, 91, 132
浄土三部経 103, 180, 182, 207, 209, 221, 223
『浄土宗略要文』 200
浄土門 190, 231
『浄土論』 106, 111
正如房 169, 188, 189
正如房へつかはす御文 169, 188
正法 59
『正法眼蔵』 181
証菩提院 80
浄飯王 90
上品上生 103, 112〜114, 118, 206〜208, 210, 214
『勝鬘経』 91
勝鬘夫人 91
浄妙寺 78, 79, 133
称名念仏 224, 237
聖武天皇 87, 91
浄影寺 104
『続日本紀』 87
白川 79, 80
白河天皇（法皇） 17, 75, 76, 79〜82, 84, 85, 88, 92〜96, 98, 100〜102, 112, 227
白河泉殿 80
新羅 90〜92
信空 196, 229
真興王 90, 91
真骨 91
『真言付法纂要抄』 88
『新猿楽記』 108
『新撰朗詠集』 60
真智王 90, 91
真徳女王 91
信如 181
真平王 90〜92
『心要鈔』 149
親鸞 181〜183, 187, 196
『真理鈔』 129

す

垂迹思想 97
水想観 103
菅原清公 6
――是善 6

――輔昭　36
――資忠　35
――輔正　67
――文時　4, 45, 47
――道真　3～18, 20～30, 34, 42, 43, 47, 48, 101, 178, 226
崇徳天皇　80, 108, 227

せ

聖覚　181, 200, 201
棲霞寺　68
『誓願舎利講式』　141, 148
聖骨　91
成尋　88
西龍寺　136
清涼寺　68, 216, 225
清涼殿落雷事件　4
清和天皇　20, 88
世親　106
施無畏寺　55, 56
千観　67, 101, 113, 207, 226, 236
善光寺　135
銭弘俶　131, 132
善秀才宅詩合　47
禅定仙院　94, 98～100
禅定波羅蜜　94
『選択本願念仏集』　186, 196
善導大師　164～167, 170, 171, 186～189, 191, 207, 213
善徳女王(徳曼)　90～92
千日講　115
禅明寺　181

そ

『雑阿含経』　174
惣持　234
即身成仏　112, 113, 117
『続本朝往生伝』　207
素性法師　49
尊意　4
尊勝寺　80

た

『大阿羅漢難提密多羅所説法住記』　219
『大雲経疏』　90
『台記』　111
待賢門院璋子　80
醍醐天皇　4, 6, 28
第三十五願　184, 186, 189
第十八願　171
代宗　90
胎蔵界曼荼羅　80
『大唐故大徳贈司空大弁正広智不空三蔵行状』　90
大日如来　95
提婆達多　103
提婆達多品　172, 174, 175, 179, 181, 185, 186, 189
『大般涅槃経』　145
『大般若経』　17, 88
大般若経会　22
大仏殿東曼陀羅右縁文　87
太平寺　181
『大宝積経』　174
平敦盛　197
平惟仲　36
平重衡　134
平重盛　228
平師盛　228
高丘相如　35, 47
高階積善　35
橘正通　36, 60
橘倚平　35
橘善根　62
橘淑信　35
湛然　177
大般若経供養会　21, 22
檀林寺　181

ち

『知恩講式』　182
智顗(天台大師)　103, 104, 106, 117, 176, 177
智光　106

智積菩薩 143, 174～176, 189
池亭記 4, 27, 28, 34, 52, 57
中宮寺 181
中信 39
澄憲 181, 201
重源 134～137, 181
奝然 68, 84, 215

つ

通玄寺 181
常康親王 24
津戸三郎為守 168
津戸三郎へつかはす御返事 168, 170

て

『貞信公記』 43
鉄輪 86, 89
天寿国繡帳 181
『天台観経疏』 103～107, 117
『天台宗疑問二十七条』 117
『天台法華宗義宗』 177
天長六本宗書 91
天王寺→四天王寺
『伝法絵流通』 182
天武天皇 87, 91
転輪聖王 86, 89～92, 99, 115, 140, 227

と

陶淵明 56
『道行般若経』 22
東慶寺 181
道元 181
東寺 99, 136
唐招提寺 136, 137
東大寺 100, 134～137
『唐大和上東征伝』 132
忉利天 68, 91
銅輪 86, 89, 90
得長寿院 80
兜率天 101
鳥羽天皇(鳥羽上皇) 80～82, 84, 86, 93, 95, 96, 102, 108, 110, 111, 113～118, 128, 134, 227
徳曼→善徳女王

な

中臣朝光 35
『南無阿弥陀仏作善集』 135, 136
南岳慧思 50

に

日延 106, 132
日蓮 181, 183
日想観 103
『日本往生極楽記』 4, 30, 34, 41, 59, 173, 233, 234
『日本三代実録』 87, 88, 132
『日本書紀』 131
『日本霊異記』 173
如来寿量品 219, 220, 225
仁康 66, 67
仁王講 16
『仁王般若波羅蜜経』(『仁王経』) 16, 17, 81～83, 94, 96
仁明天皇 24, 87

ね

『涅槃経』 91, 224
念仏房 215, 216, 220, 236

の

能救 36

は

伯夷 56
白居易 3, 4, 7, 27, 30, 38
『白氏文集』 7, 8, 27, 30, 38
長谷寺銅版法華説相図銘 86
八大龍王 143, 145
八幡神 97
八正道 13
『般舟三昧経』 117

ひ

東三条院詮子 49, 60, 64, 67
『悲華経』 140～143, 158, 220, 224

美州源別駕　36
美福門院(藤原得子)　80
『秘密曼荼羅十住心論』　87, 91
百万遍念仏　111
百万遍念仏会　114
譬喩品　222
『表制集』　90
平等院　106
平等院一切経会　107
頻婆娑羅　103
敏満寺　136

ふ

不空　90
藤原明衡　34, 108
――篤茂　53
――敦光　53, 108
――敦基　108
――有国　35, 46～48, 53, 68
――家保　84
――魚名　62
――兼家　46, 50～52
――兼通　28
――清瀬　24
――清貫　4
――惟成　46, 62, 68
――伊周　47, 53
――順子　87
――菅根　28
――忠輔　36
――斉信　61
――忠平　43
――道子　112, 113
――時平　3, 43
――仲平　43
――房前　62
――雅材　62
――道兼　46
――道隆　46, 50～53, 64
――道長
34, 47, 49, 50, 58, 67, 76～79, 84, 100
――通憲　128
――基経　43, 52
――師氏　233
――師実　79
――師輔　132
――良房　52
――頼長　111
『扶桑記』　60
武則天　90
仏名会　20, 21, 40, 41
武烈王　91
『文華秀麗集』　7, 13
文室如正　35

へ

『平家物語』　197
遍昭　49
変成男子　176
弁長　196

ほ

『法苑珠林』　131
『宝篋印陀羅尼経』　131, 132, 136, 220
法興院　52
法興王　90, 91
法成寺　76～80, 84, 99, 100
北条政子　167
報身　105
法蔵菩薩　237
法然　127, 149, 196, 199～204, 207, 225, 231, 232, 237～239
『法然上人絵伝』　182～184, 188
『法然聖人絵伝』　182
『法然上人行状絵図』(『行状絵図』)　165, 182, 196, 197, 199～202, 204, 211, 212, 214, 215, 228
『法然上人行状絵巻』　183
『法然上人伝絵詞』　182
『法然上人伝記』(『九巻伝』)
182, 186, 201, 215
『法然上人秘伝』　182
方便品　223
法隆寺　87
法隆寺行信発願経　87
穆算　36

北斗法　92～94
北斗曼荼羅堂　92
『菩薩本縁経』　231
菩提心　18
北京三会　80
法花会　43
『法華玄義』　103, 176, 177
『法華玄義籤』　177
法華八講　56, 100
『法華文句』　103
法師品　223
法勝寺　75, 76, 79～84, 86, 92, 99～101
『法勝寺供養記』　75
『発心講式』　149
堀河天皇　80, 92, 102, 108, 227
『本朝世紀』　67
『本朝続文粋』　80
『本朝祖師伝記絵詞』　182
『本朝文集』　46, 47, 108, 111
『本朝文粋』　5, 34, 35, 46, 47, 53, 60, 108, 133
『本朝麗藻』　47, 53

ま

『摩訶止観』　56, 58, 103, 104, 117
末世　59
末法　59, 128
摩耶夫人　68, 90
万灯会　43
『万葉集』　13

み

源高明　28
源隆国　107
源為憲　20, 35, 38, 46, 47, 56, 57, 62, 132, 183, 233
源融　66
源頼朝　198, 199, 203, 229
妙音菩薩品　224, 226
妙荘厳王事品　223
名簿捧呈　233, 234
明遍　129
三善清行　6
弥勒下生　86
『弥勒講式』　129
弥勒菩薩　57, 86, 87, 90～92, 101, 128, 151

む

無外如大　181
村上天皇　88
無量寿院　76
『無量寿経』　103, 106, 182, 184, 221, 223
『無量寿経釈』　189
室生寺　136

も

『毛詩』　48
文章経国　8

や

薬王寺　41, 42

ゆ

唯識　153, 154
『唯識論尋思抄』　129
唯心浄土　102, 117, 118, 227
『維摩経』　104, 117
『瑜伽師地論』　174

よ

栄西　181
慶滋保胤　4～6, 29, 30, 34～36, 38, 40～43, 45～47, 52, 57, 58, 60, 62, 67, 178, 226, 233

り

吏隠兼得　10, 21, 29
六国史　25
李部源夕郎　36
龍樹　89, 104
龍女(竜女)　143, 174～176, 179, 180, 189
『凌雲集』　7
両界曼荼羅　80
良源　62, 66, 101, 105, 106, 226
良暹　199, 200
霊山浄土　66

臨終来迎　101, 106, 221

れ

蓮生(熊谷直実)　196～204, 209
蓮生置文　199
蓮生自筆誓願状　197
蓮生夢記　210

ろ

六念　113
六波羅蜜寺　38～40, 45, 84

わ

『和漢朗詠集』　60

◎著者略歴◎

工藤 美和子（くどう・みわこ）

1972年　福岡県生。
1995年　九州女子大学文学部国文学科卒業。
1996年　佛教大学専攻科仏教学コース修了。
1998年　佛教大学専攻科仏教看護コース修了。
2000年　佛教大学大学院文学研究科仏教文化専攻修士課程修了。
2005年　佛教大学大学院文学研究科仏教文化専攻博士課程修了。博士（文学）。
現在、華頂短期大学総合文化学科教授。

賢者《けんじゃ》の王国《おうこく》　愚者《ぐしゃ》の浄土《じょうど》
――日本《にほん》中《ちゅう》世《せい》誓願《せいがん》の系譜《けいふ》――

2019（平成31）年4月25日発行

著　者　工藤美和子
発行者　田中　大
発行所　株式会社　思文閣出版
〒605-0089 京都市東山区元町355
電話 075-533-6860（代表）

装　幀　小林　元
印　刷
製　本　株式会社 図書印刷 同朋舎

ISBN978-4-7842-1958-2　C3015

平安期の願文と仏教的世界観【オンデマンド版】

工藤美和子著　　佛教大学研究叢書

願文とは、法会の主催者である願主が、仏に願意を述べる文章である。従来は、定型句をつかった儀礼的な言葉に過ぎないとみなされ、その内容については分析されてこなかった。しかし、本書では、願文自体が何を語ろうとしているのか分析することで、天皇から中下級貴族・女性・僧侶にいたる人々の仏教理解や具体的信仰のあり方、所属する社会集団内部でのそれぞれの構成員が果たした公共的な役割、寺院や僧侶と世俗社会との関わり方、具体的な宗教的実践のあり方を明らかにする。

▶Ａ５判・368頁／本体7,400円（税別）　　ISBN978-4-7842-7014-9

権者の化現　天神・空也・法然

今堀太逸著　　佛教大学鷹陵文化叢書

日本国の災害と道真の霊・六波羅蜜寺の信仰と空也・浄土宗の布教と法然伝の３部構成で、仏・菩薩が衆生を救うためにこの世に現れた仮の姿について明かす。

▶四六判・312頁／本体2,300円（税別）　　ISBN4-7842-1321-X

法然上人絵伝の研究

中井真孝著

著者のライフワークである法然上人絵伝の研究を集大成した学界待望の論文集。知恩院本『法然上人行状絵図』の成立、絵伝諸本の個別研究をはじめ、専修念仏に先立つ百万遍念仏の歴史的展開を考察した２論文、古代仏教に関する論考４編を含む、合計19編からなる。今後の法然上人伝記研究を進める上での基本文献として貴重な一冊である。

▶Ａ５判・478頁／本体9,500円（税別）　　ISBN978-4-7842-1694-9

摂関院政期思想史研究

森新之介著

摂関院政期における民衆仏教史観の研究史を整理し、当該期の思想家たちや事象の考察および実証研究を深めることにより、通説としての民衆仏教史観と切り結び、その実像を鋭く描き出す。日本の思想史上、極めて重要な時期の一つとされる摂関院政期の思想史叙述に修正を迫る一書。

▶Ａ５判・352頁／本体6,500円（税別）　　ISBN978-4-7842-1665-9

説話研究を拓く　説話文学と歴史史料の間に

倉本一宏編

説話とは何か？まったくの創作でもなく古記録でもない、このつかみどころのない作品たちはなぜ生まれ、いかに編纂され、そして伝えられたのか。日本史学や日本文学、宗教学、文化史学の研究者が一堂に集い、「説話」という文学ジャンルを解明すべく企図された、国際日本文化研究センター共同研究の成果。説話文学と歴史史料の間を往還しつつ、説話研究に新たな地平を拓く。

▶Ａ５判・452頁／本体9,000円（税別）　　ISBN978-4-7842-1967-4

神話文学の展開　貴船神話研究序説

三浦俊介著

古代日本の「記紀神話」、神社内で作成され管理されてきた「神社神話」、中世日本の各種資料に見える神話の異伝、毘沙門天が登場する「仏教神話」、そして中世神話『貴船の本地』などを多角的に論じる。とりわけ古代から中世にいたる貴船神社を主たるモチーフとして、その伝承や資料から神話文学論を展開している点が、本書の特徴。神話をとおして日本文学をより豊かに読みとくうえで、必読の一書。

▶Ａ５判・468頁／本体12,000円（税別）　　ISBN978-4-7842-1949-0